ちくま新書

現代思想史入門

船木 亨
Funaki Toru

UN263091

1183

現代思想史入門【目次】

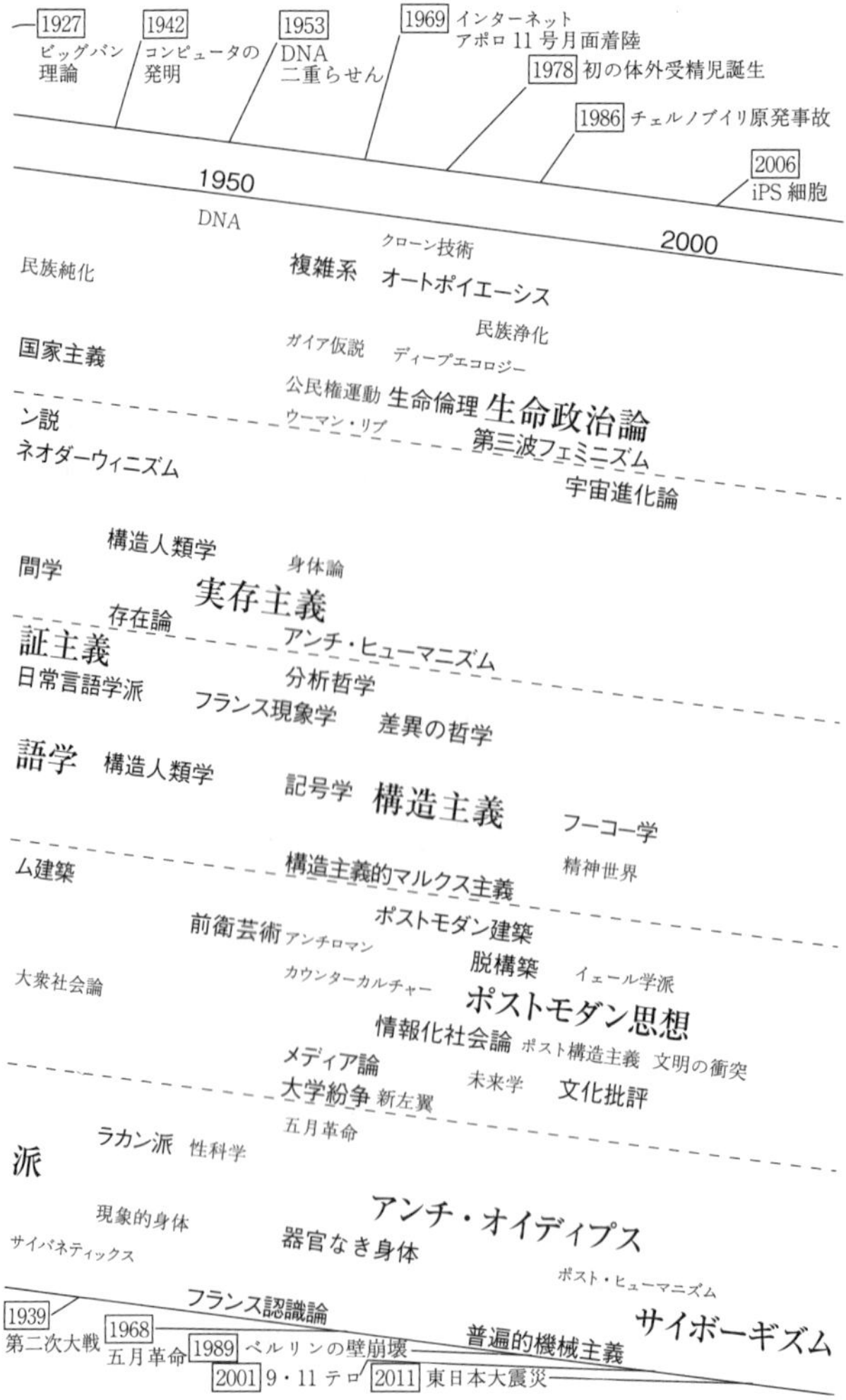
1927
ビッグバン理論
1942
コンピュータの発明
1953
DNA二重らせん
1969
インターネット
アポロ11号月面着陸
1978
初の体外受精児誕生
1986
チェルノブイリ原発事故
2006
iPS細胞
1950
2000
DNA
クローン技術
民族純化
複雑系
オートポイエーシス
民族浄化
国家主義
ガイア仮説
ディープエコロジー
公民権運動
生命倫理
生命政治論
ン説
ウーマン・リブ
第三波フェミニズム
ネオダーウィニズム
宇宙進化論
構造人類学
間学
身体論
実存主義
存在論
証主義
アンチ・ヒューマニズム
日常言語学派
分析哲学
フランス現象学
差異の哲学
語学
構造人類学
記号学
構造主義
フーコー学
ム建築
構造主義的マルクス主義
精神世界
ポストモダン建築
前衛芸術
アンチロマン
脱構築
大衆社会論
カウンターカルチャー
イェール学派
ポストモダン思想
情報化社会論
ポスト構造主義
文明の衝突
メディア論
未来学
文化批評
大学紛争
新左翼
五月革命
ラカン派
性科学
派
現象的身体
アンチ・オイディプス
器官なき身体
サイバネティックス
ポスト・ヒューマニズム
フランス認識論
サイボーギズム
1939
第二次大戦
1968
五月革命
1989
ベルリンの壁崩壊
普遍的機械主義
2001
9・11テロ
2011
東日本大震災

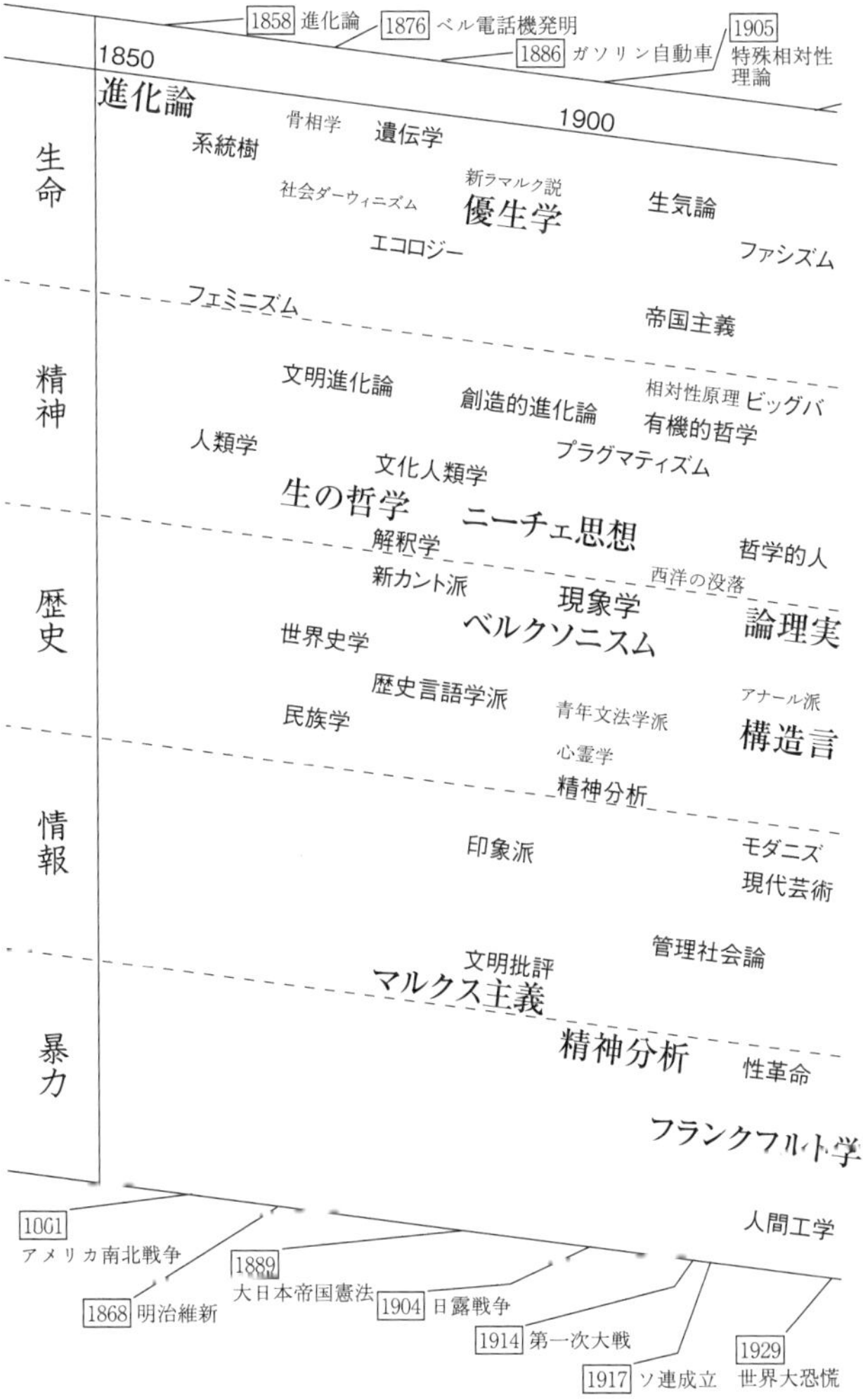
1858 進化論
1876 ベル電話機発明
1886 ガソリン自動車
1905 特殊相対性理論
1850
1900
生命
精神
歴史
情報
暴力
進化論
骨相学
遺伝学
系統樹
新ラマルク説
社会ダーウィニズム
優生学
生気論
エコロジー
ファシズム
フェミニズム
帝国主義
文明進化論
創造的進化論
相対性原理
ビッグバ
有機的哲学
人類学
プラグマティズム
文化人類学
生の哲学
ニーチェ思想
解釈学
哲学的人
新カント派
西洋の没落
現象学
論理実
ベルクソニスム
世界史学
歴史言語学派
アナール派
民族学
青年文法学派
構造言
心霊学
精神分析
印象派
モダニズ
現代芸術
管理社会論
文明批評
マルクス主義
精神分析
性革命
フランクフルト学
人間工学
1861 アメリカ南北戦争
1868 明治維新
1889 大日本帝国憲法
1904 日露戦争
1914 第一次大戦
1917 ソ連成立
1929 世界大恐慌

＊人名表記については、筆者が現代思想家であると考える人物についてはフルネームとし、生没年を併記した。その他の人名については、近代以前の哲学者も含め、原則として姓のみを表記した。これらの人物のフルネームやイニシャルについては巻末の人名索引を参照されたい。

はじめに

†今日を読み解く思想

今日、多種多様なサンチマン（意見ないし感情）が述べられている。国際情勢や社会問題、政治や景気、犯罪やゴシップ、あるいはビジネスやセクシャリティについて……。

無数に、無際限に述べられている。だが、それがどんな原理や基準に発するものかは、あまりよく知られてはいない。よく知られないままに、ありふれた日常のなか、ただ気ままに語られている。つぎつぎと起こり、とめどなく話題にされていく出来事の列。しかし、そのいずれであれ、もっと根本的に捉えなおしたいと思うひとも多いのではないか（「現在文明の情勢はどうなっているのか……」）。

そのための書物を探してひとは書店やネットに向かう。だがそこには、――それが「現代思想」と呼ばれるものなのだが――、聞きなれない数多くの呪文のような言説の群れ。それらがいたずらに散乱しているのみ、と感じられるかもしれない。

それらは、しかしながら、みな今日の状況を読み解くためのさまざまな原理や基準についての言説なのである。哲学というほどではないにしても、語られている意見や感情の、正統性の基準となったり、思考の枠組となったりしてきた思想の言葉なのである。

本書がめざす「現代思想史」は、今日にいたるまでに出現してきた数々の現代の思想の手引というつもりである。

進行中においては手探りであるがゆえの曖昧さや難解さが伴っていたが、それが過去となって振り返られるときには、まさにあと知恵としてなのではあるが、何だこんなことだったのかと思えるようになる。そのように、現代思想の全体像を捉えなおしてみるのはどうであろうか。

とはいえ、現代思想とは「現代」の思想である。過去のものであるかのようにその歴史を扱うのは矛盾ではないかと思われるかもしれない。

しかし、「現代思想」という語が指しているのは、現在進行中とはかぎらないある種の思想の数々である。構造主義やポストモダン思想がよく取りあげられるが、すでにそれらからは、世界を震撼させる突出した思考というオーラは失われている。ほかにも多くの懐かしい響きのする「現代思想」もあったのだが、それらもみな忘れられかけている。

思いつくままに挙げると、マルクス主義、精神分析、優生学、心霊学、シュールレアリスム、環世界論、ゲシュタルト心理学、エルゴノミクス、サイバネティックス、社会構築論、マクルーハン理論、アフォーダンス、未来学、フラクタル幾何学、反精神医学、記号論、オートポイエーシス、合理的期待形成、ガイア仮説、正義論、カオス理論、新哲学、生命倫理、ファジイ理論、社会システム論、複雑系、脱構築……こうした新概念の長蛇の列。ハイゼンベルクの不確定性原理やゲーデルの不完全性定理など、特定科学にとどまるものが引っ張りだされることもあって、まだまだいくらでも並びそうである。（密かにだが）将来候補のリストもある。

これらの理論は、少数の研究者による保存会のようなものがあるかもしれないし、特定領域の一分野を形成し、当該学界ではその意義を保っているかもしれない。としたら、ここに挙げたのは失礼なことである。だが、古代中世や近代初頭の思考が、書物のカバーを新装して新規に売りだされるかのようにして、言葉を変えてもち出されてきたといえなくもないものもある。

それであるにしても、である。それらが現代思想としてブームとなっていた折には、もっと別様に捉えられていたのである。すなわち、そのそれぞれの特定領域の現象に対する論理や方法が、一挙に世界と人間のすべてに適用できるのではないかと期待されていたのである。

たとえば「無意識」、それは人間精神の暗闇に光をさし込ませ、――二〇世紀前半の小説や映画にあからさまに使われたものだったが――、まったくあたらしい人間像を提示するキーワードだった。そしてまた「構造」、それは言語にかぎらない差異の体系として、文化と社会と人間の仕組を解きあかす、まったくあたらしいキーワードだった。

それだけではない。ひとびとは、すべてを説明しつくす特別な論理や方法がどこかにあるはずだという希望のもと、つぎつぎに候補となるキーワードを見つけてきて、しかし、ただのキャッチコピーのようにして、いつか消尽してきたのであった。

結局それらは交替するばかりで、「科学のつぎなる進歩」、「新科学の出現」とはいかなかった。いまから振り返ると、それらは中世の魔術師たちが探し求めた「哲学者の石（持主に知恵を与える秘密の物体）」のようなものであった。近代初頭、デカルト的方法は、凡者にも習得可能な学問の用具として自然科学を導いたのだったが、その成功体験から離れられないという意味では、「躓《つまず》きの石」でもあった。

そもそも「論理や方法を探す」という発想自体が、旧世代的、近代的にとどまる。そしてそのようなものを追い求めていって、その挫折を通じて、今日の、「近代的」ではすまされない混迷した事態を確認した、それだけに終わってしまった――そうもいえないか。

そうした点では、哲学に属するとされてきた、功利主義、生の哲学、解釈学、現象学、プラグマティズム、ベルクソニスム、哲学的人間学、論理実証主義、実存主義等々についても、同様かもしれない。さきに挙げた構造主義やポストモダン思想は、そうした哲学の列を打ち止めにしようとして、哲学にとって代わるとみなされたから現代思想と呼ばれたのではあったが。

†近代の行きづまり

だが、こうはいえないか。近代哲学のそれぞれもまた、当時においては「現代思想」だった。それに続くつぎの世代の思想が、そのなかから「哲学」と呼ぶべきものを選別し、さらに続く世代の思想によってそれらの思想のなかからまた「哲学」とされるものが捉えなおされた……というようにして、近代哲学の系譜が確立されてきたのではないか。そしてその調子で、二〇世紀の現代思想も、二一世紀のわれわれの思想によって「哲学」として捉えなおされるのではないか、と。

否、そうではない。現代思想はそのようには展開しなかったから「現代思想」なのであった。近代哲学とは、古代ギリシアのものとして発見された「哲学」が、西欧で新たに生みだされなおした西洋思想のひとつの伝統である。そして、もはやその近代哲学には含まれないものが現代思想なのである。哲学と呼ばれた最近の思想も、哲学的伝統にのっとってはいたが、決して近代哲学を超えた新たな哲学としての「現代哲学」だったのではなく、これらもまた、近代哲学には含まれないという点で、いまは現代思想と呼ばれていいかもしれない。

近代とは、世界中のひとびとがいやおうなくさまざまな思想に巻き込まれながら、現在の自分の状況について考え込まざるを得ないようになった時代であった。それ以前は、宗教や身分や慣習がひとびとの心を占めていて、生活もそれに従っていればよかったのだから、一人ひとりの「思想」など、いわばどうでもよかった。それが近代になって、経済的な意味でも政治的な意味でも、自然や社会についての知識が必要とされるようになり、学校教育がなされて、一人ひとりがそうした教養のもとで思考することが近代社会を構成する要件とされるようになった。そして、人間、社会、世界、宇宙についての多様な思考が、日々の生き方を支えるため、あるいは、場合によっては、逆にそれから眼をそらさせるために、世界中に発信されてきた。

　そのとき近代哲学は、時代と文化を超えた普遍的な思考として、つまり各文化に内在するすべての伝統的思考を超えた人類全体にとっての思考となろうとしていた。ところがその後《ご》、つぎつぎと生まれてきた現代思想は、その挫折が明確になっていく過程をくり返し表現するにとどまってきたのであった。

　最近では、――とはいえ五〇年まえのことだが――、マルクス主義と自由主義経済のイデオロギー対立がひとびとの思考の中心的主題であった。しかしソヴィエト連邦が崩壊して以降、メジャーな思想がなくなってしまった。そして、政治の貧困を覆い隠すようにして、今日の世界を原理主義、復古主義の大きな潮流が覆っているように見える。新しい思想、新しい哲学が出現しなくなって久しい。

　サンデル教授の「白熱講義」で有名になったリバタリアン（自由な競争を重視する立場）とコミ

ユニタリアン（共同体的な支えあいを重視する立場）の対立も、所詮一九世紀哲学の蒸し返しにすぎない。そう指摘することは、それに熱気を感じていたひとには気の毒なことではあるが、出現してくるのは、ありとあらゆる時代の思想の蒸し返し、そしてまた近代哲学の復刻版――そうした堂々巡りが、現代、ポストモダンといわれる状況の平凡な情景となっている。

それであるにしても、である。「近代」のしがらみを捨て、いま一度、この現代思想の諸地層をもっとつぶさに見ていってみるのはどうであろうか。そこに、あたらしい思考が芽生えるきっかけが見つかるという予感はしないか――本書はその試みである。

†ツリーからリゾームへ

入門書の類には、系統樹、すなわち進化論のようにして、それらの思想家名ないし「〜主義」の影響関係を結んだ時系列的な一覧表が描かれる。それではまるで「絶滅危惧種」の保護活動のようである。しかし、本書は「思想史」と称しながらも、系統樹も一覧表も一切使用しない。樹木（ツリー）の枝に名札をぶら下げてみても、テーブル（一覧表）のうえに名札を並べてみても、今日の思想状況の、何も分かったことにはならないからである。

それにしても、系統樹とは、何と旧い思考様式なのであろうか。それは前近代の、血統を重視した「家」の思考ではないか。思想は相互に対立し、のり超えようとすることによって成立する。遺伝したり進化したりするものではないし、まして思考は空欄を埋めるようなことではない。それらは西欧伝統の新プラトン主義的な理解図式にすぎない。そのような旧式な図式で与えられる総花的なリストからは、あたらしいどんな思想も生まれてきはしないだろう。

系統樹とは、ひとが多様なものを調査して説明するときに使う方式として、古代ではロゴス（比）であったものが、中世でテーブル（表）になり、それが近代でツリー（樹）となったものである。それらに対し、現代思想の代表者ともいえるジル・ドゥルーズとフェリックス・ガタリは、今日の知はリゾームであると述べている。

「リゾーム」とは、根茎と訳されたりもするが、レンコンのような地下茎のことである。ルーツ（ルクレーティウスの「リゾーマタ」）のネットワークのことである。訳語としては、「網《もう》」とでもしたらいいのではないかと思うが、たとえば地下鉄の路線図やインターネットのポータルサイトのように、それを使っていろんなところへ行ける「情報網」である。全体像は摑みにくいが、そこに「第一のもの」や「正しい方向」はない。「第一のもの」とは、総合や起源といった近代哲学に基づく権威ある価値のことであり、「正しい方向」とは、デカルトのいった理性としての「ボンサンス」のことであるが、そのようなものがない。

新奇でむずかしい発想と考える必要はない。地下鉄に乗って何度も乗り換える。その銀色の車体のくねくねとした列が、都市の地下のさまざまな地層を貫いて進んでいく、その地中の暗闇を突進していく輝く姿を想像しながら、やがて見知らぬ街の見知らぬ小路にふと出くわすために、その地上のあかるみのなかへとのぼっていく——このようにして、いくつもの根源や根拠から現在にいたる道筋を描こうとするのは、近代的発想とは異なるひとつの知の探究なのである。

†現代思想の諸地層

現代思想のそれぞれの思考を知るためにわれわれがなすべきこと、それは何か。現代は、現象学やマルクス主義や精神分析のような、ひとつの思想、ひとりの哲学者の真理でつくされるような状況にはもはやない。まして、だからといって、一部のひとたちがいうように、ただちにわが国伝統の思想にたち還ればすむというような状況でもない。

本書が採用するのは、地層学になぞらえられた思想の流れと、それに断層を見いだしていく仕方である（そのことの正当性については、本書中で、フーコーの構造主義史観として説明が与えられる）。

もちろん、一九世紀後半の思想、二〇世紀前半の思想、二〇世紀後半の思想というように、時代順に思想を並べていく方法もある。しかし、それでは単なる思想のリストとして、それぞれの時期の思想の共通性とヴァリエーションとしか見えてこない。

重要なのはその時期を生きているひとびとの脳裏に生まれてくる発想であり、その表現の変遷である。おなじ言説が違う意味で使われるようになり、違う言説がおなじ意味で使われ続ける。そのありさまを知ることが、その時期の「思考」を理解するということである。

そうした理由から、生命、精神、歴史、情報、暴力という五つの観点をとって五つの層と成し、それぞれ一九世紀後半くらいの出発点から、現代思想の歴史を五度にわたってさらえなおすことにした。それらの層の記述を順に重ねていきながら、「現代思想」と呼ばれるべきものの、それぞれの意義とその全体像が見えてくるようにしたつもりである。

それぞれの章に対応するが、その第一の層は、進化論の衝撃から現代の生命政治にいたる生命概念の地層である。他の生物と共通する「生命」の新たな意味が、思想的にも政治的にもひとびとを捉えていく。第二の層は、それが宇宙進化論にまで進むあいだに定義されなおしていく人間概念の地層である。生命に対抗して、宗教や思想を形成してきた「精神」の地位を復活させようとした数々の試みである。第三の層は、そのとき変形されていく歴史概念の地層である。人間の歴史としてではなく、すべてが歴史として説明されるようになる結果として生じた「知」の変遷である。第四の層は、歴史が普遍的登記簿になってだれもが参照利用できるようになったポストモダンの地層である。情報化し、価値の相対化によって生じた現代社会の様相である。第五の層は、人間が新たな使命を与えられながらそこへと消滅していく機械概念の地層である。理性的主体としての「人間」が、社会形成においては「暴力」に囚われていたのに対し、機械との関わりにおいて生きられるようになっていく。

　これらの五つの層のそれぞれに見いだされるのは、社会状況と人間行動の捉えがたさ、混沌と冥《くら》さであるが、それらを重ねあわせてみることによって、この一五〇年の現代思想の重畳した諸地層のさまと、それぞれのよってきた由来や経路を捉えることくらいはできるだろう。

　さらにまた、それらはみな相互に、いくつかの地層を貫く断層によって意外な部分で偶発的に取り結ばれている。それを見いだし、辿り、その思想のいくつかについてなりとも、それぞれが置かれた歴史的状況や政治的文脈を考慮に入れながら思考する糧《かて》にすることができるだろう。また、それらを共通して横切る断層に沿った方向で思考し、そこに相互に連結する根茎《リゾーム》を張り巡らすことができれば、それがあたらしい思想、あたらしい哲学と呼ばれることになるだろう。逆に、それぞれの地層内部でのみ思考するかぎり、それらはみな、思考の袋小路に取り巻かれた「現代思想」にすぎないのである。

　このようにして以下、「現代とは何か」から語りはじめたいと思うが、しかし、その後は章単位、場合によっては順不同で読まれて構わない。この一五〇年の思想全体になじみのない方は、「おわりに」で概観を述べているので、そちらを最初に読まれたらいいかもしれない。あるいは、まず気になる思想の箇所を読み、よく分からないところは読み飛ばし、そのあとで、その章のはじめから読みなおされてもさしつかえない。ただし、思想の地層を見てとってもらうために、いずれ、それぞれの章をはじめから読んでいただければと思う。

序章
現代とは何か

1　近代の終わり

†ソーカル事件

現代思想とは、「現代において思考されているもの」のことではない。それはある特定の種類の思想群、書店の棚では「哲学」と「精神世界」の中間に置かれているひとつのジャンルである。そこには、しばしばフーコーやドゥルーズとガタリの関連書が並べられている。「現代思想史入門」という本書のタイトルから、構造主義やポストモダン思想を思い浮かべたひとは、このジャンルにかなり詳しいひとであろう。「現代思想」という語は、いやおうなく、二〇世紀後半のフランス思想の、世界中に与えたインパクトを思い出させる。

当時、いろいろな名まえのフランスの思想書が続々と刊行され、わが国でも飛びつくようにして翻訳されていった。それらを紹介する『エピステーメー』(朝日出版社)というカラフルな表紙の雑誌があったが、それを小脇に抱えて歩くおしゃれな高校生たちが話題となった。そこに書かれていたのは、近代哲学とはまったく異なったスタンスで書かれた、ひとびとの信条や生き方を丸ごと変えてしまう威力をもつ思考であった——そう受けとめられた。

社会と生活の大きな変化に不安を感じていた二〇世紀後半のひとびとにとって、それは一七世紀のひとびとにとってのデカルトの「新哲学」のような、つぎの時代の基盤になる思考のように思われたのであろう。デカルト新哲学がのちに「近代哲学」となったのであるが、現代思想にも新哲学と呼ばれたものがあった——すぐに消えてしまったが。

それらが、哲学ではなく、なぜ現代思想と呼ばれたのか。そのわけは、当時大学で教えられていた哲学が近代の思考の延長にすぎない、もはやそれでは有効ではないと考えられたからではないだろうか。

とはいえ、それらのフランスからやって来た書物はきわめて難解であった。アメリカで、一九九四年のことであるが、アラン・ソーカルという人物が、現代フランス思想の断片を散りばめながらも、たいした内容のない自然科学的議論をした論文を『ソーシャル・テキスト』という雑誌に投稿し、掲載されたという事件が起こった。かれは雑誌の編集者が、自分自身では内容を理解できない論文を掲載していることを証明し、学術的雰囲気がするだけの意味不明な議論がまかり通っていることを指摘したかったのである。

実際、哲学研究者たちが解釈に手をこまねいているあいだに、文芸批評の分野では、難解であることを気にしない、むしろ難解であればそれだけ一層価値があるかのようないいまわしがもてはやされるようになっていた。わが国でも、現代フランス思想を翻訳したのはフランス文学の研究者たちであり、そこでは哲学の伝統的訳語や論述スタイルが採用されなかっただけ、さらに意味不明の難解な熟語やいいまわしが多用された。

そうした現象の背景として、今日、思想的な言説も、資本主義的商品流通のなかに組み込まれることで読者を獲得しているという事情がある。その結果、本来は思想にはそぐわない「ブーム」というものが生じるようになっていた。専門的判断のできない大多数の読者は、表現が難解である場合には、理解できない読者自身に問題があると考えて、自分は理解できているふりをする傾向がある。それを示すために、あるいは理解できないことへの反発から、半可通のまま、あえて批判的、否定的な意見をいうひとも多いのである。

†思想の難解さ

としても、もしこのソーカル事件によって、現代フランス思想の難解さに手を焼いていたひとびとに、もはやそれを理解しなくてもよいという気分が生まれたとすれば、それは残念なことである。なぜなら、その事件の提示した問題の所在は、現代フランス思想の内容にあるのではなく、それを流行させた批評家たちにあるのだし、ソーカル自身を含めた、現代思想を理解できない近代的発想のひとたちにもあるのだからである。

現代フランス思想が論じていた「ポストモダン」こそ、――『ポスト・モダンの条件』(一九七九年)を書いたリオタールが「言語ゲーム」と呼んだが――、そうしたパッチワークのような議論がまかり通るようになる理由だったのであり、現代フランス思想の最良の部分は、それでもなお、そうした状況においてなし得る思考、もはや近代的発想の延長では成立し得ない新たな思考を探求していたところにあった。

それにしても、難解さは問題なのであろうか。それならば、もとより哲学こそ難解であたりまえであった。二〇世紀、大衆化の波に乗って、もしかすると世界で一番読まれた哲学書、ハイデガーの『存在と時間』(一九二七年)は、形而上学用語の石積みでできたゴシック建築を思わせる文体に貫かれ、「存在を思考する」という非日常的な態度へと読者をいかめしく誘《いざな》っていた。同様に、明治期のエリート大学生たちの心を捉えた西田幾多郎の『善の研究』(一九一一年)の、多すぎる漢字で紡がれた、奥義としかいえないような文体もあった。それでもかれらは熱狂的に支持されたのだし、今日なお支持者は多い。

しかしながら、そこには、哲学の社会的ポジションを守ろうとする過剰な熱意があって、語りすぎているものがあったように思う。昨今の状況では、もはや、このような権威高い書物は、商業的には不可能である。このところ、ひとびとは、ほかのひとたちが読みそうな書物をしか読もうとしない。

そのこと（哲学書の書き方）も含め、エクリチュール（書くこと）を可能にする次元に関する主題、テキストのあり方を巡る問題は、現代思想における核心的なテーマになっている。哲学はいま、書かれるというそのことと切り離して考えることはできない。後期のハイデガーが言葉少なになり、詩人になってしまった意味や、モーリス・メルロ＝ポンティが両義性へ、ジル・ドゥルーズが差異へと進んでいった理由を、あとで考えてみなければならないであろう。

†宴のあと

さて、それで、現代フランス思想の方はどうなったか、である。ソーカル事件のせいだけではないだろうが、構造主義も、その後の思想も、今日では、もうそれらをふまえないでもやっていけると思われるようになっているかもしれない。

一部はフーコー学など、カルチュラルスタディーズ（文化論）、たとえば「表象文化論」や「文化資料学」といった名まえがついた学問的方法論となっており、また一部は「ノマド」など、余韻のようにして散発的な語句がひとびとの心にとどまっているが、大部分は忘れ去られてしまった。「構造主義とは何だったのか」、「ポストモダンはもう終わったのか」と問い交わす声と声とが、ネットのすきま風に乗ってわたしのもとへも聴こえてくる。

しかし、そのような問い方がなされるとしたら、まだ真のポストモダンではなかったわけである。「ポストモダン」という概念は、「モダン（近代）が終わったあと」という意味である。近代においては、時代とは、文明が進歩していく段階のことであった。ところが、もはや進歩しなくなるのがポストモダンである。文明進歩という、そのことが終わったという意味である。ひとつの時代が終わってつぎの時代に移行するということは、近代《モダン》においてしか起こらない。その意味で、ポストモダンという時代は、近代的な意味での「時代」のひとつではない、あるいは、それが到来したとしたら、終わりようのない時代のことなのである。

近代のつぎの時代はあり得ないし、「脱近代《ポストモダン》」ということで、近代とされる数百年の歴史を超越した状況が生まれてくるということでもない。問うべきなのは、「それはもう終わったのか」ではなく、まして「ポストモダンのつぎには何がくるのか」ではなく、――「つぎ」があるのは近代においてであるのだから――、この社会はすでにポストモダンになってしまったのか、それともポストモダンを論じた思想があっただけで、いまだ近代の延長のままなのか、ということである。

実態としては、今日、ひとびとの思考様式は、概して近代のままである。あたらしい思想はその時代の常識の延長では理解しがたいがゆえに、いつの時代でも難解なのであるが、ポストモダン思想がもし真にあたらしい思想であったとしたら、たとえ難解であったとしても、それは密かに引き継がれていることであろう。

それがもし、ひとびとが言葉にならないままに考えあぐねていた状況を表現してくれた思想だったのであれば、いつか明快な言葉をもった次世代の思想家たちによって表現されなおし、ふと気づくと、ひとびとがみなそんなことを考えていたのだと思いつかれるようになるだろう。さして珍しくもない、これが常識なのだと考えられるようになるだろう——はたして「ポストモダン思想」と呼ばれたものが、それにふさわしい思想であったのか。

2 現代のはじまり

†時代としての〈いま〉

ここで断っておくが、近代哲学の「近代」も、現代思想の「現代」も、英語でいえばモダンである。日本語はそのニュアンスの違いをうまく訳し分けているが、もし近代哲学を一七世紀、デカルト以降の哲学のことだとすれば、近代哲学と現代思想の内容はかなり隔たっている。

おそらく、二〇世紀初頭のフッサール現象学あたりまでは、——『デカルト的省察』(一九二九年)という講演もあることだし——、近代哲学が継承されているとはいえる。しかしまた、現象学は、新たな社会学や心理学の方法論にすぎないとみなされることもある。モーリス・メルロ＝ポンティ（一九〇八～一九六一）の身体論をはじめ、アルフレッド・シュッツ（一八九九～一九五九）の社会学や、オットー・F・ボルノウ（一九〇三～一九九一）の空間論など、身近な対象に非機械論的な本質を見いだす理論において、それはもっぱらその威力を発揮してきた。

他方、現象学と同時期のベルクソニスムはどうかというと、多くの市民たちがあたらしい思想として歓迎して、コレージュ・ド・フランスの講義に列席したといわれるが、大学では引用することすら禁じられた「流行の思想」にほかならなかった。

どのあたりに近代と現代の断層があるのだろう。もとより今日は、近代であるとはいいがたい。現代、われわれが今日までに継続してきたと感じることのできる時期は、はたしていつにまでさかのぼることができるのであろうか。

明治初頭、それはまさにわが国の「近代化」の時期であるが、それがわれわれの「現代」の出発点であろうか——否、それももはや歴史的事象にすぎないか。男はちょんまげを切ってざんばら髪となり、女はおはぐろ（既婚者が歯を黒くすること）をやめ、西欧風の服を着て革靴を履くようになったころのことである。

スマホをもっていなければ現代ではないと考えるひとたちにとっては論外であろうが、スマホの出現が瞬時であったように、そんな意味での現代はあっというまに時代遅れになってしまう。問題は、引き継がれてきた〈いま〉としての現代である。一連の瞬間が継続して、それがたえず以前をふまえながら何かが起こり、それ以降も少しずつ変わっていく、推移する時のはば。

つぎのように考えてみてはどうか――もしもタイムスリップして昔の時代に生きることになったとして、その時代のあるひとびとには共感し、あるひとびとには反感をもち、それでも自分の振舞が他のひとびとの振舞とかみ合うような状況があるとしたら、そのときその時代はまだ現代だったといっていい。現代とは、単なる年表の区切りではなく、われわれがそのなかを生きることのできる、過去から来た未来のことである。

他方で歴史的事象、もはや現代ではなくなってしまった時代とは、歴史記述としては理解できても、われわれがそこを生きるのが困難な時代である。たとえば、士農工商の江戸時代に、どうやって人間は自由平等だとひとを説得することができようか。われわれは、武士をそれだけで尊いとして敬うことはできないだろうし、町民を卑しいとして差別することもできないだろう。それとは逆に、かれらからすると、「国民一般」を前提する普通選挙も憲法も、混沌をもたらす奇妙な風習としか見えないであろう。

時代劇も大河ドラマも、現代人の感性を投影した人物像を作りなおして、はじめて娯楽作品として成りたつ。実際のその時代のひとびとの感性は、異星人ほど縁遠い。かれらが明治になってそれらの理念を受け容れるまでには、ＮＨＫの大河ドラマ『獅子の時代』（山田太一脚本）で描かれた会津藩士の親子のように、世代相互が厳しく対立して、その世代全体に関わる革命的な社会状況の変化が必要だったのである。

†一九世紀なかばの生活

とすれば、わたしは現代の開始点、わたしがそこにいて、せいぜい少し進歩的な人物として何やら適応できそうな最も旧い状況を一九世紀なかばに見いだしたいと思う。

今日のＩＴ化もすさまじい変化の嵐であるが、当時もまた、新しい科学と産業が生活に大きな変化をもたらしていた。一八世紀後半には蒸気機関が出現し、鉄でできた巨大な機械群を回転させはじめていた。一九世紀なかばには鉄道網が完成し、モネやターナーが蒸気機関車を絵画作品にしたように、それはまさに時代を文明へと引っ張っていく象徴的機械であった。

道路が整備され、馬車に代わって蒸気自動車や電気自動車が走りはじめ、その街路に列をなしてともされていたガス燈が、やがて電灯に置き換えられていく。水道や電気や水洗トイレが整備され、裕福になった庶民は着飾って、スーラの描く絵のように公園を散歩し、オペラを鑑賞しに劇場へと出かけていく。蒸気船が定期航路を巡るようになって、ひとびとはアメリカや遠く離れた地域にまで、旅行することを夢見るようになるだろう。

かれらはまた、こぞって新聞や小説を読み、子どもたちは学校へ行って読み書きを習い、まもなく世界各地の風習を記録したリュミエール兄弟の映画を見るために、映画小屋に行くようにもなるだろう。そして、電信が発明されて、世界の遠くの出来事が瞬時に伝えられるようになると、一国の内部事情ばかりではなく、世界のありとあらゆる出来事が、かれらの会話にあたりまえに登場するようになる――『森の生活』を書いたソローは、そんなものは必要ないといったものだった。

その延長で、今日、われわれはテレビやネットを閲覧し、お金やカードをもって、会社やその他の職場や、いろんな商品の置いてあるコンビニやスーパーや家庭のあいだを、自転車や自動車、バスや電車といった公共交通機関を使って行き来している。飛行機に乗ってあっというまに別の地方や海外に行くこともできる。

先史時代には、おそらくは生活に必要などんなものも、一緒に移動する仲間と協働で手に入れなければならなかったと想像されるが、今日では分業、すなわち自分にできる何かに特化して〈もの〉を生みだし、それに対価を得て、そのお金で生活に必要なものを購入するようになっている――そのために何か特化できる技能やその社会状況に適応できる知識を身につけておいて、その都度、果たすべき義務を果たしていかなければならないという息苦しさはあるが。

それだからこそ、子どもは義務教育を受けなければいけないのだし、選挙のときの投票などの政治参加の義務、そして税金ばかりでなく、健康保険や国民年金のためにお金を支払う義務がある。何かことがあると、行政や司法のそれぞれの機関に出かけていって各種の手続をしなければならないが、それによって権利や身分が保証される――それでわれわれは文化的最低限の生活を保障されるというわけである。

このような生活様式と、そこでくり広げられるさまざまな人間関係、そこで起こるちょっとした事件の数々、それらがまさに一九世紀にはじまる近代的な生活様式であった。バルザック『人間喜劇』（一八四二～一八四八年）のような小説によって見事に描きだされているが、それがまさに近代西欧において形成されたものであった。わが国では、小津安二郎の映画などで、都会でも農村でも、「近代」がひたひたとやってくる様子が淡々と描かれている。

このように生活が変化するとともに、ひとびとの思想も変化していって、それで今日のわれわれと相通じる話もできるような状態になったに違いない。平等も自由も人権も、哲学者たちの先走った発想として、社会の大勢を占める保守的な意見と闘っているだけの概念であったのが、いまや常識的な「真理」となり、庶民が競って人間の「権利」を要求するようになっしいる。そしてまた、ニーチェのいう「神は死んだ」という宣告がざわざわと、何か重大な出来事として、ひとびとのあいだでも語られるようにもなったのである。

†歴史のなかに入っていく哲学

意外に思われるであろうが、哲学が最も盛んになるのはこのころである。哲学史の教科書には、一七世紀ころから、合理論、経験論、啓蒙思想、批判主義、ロマン主義など、近代哲学が多様に展開していったさまが描写されているが、それらの哲学は、自然科学者や産業資本家や政治家たちにヒントを供するにしても、ただ貴族や富豪のパトロンによって支えられ、少数の知識階層のサロンで語られるものにすぎなかった。それが一九世紀末になると、普通のひとびとが哲学書を手にするようになったのである。そして二〇世紀の前半には、ハイデガーやサルトルという哲学者の名のもとに、実存主義が一世を風靡する。サルトルは、しばしばテレビに出演して哲学や国際情勢について語っていたが、そのような「庶民の哲学」など、哲学史においては空前絶後のことなのであった。

したがって、歴史は、一九世紀前半のヘーゲルの考えたように、哲学によって展開してきたわけではなかった。ヘーゲルは歴史を哲学史に還元し、人類が知識を獲得するにつれて文明のより高次な段階に進んできたと考えた。そうやって現代を哲学によって表現されつくした思考（絶対知）の世界として捉えた。そして現代（ヘーゲルの生きた一九世紀前半）において、歴史はすでに終わっており、それ以降の哲学者たちはただ哲学史を研究するほかはないとしたわけであった。

だが、ヘーゲル以降にも、歴史は、ヘーゲルの知らない大きな出来事――二つの大戦、アウシュヴィッツやヒロシマやソヴィエト連邦崩壊などをつぎつぎに蒙った。現代の歴史は、ヘーゲルが想定したよりもずっと深刻な苦渋に満ちていた。

実は歴史学という学問自体もそうなのである。一九世紀の歴史のなかで歴史学が生まれ、その歴史学が一七世紀からを、「古代」に対比して「モダン（近代＝現代）」と定義したうえで、二〇世紀の歴史を「現代史」として、何らか近代史の延長のようなものとして記述しようと努めてきたのだが、しかし歴史学は、それには成功していないように思う。

実際、「現代」という時代は、一九七〇年代には戦後のことだったのに、一九九〇年代に入ると、第一次世界大戦以降という説も出てくる。年代が進むにつれて繰り下げられていってもいいところだが、その逆なのである。それというのも、まさに歴史学が形成されたそれよりも少しまえ、時代はすでに「モダン」といわれた現代から離れつつあったからなのではないだろうか。

第3章、第4章で詳述するが、いつか「現代」は一九世紀末からとされるようになり、「時代」という概念も、それ以前とは違ったものとされるようになることだろう。ひとびとがいまを「モダン」と意識するようになった時代には、――「モダンジャズ」という以前のジャズを指す表現もあるように——、時代はすでにポストモダンへと入りかけていた。否、むしろ時代は、時代そのものが消滅しつつあったのである。一九世紀末、国際都市ウィーンには、クリムトの絵画作品に見られるように、いわゆる世紀末の頽廃した空気が漂っていたといわれるが、ひとびとは、おそらくはそのことを感じとっていた。

ポストモダンとは、ひとびとがあまりに歴史を意識するがゆえに無歴史的な、「反時代」のことである。時代が一方向に進んでいくなかで各地域の文明レベルが一義的に規定されるのではなく、タイムスリップのようにしていくつもの歴史時点が共存し、一三世紀的イスラム原理主義や二〇世紀初頭の帝国主義が、一九世紀的自由主義や二〇世紀後半のポスト構造主義と、むなしく交錯するような状況になっていることなのである。

歴史は閉じられて球体のようなものを形成し、——それで「グローバリズム」というのなら絶妙な表現であるが——、その表面のそれぞれの文化が、みずからが信じるどのような未来へと進んでいこうとしても、どのほかの文化をも抜き去ることができない、という事情になっている。

もっと高度な、まだ知られざる未来があるのではなく、未来に向かって行き着くさきは、バージョンアップされただけの過去にすぎない。それで、たとえば——「手術台のうえのミシンとこうもり傘の出会い」(ロートレアモン)のように——、フェミニズムと慰安婦の出会いが起こり、どこかで自分のすぎさった過去が別の文化の最前線に遭遇してしまう。そうした奇妙な状況が起こっている。……ともあれ、ポストモダンが何であるかについては、あとでもっと丁寧に説明することにする。

†シェリー夫人の「フランケンシュタイン」

そういうことであればこそ、本書の扱う「現代思想」、今日のわれわれが生きている思想の出発点を見いだすべきなのは、ヘーゲルのいう哲学史においてではない。教科書に書かれている哲学や思想ではない。それ以前から、つまり一九世紀のひとびとの心に、すでに懐胎されていた思想から、でなければならない。

というのも、本当の思想はいつも庶民の側にあるからである。庶民が生きるのに必要とする言葉がある。語り継ぐ庶民がいなければ過去は意味をもたないし、ヒストリー（歴史＝物語）としても、それを物語る言葉自体が消えてしまうからである。

なるほど庶民が時代を理解して語るやり方は、マルクスが「支配的思想とは支配階級の思想である」と述べたように、宗教やイデオロギーであったり、フェティシズム（物神崇拝）的俗物根性であったり、ただの流言蜚語《りゅうげんひご》であったりもする。だが、違和感をもたれつつも、そのなかでつぎの世代が当然と思って使用する言説が次第に頻出するようになるという通時態（言語構造の部分相互の断層的変遷）を見損なってはならないであろう。そのことなしには、哲学者たちのどんなに論理明晰で首尾一貫した言説も、だれからも参照されはしなかった。たとえば、「われわれはプロレタリアート（労働者）である」というマルクスの言説を、実際にひとびとが口にするようになるまでに、何と時間がかかったことだろうか。

それゆえに、現代の思想の出発点を求めるなら、――当時は読み書きできる市民にかぎられていたではあろうが――、庶民が読んで納得し、いつのまにか自分の思考の基盤としてしまったような書物に参照すべきなのである。理論的なものとしてのイデオロギー（支配階級が諸個人に自分の思考と思い込ませている都合のよい一連の思考）ではなく、思考の枠組として、フーコーのいうエピステーメー（コミュニケートできる言葉づかいのなかに潜んでいて発想の源となる一群の言説）がある。そのようなものとして、シェリー夫人の『フランケンシュタイン』（一八一八年）を取りあげることにしよう。

その小説には、「現代の、プロメーテウス」（傍点筆者）という副題がついていた。現代とは、いうまでもなく一九世紀初頭のことである。プロメーテウスとは、古代ギリシア神話に登場する半神であり、人類に知恵と火の使用法を教えたのだが、出来事を予見しようとするその知恵によって、逆に神々の頂点にあるゼウスによって罰せられることになるという悲劇の主人公である。そのプロメーテウスになぞらえられたフランケンシュタイン博士は、理想の人間を製作するために、寄せ集めの人体諸器官を縫いあわせたのち、電撃によってこれに命を与えることに成功する。だがそのようにして生まれた怪物は、外貌の醜さゆえに疎外され、博士にもう一体の異性を製作するように要求して拒絶され、ただ荒れ狂うばかりになっていずこかへと去っていってしまうのであった。

この小説において注目すべきものは、怪物に生命を与える「電撃」である。電撃によって生命が生みだされるということを、読者は魔術的だといって嗤《わら》うだろうか。とはいえ、それは、生命がそのようなもので発生するわけはないと学校で学んだからにすぎないであろう。生命が何であり、どのようにして発生したか、いまだ定説はないのである。

電撃は、ＡＥＤ（自動体外式除細動器）のように、止まりかけた心臓の筋肉を刺激して、これをもう一度起動させるしかできないのだが、そういう意味では生命に関わっている。デカルトが生命を説明して述べるわら屑のなかの微かな熱よりも、少しは生命に近いともいえる。他方、デカルトのいった「動物精気」が、神経を伝わる電気信号のことであって、脳科学者たちのいうように、電気が脳のなかで多様な化合物と一緒に働いてわれわれの思考を形成しているのであるとすれば、電気はわれわれの精神にまで関わるともいえる。シェリー夫人は時代にさきがけて、電気を、人工生命としての怪物フランケンシュタインの誕生に象徴的に結びつけてみせたということなのである。

電気は、古代ギリシアにおいては、最高神ゼウス（雷神）のことであったし、中世においては魔術師たちが琥珀を使ってひとびとを幻惑した超常現象のことであった。フランクリンが、近代的、科学的な思考にのっとって、一七五二年に自然現象として特定したのだが、そのずっとさきの延長において、宇宙がエネルギー保存則のもと、原子や電波や磁気やイオンや、もろもろの、見えないけれども実証可能な超微細な粒ないし波によって構成されていると考えられるようになっていった出発点だったといっていい。

†われわれのなかの怪物

プロメーテウスが人類に火を与えたのに対し、フランケンシュタイン博士のような近代の科学者たちは、電気によって、人間経験の新たな領域をきり拓いてきた。

電気を原動力とする諸機械ばかりでなく、コンピュータのように、電気で知覚表象を加工伝達する装置によって、遺伝子であれ脳の仕組であれ、あるいは原子力事故や地球環境の変化のシミュレーションであれ、電気は今日、人間の生と経験を捉えなおさせてくれている。さらにまた、コンピュータを無数に繋いだインターネットが、すべてのわれわれの経験と事物をも繋ぎあわせ、VR（仮想現実）、AR（拡張現実）、次世代の幼児たちの育つ新たな自然環境になろうとしているのは、それもみな電気のおかげでなくて何であろうか。

その裏返しということになるのであるが、フランケンシュタイン博士の荒れ狂う怪物への恐怖は、今日の原子力発電所の事故や、環境破壊や地球温暖化に対して抱く恐怖に重なってくる。あるいは、もっと直接的に、ひとびとが抱くクローン人間への恐怖に重なっている。国際社会のガイドラインは、クローン人間の製作はおろか、ヒト受精卵の活用をも禁じている。それで山中伸弥博士のiPS細胞という、倫理的問題を見えなくするための発明、すなわち、元が本来人間になる胚ではないという理由だけで、それとおなじ働きをし、人間の胚にもなり得る細胞を活用する技術の発明が、ノーベル賞を受けることにもなったのである。

ただそれは生命を創りだす、神をも畏れぬ所業だからであるかといえば、少し違う。というのも、現代のプロメーテウスたちが行おうとしているのは、自然の諸現象の組みあわせのなかから、生命現象を人為的に実現するだけのことだからである。神にとって代わろうとするのではない。ただ生命が、神のような自然を超えたものによって与えられるのではなく、自然現象の一部であるということを証明しようとしているだけなのである。

とはいえ、それはそれで大したことではないというわけでもない。だから、そのようなところから、ニーチェが「神は死んだ」といいはじめたのであったに違いない。神を殺したのは、だれだったのか。科学的可能性を際限なく探求するようになった、そして宇宙の開闢《かいびゃく》を、神の創造ではなくビッグバンに求める現代の理論物理学者たちのような素朴な科学者たちのことだったのか、あるいはもとより信仰を忘れて金儲けに走り、科学の成果を何の考えもなく応用し、享受しようとしているわれわれ庶民だったのか。

そうではない。われわれが恐れているのは、フランケンシュタイン博士が創りだした「われわれのなかの怪物」なのではないだろうか。それが神を殺したのである。というのも、遺伝学は、われわれの身体がＤＮＡという物質に書き込まれた情報によって構成されている物体であると説明し、脳科学は、われわれの心が脳内の神経細胞の電気化学信号によって形成されている機械であると説明する。とすれば、われわれは、親から生じたという一点でしか違いのない、フランケンシュタイン博士の怪物とおなじものだということになるのである。そして、もしもわれわれが物質的な諸器官の合成物にすぎないのであるならば、そのようなものとしてのわれわれの心とは、フランケンシュタインの怪物のようにして、――最近ではアニメ『新世紀エヴァンゲリオン』の巨大ヒト型兵器のようにして――、ただ荒れ狂うばかりでしかないものなのではあるまいか。

第1章 生命

——進化論から生命政治まで

1　進化論

†生物学と自然科学

一九世紀なかばからの「現代」を特徴づけているものは何であったか——その答えは、生物概念についての葛藤である。シェリー夫人がフランケンシュタイン博士の怪物によって表現しようとしたものは、科学によって機械の一種とみなされた生物の概念と、人間を典型とする「生きているもの」である生物の概念のあいだに開いている深い裂け目であった。

自然科学の歴史は、しばしばガリレイやベーコンからはじまって、一八世紀前半のニュートン物理学、一八世紀後半のラヴォアジェ化学、そして一九世紀に入ってからの熱力学、電磁気学、原子論というような、その着々とした進歩によって説明されてきた。それらは、対象のすべてを機械として捉えるデカルト主義に基づいて、数式で現象を表現し、実験によってそれを検証する方法による学問であった。

天体から微粒子へと対象を広げてきたこの自然科学の進歩において、生物という対象の大きさ《スケール》は中間に位置する。その生物についての科学は、通説では一八五八年のダーウィンの進化論の学会発表、一八六二年のパスツールによる生物の自然発生否定の公開実験を期として、自然科学の仲間入りをしたとされる。

それは、古代からあった森羅万象（ありとあらゆるもの）を列挙する博物誌が、――おなじ「ナチュラルヒストリー（自然史）」の訳語ではあるが――、一八世紀にビュフォンなどによって博物学へと「進歩」し、さまざまな観察と実験を通じていくつもの仮説が検討されたのち、ダーウィンによって真に科学的な生物学に到達したと考えられている。

だが、事実はそういうわけでもなかった。生物学は、実のところ、それまでも、またそれからも、自然科学の発展史のなかで異種の渦を形成してきた。生物学は自然科学にずっと対抗し続けてきたし、今日なお、それに征服されてしまったわけではない。自然科学的方法論が生物の領域に適用されようとしたとき、生物学は、それにつれて進歩したのではなく、むしろ体勢を立てなおして、それに対抗しようとしていたともいえる。

というのも、生物学は、物質的な身体のなかに魂が与えられて生物となるという観点から決して離れようとはしなかったからである。一九世紀のフォン・ベーアが否定するまで、前成説といわれる多様な理論が生みだされ続けていたが、この説は、ハーヴェイやモーペルチュイの後成説（受精後に形態が形成されるとする説）に対して、発生とは、眼に見えないほど微小な身体がそのまま成長して大きな身体になるとする説であった。その前提のもとで、卵子が人間になるのか、精子が人間になるのかといった不毛な論争がくり返されていたのであった。

前成説は、神が一つひとつの生物が生まれるたびに魂を与えてまわることの不条理から、宇宙のはじまりからすべての魂が入れ子状に与えられていたとするマルブランシュの原理を論証しようとするものであった。顕微鏡という科学的用具も、精子のなかに小さな人間の姿を見いだしたといった、奇抜な理論のためにしか使用されなかった。

リンネ『自然の体系』（一七三五年）における生物分類法は、今日の生物学の基礎とみなされているが、古代のアリストテレスの分類法を命名規則に取り入れたものにすぎず、その分類基準は、植物の生殖器など、特殊な形質に注目するものでしかなかった。その分類法は、「存在の大いなる連鎖」という中世的思考の反映であり、表を作ればそのすべての枠に何かが入ってくるような分類が可能だとされるものだった。また、リンネが命名した人類の名まえは「ホモ・サピエンス（知恵のあるヒト）」であったが、かれはそこでいう知恵を、自然科学的知識としての「スキエンチア」ではなく、超自然的な神の知恵である「サピエンチア」という語で定義していた。

一八〇七年になってもなお、ゲーテが、生物を捉えることは自然科学的方法では不可能であると、自信をもって断言している（『形態学序説』）。その理由は、物体は分解して再構成することによって解明されるが、生物の場合は分解した途端に死んでしまうから、というのである。形態学と競うようにして比較解剖学も出現したが、生物身体を解剖して顕微鏡で調べて比較するというものであり、形態学よりも自然科学的であるといえるところは、「分解する」という点にしかなかった。

一八世紀後半にはボネが、一九世紀初頭にはラマルクが進化論を唱えるが、それらも自然科学ではなかった。それは、自然のなかに生物の形態と能力を発展させるプログラムが最初から設定されているとする、目的論的な進化論であった。

ラマルクの『動物哲学』(一八〇九年)においては、すべての種はそれぞれ独立して進化していくとされ、早く出発したものがそれだけ高度に進化しているとされた。現在見られる多様な種は、その無数の種のそれぞれの進化を横断的に切った断面図として、出発の遅れに応じて人類から遅れている生物の姿なのである。だから、もうすぐサルは人間になり、人間は天使になる、という次第なのである。

†ドリーシュの「生気論」

これらの生物学は、科学的な用語を使っていたとしても、また顕微鏡等の実験用具を使っていたとしても、生物を機械論的な自然科学の対象として取り扱うことを拒否しようとするものであった。

こうした傾向は、ダーウィンの進化論が現われたのちにも、一九〇九年にハンス・ドリーシュ（一八六七～一九四一）がエンテレキーという生命原理を主張したように、今日にまで続いている。ドリーシュは、──「生気論」と呼ばれるが──、自然には、物質の機械論的因果性のほかに、トカゲの尻尾が再生したりするような生命原理があると主張して（『生気論の歴史と理論』）、当時の学界から厳しく批判された。似たような議論として、ウンベルト・マトゥラーナ（一九二八～）とフランシスコ・バレーラ（一九四六～二〇〇一）の「オートポイエーシス論」もあるが、それもまた、生命現象にただ名まえをつけているだけであるように見える。

今日、進化論の延長上にあるように見えるリチャード・ドーキンス（一九四一～）の「利己的な遺伝子」説も、分子生物学者たちのいう「蛋白質生産工場としての細胞」も、生命とは何かをあきらかにしないままに、物質の世界に生物固有の概念をもち込もうとする点では、自然科学的とはいえないと米本昌平が批判している。自然科学が示唆するように、生物が単なる物質の構成によって生じる現象にすぎないのか、それともドリーシュが説いた生気論のように、物質とは別の原理によって成立するのかは、どちらにも決定的な証明がないままに、いまだに争われていることなのである。これは、物質と生命のあいだの差異が決定的なものとされるようになった一九世紀以降のことであると、フーコーが『言葉と物』（一九六六年）において解説している。

†ダーウィンの「進化論」

チャールズ・ダーウィンの説いた自然淘汰による進化論こそ、細部が実証されていないので仮説の域を出ないにしても、自然科学的な理論であった。種に属する個体の形質は遺伝的浮動において多様性をもっているが、一定数の個体が地理的に隔絶されることにより、特定の形態や能力をもつ個体の数が優勢となって、もはや以前の種に属する個体とは生殖が不確実になることがある。そうやって新たな種が生まれるという説であった（ただし、有性生殖の場合には、それに性淘汰が加わり、目立ちやすさや交尾のしやすさが、その子孫の形態や能力を規定する）。

ダーウィンによると、進化には目的もプログラムも意欲も関係なく、環境的諸要因の偶然の積み重なりによってのみ新たな種が生じたりある種が絶滅したりする、そうした機械論的な原因があるだけである。現在は、その理論を分子遺伝学が支えているが、DNAは生物個体でみな異なっており、その少しずつの変異が個体を進化させ、新たな種を作りだしていくのであって、そのプロセスは機械論的なのである。

ダーウィンの進化論は、従来の比較形態学的な種の分類に代わって、生物の分類を、歴史という時間軸の導入によって、どの種とどの種がどのくらい近いか遠いかという関係で説明しようとする理論でもあった。その結果、系統を描くことが種の正しい分類基準とされるようになり、――現代ではＤＮＡの類似性の度合いによって――、進化過程で分岐した時期にまでさかのぼれば、その時間の短さ長さから、近い種か遠い種かというように種を分類することができる。とすれば、形態が似ていなくても近い種だったり、形態が似ていても遠い種だったりすることがあるわけで、これで、それまでの形態学者、比較解剖学者の立場や権威はひっくり返されてしまったのであった。

しかし、ダーウィンの進化論がひっくり返したのは、従来の生物学ばかりではなかった。それは、人間精神が他の生物に対して特別な地位にあると考えていたひとびとにも大きな打撃を与えることになった。進化論は、神が宇宙を創造してすべての生物を画定された種として創りだし、人間を地上の支配者としたとするキリスト教、および精神が存在して、それが自然を認識するということを前提していた近代哲学に対する挑戦状でもあったのである。

宗教家たちは、いまでもアメリカのいくつかの州で行われているように、進化論を無視して子どもたちに教えないようにするか、そのプロセスをも含めて神が創ったことだとするかしかできなかった。他方、哲学者たちにとっても、単に「生命とは何か」に答えを出せばそれですむといった容易な問題ではなかった。かれらは近代哲学そのものを根本的に捉えなおさなければならなくなってしまった。

伝統的な生物学は、近代哲学にとってはさほど脅威ではなかった。その目的論的含意には、調和する面もあった。しかし、ダーウィンの進化論は、人間の遠い祖先はアメーバのようなものであり、究極的には突然生じた原始細胞であって、ただそれが変化してきただけだと論じた。そのことは、最古の単細胞生物から、植物、昆虫、爬虫類、哺乳類、そして人間にいたるまで、すべての生物が進化というプロセスによって生じてきたということであり、知性の働きさえも、その結果としての産物にすぎないということを示唆していた。

ダーウィンの進化論をふまえた現代の自然科学者たちは、進化の過程で生物に意識が出現し、脳が発達して知性が生まれたと信じている。そこには、哲学的思考を支える「精神」のようなものは、存在する余地がない。あたかも照明が点灯するように生物身体に意識が発生し、そのうえでさらに宇宙を認識するような知性が生じてくる――そのような自然淘汰などありそうもないのであるが、人間も進化の過程で生じてきた一生物にすぎないとされるのであれば、人間精神とは一体何のことであり、そのことを当の人間精神であるわれわれは、どう理解したらいいのであろうか。

進化論によって精神の存在が脅かされないかぎり、哲学は、自然科学とは別様にして、人文社会の諸領域、および自然科学を成立させる精神のあり方について論じていることができたのであるが、ダーウィン以降は、どんなことであれ、（精神を前提する）近代哲学の延長で論じ続けることが困難となった。その結果、進化論以降の哲学には、ヘーゲル、コント、ジョン・S・ミルなどの進化論以前の哲学との決定的な違いが生まれることになった――それが現代思想のはじまりであった。

†哲学から科学が独立する

現代思想の出発した正確な年を記すとすれば、それは、『種の起源』が書かれた一八五九年ということになるであろう。ダーウィンの進化論は、ラマルクの進化論のように、――著書のタイトルが『動物哲学』であったが――、哲学のもとで生物の歴史を説明するのではなく、生命を歴史によって説明しようとする進化論であった。そのかぎりで、『種の起源』は、自然科学は哲学なしでやっていけるという、科学の、哲学からの独立宣言のようなものであった。

歴史というものは、従来は英雄や聖人といったリーダーたちの精神がひき起こすものとされていたが、人間精神はそのような歴史から引き離され、生命が歴史の主役になった。むしろ歴史が生命的なものになったともいえる。現代の宇宙進化論に顕著なように、似たようなことをくり返しながら年老いていくもの――しかし卵からつぎつぎに同様の形態が生まれてきてはそれに代わっていくようなものの歴史となった。

その結果、学問の存在理由は哲学的概念や哲学的方法論によって与えられるのではなく、歴史によって説明されると考えられるようになった。進化論をきっかけとして、歴史は、人間にとっての出来事の記録であったものが、自然の全過程を含む記録へと変わってしまったのであった。

とはいえ、哲学からの科学の分離という、そうした衝撃的な出来事が起こったことは、一部のひとにしか理解されていなかった。ルソーが「自然に還れ」という意味の主張をしたときには「サルのように行動すべきということか」と嘲笑する向きがあったのと同様に、ダーウィンの進化論に対しては、せいぜい「われわれの祖先はサルなのか」という反発をもって受けとめられたくらいであった。

†ヘッケルの「系統樹」

進化論への反発に対抗して、人間とゴリラの類似性を強調し、自然界における人間の地位を論じたのが、イギリスのトーマス・H・ハクスリー(一八二五〜一八九五)である。ハクスリーは、「ダーウィンの番犬」と呼ばれたほど進化論の普及に熱心であったが、しかしそこで、進化論は、一般のひとの当時の常識で分かりやすいものになるという「突然変異」を起こしたのであった。

進化論を「ダーウィニズム」と表記しないわけは、その語が「社会ダーウィニズム」、つまりのちの優生学や社会生物学へと繋がっていったからである。ダーウィンの書いたもののなかにも「最適者生存」や「生存競争」といった曖昧な概念が見いだされるが、ハクスリーをはじめとして、ダーウィンの進化論を喧伝した学者たちは、それらの概念を活用して、「優生思想」を唱えはじめた。それはちょうど、光学を研究したデカルトの理論が顕微鏡や望遠鏡の開発に繋がったように、進化論が社会的に有用性をもつとされる応用理論になったのであった。とはいえ、どこが自然科学的進化論と異なっていたのであろうか。

まず「最適者生存」であるが、そもそも「適応」とは、個体が自分の属する環境において生きやすいあり方を実現することであるから、種については成りたたない。地形によって、活動時間帯によって、あるいはおなじ環境に存在する他の生物種の種類や量によって、生き延びやすさや子孫の作りやすさは変わる。それぞれの種が、他の種の存続に依拠している。その意味では、最適者が生存するとはいえないのである。

他方、「生存競争」は、『人口論』（一七九八年）を書いたイギリスのトーマス・R・マルサス（一七六六〜一八三四）がいいだし、ドイツのエルンスト・H・P・A・ヘッケル（一八三四〜一九一九）が取り入れた概念であるが、しかしそれは、たまたま地形や活動時間帯や餌となる他の生物の種類が共通している種のあいだでしか起こらないことなのである。

なお、ヘッケルは、「エコロジー（生態学）」という造語もしている。それは、J・ルイ・

R・アガシー（一八〇七〜一八七三）の「自然経済」という概念と似ているが、自然には一定の調和が生まれてくるはずであるという前提のもとにあった。ヘッケルには一元論的自然観があって、それぞれの生物には生きるべき価値があり、さらには物質的諸要素も含めて自然全体が有機的な統一性をもつとしていた。この発想の延長で、今日のように、生物多様性が失われることに対して、あるいはその原因としての地球温暖化に対して、警鐘が鳴らされているのである。

それに似た「ガイア仮説」や「宇宙船地球号」や「ディープエコロジー」といったスローガンもあるが、その提唱者がみな生物学の門外漢であることからも推察できるように、自然科学的な進化論とは無関係であり、先進国が途上国の発展を妨げる口実となるような南北問題の表現でもあった。

進化論を粉飾する概念としては、さらに「弱肉強食」がある。これは『韓非子』にある旧い中国の表現であり、食物連鎖で起こることを指しているのだが、最強者は増えすぎれば餌やメスを巡って争うし、すべてを食い尽くしたら滅びるのだから、進化を説明しているとはいえないのである。

以上のこうした諸概念には、とりわけ、進化した種ほど強く有能で価値があるという非科学的な含意があった。とりわけダーウィニズムを普及させるのに功のあったヘッケルが、人類を頂点とする系統樹を描きだし、現在の常識となっている人間観、人類が最も進化した生物である、つまり最も優れていて最も繁栄している生物であって「地上の支配者」であるというイメージを作りだした——昨今のメディアがCG化したがる新たな聖書である。

それにしても、「支配者」という観念は、（覇権を巡って争う）帝国主義的発想のもとにある。生物の繁栄という観点では、最も進化の回数が多いのは大腸菌であり、種や個体数が多いのは昆虫であり、強い身体をもつのは猛獣たちである。人類は環境を変化させる能力が高いかもしれないが、地球を酸素の星にしたシアノバクテリアおよび植物たちの能力はもっと高かった。温暖化によって地球環境が激変することが心配されているが、それは現行の諸生物種にとっての問題であって、これまでの激変と同様に、その後に登場することになるあたらしい種にとっては、むしろチャンスだということになるであろう。

2　優生学

†優生思想

ダーウィンの進化論は、生物学や哲学に対してばかりでなく、ただちに近代社会のあり方についての政治的ないし倫理的思考に対して、瞠目すべき主題を与えた。最適者生存や生存競争や、さらに弱肉強食といった、価値を伴う諸概念を、科学に裏打ちされていると称して社会に適用したら、驚くべきことに、つぎのような推論が生まれてきたのであった。

——人類は、進化論を知らない思想や文化によって自然に反した生き方をしてきた。進化論という「自然の摂理」に従うなら、淘汰されるはずの弱者、適応できないひと、生存競争に敗れたひとは、子孫を残さず滅びていくはずである。それゆえ、そのようなひとは救済されるべきではないし、まして子どもを作るべきではない。そうした「劣った遺伝子」をもつひとびとを排除することによって、社会はより健康で有能なひとびとからなる平和で豊かな理想社会に近づく、というのである。

これが「優生思想」であった。もちろん遺伝子自体には優劣はないので、「劣った遺伝子」とは、その遺伝情報によって形態化される表現形において劣っているという意味になる。

この推論の誤っている点は、自然淘汰と人為選択を混同しているところにある（ただし「淘汰」と「選択」の原語はおなじ「セレクション」である）。人為選択によってイヌやウシやニワトリなど、人類にとって、なるほど「優れた」遺伝子をもつ生物が生じてきたが、それは自然淘汰に、反することを人為的に行った結果なのである。イヌを自然に戻せば、どんなに多様な形態や能力をもったイヌたちも、まもなくただの危険なヤマイヌの群れになってしまうであろう。

しかも、自然に任せた場合、アリの巣やアザラシのハーレムのようなものがあることをどう考えるのか。したがって、実は、優生思想には、「進化の論理は宇宙を創造した神の摂理であって、神は善である以上、自然に委ねていれば社会は理想に近づいていく」という神学が紛れ込んでいたのである。それはまた、アガシーの自然経済説に潜んでいたものであり、あるいは当時の資本主義経済の発展に伴って盛んになっていた自由主義、アダム・スミスのいう「市場の見えざる手」のようなものでもあった。

優生思想を採用したとしても、どこまで行っても人為選択であることは免れず、それが行きつく「理想社会」は、現行において優勢なひとびとの価値観によるものでしかない。普遍的な真理を認識し得るとしていた近代的発想のひとびとは、それ（価値観の相対性）を見抜くことができなかった。それで、ダーウィンの進化論とは異なった優生思想的観点が、ひとびとのあいだで支持されるようになったのであった。

†ゴールトンの「優生学」

優生思想には、遺伝子という概念が重要な役割を果たしていた。遺伝子は、モーペルチュイが『自然の体系』（一七五一年）で「エレメント」と呼んだのが嚆矢《こうし》であり、メンデルの実験

（一八六五年）によって見いだされ、一九〇〇年ころ再発見されたものである。しかし、その概念は、それに先立って、当時すでに流通するようになっていた。たとえばチェザーレ・ロンブローゾ（一八三五～一九〇九）は、すでに一八七六年に、ひとが犯罪者になる傾向は遺伝によって規定されていると主張していたし、頭蓋骨の形態によって精神が規定されているというフランツ・J・ガル（一七五八～一八二八）の骨相学が、それ以前から流行していた。

この骨相学的発想は、その後、ナチスドイツのヨーゼフ・メンゲレ（一九一一～一九七九）によるユダヤ人特定基準に繫がる。メンゲレが捕虜やユダヤ人にした実験は、シャフナー監督の映画『ブラジルから来た少年』（一九七八年）にも描かれたように、当時はマッドサイエンティストの悪魔の所業とみなされたが、あとで述べるように、今日の医学と基本的におなじ目標をもっていた。

進化論に遺伝学的論拠を付け加えて、一八八三年に「優生学」という名まえを与えたのは、ダーウィンのいとこのフランシス・ゴールトン（一八二二～一九一一）である。かれは統計学において重要な貢献をした学者であったが、ひとの才能は遺伝によるとし、優れた男女は子どもを多く作らないという傾向を調査したうえで、人種における能力の平均値を上げるためには、結婚の制限、断種、隔離による人種改良の政策が必要であると提言した。

この優生学こそ、最初の現代思想であったといっていいであろう。優生学は、社会の発展の妨げになるひとびとを排除し、子どもを作らせないようにするための政策科学であった。そこでは、（生物学的分類とは区分の水準が異なる）「人種」や「民族」が対象となっていて、その「生存競争」こそが中心的主題とされていた。進化論はこうした変形を通じて、たとえば黄禍論（日本人が西欧文明の脅威になるというプロパガンダ）のように、非科学的で復古主義的な血統主義、国家主義に「退化」したのであった。

それにしても、生物学では性交渉によって子どもが産まれるかどうかによって種を識別するが、人種が異なっても子どもが産まれるのだから、人類が「種」なのであって、人種は、犬種と同様、人為選択によって生じ、身体的特徴や生息地域によって区別される分類にすぎない。

また、民族の概念は、前近代社会における血統による身分の尊卑を、社会集団、国家に適用したもので、ベネディクト・アンダーソンが『想像の共同体』（一九八三年）で論じたように、その後のナショナリズムにおいて、マイノリティや旧植民地住民の権利を主張する政治団体の標榜する概念にすぎなかった。したがって、優生学は、もとよりあった人種差別、民族差別に自然科学的粉飾を行い、人為選択をするという点で、いわば人間の家畜化を推進しようとした「学問」であった。

†タブーとなった優生学

ゴールトン優生学の影響を受けて、一九三〇年代には、アメリカで断種法や移民法が施行され、スウェーデンでは知的障害者の断種（不妊手術）が行われ、またナチスドイツが、「衛生学」や「人類学」という別の名称において、「民族純化」というスローガンのもとで社会的弱者の断種を推進した。その延長において、アウシュヴィッツなどの収容所でユダヤ人を絶滅させようとしたことは、よく知られている。あたかもシャワーを使わせるかのように欺いて裸にしたうえで、毒ガスを流して「安楽死（死ぬ際の苦痛を少なくした殺人）」させたという。

わが国でも、最近までハンセン病の患者が隔離され断種されていたし、一九九六年に改正された母体保護法の前身が「優生保護法」（一九四八年）であり、さらにその前身が一九四〇年の「国民優生法」であって、そこにはいまなお優生学的発想が含まれていることは知っておいていいであろう。

優生学が忌まわしい名まえになったのは、――日本軍も満州七三一部隊において同様のことをしたのだが――、ナチスドイツによってなされた人体実験があきらかになって以来である。ユダヤ人や捕虜に対して、戦争遂行に役立つ知識を得るために、薬剤や神経ガスや病原菌を与え、あるいは組織移植をしたり、低温状態に置いたりしたという。こうした残酷さに繋がる医学的実践を行う制度や政策に疑問が付されるようになったのである。

それゆえ、優生学という呼称を使用することは、現在はタブーになっている。だが、それはプラトンの『国家』にも出てくる発想であり、いまの社会においても密かに働いている思想でもある。たとえば、一九八〇年のことであるが、血友病の遺伝子をもつ作家の大西巨人が子どもをもうけたことに対し、評論家の渡部昇一が、「神聖な義務」と称して、その子の治療のために社会保障費を使うのはおかしいから、そのような子をもうけるべきではないと述べている。二〇世紀の世界を席巻した優生学は、今日では口にすると非難されるものの、社会的無意識のようなものとして、ひとびとの心を占有しているのである。

†出生前診断

最近では出生前診断が可能になって、胎児がダウン症と分かった親の大多数が人工妊娠中絶をするという。また、DNA診断が普及しはじめており、各人がどんな病気になるかの可能性が判定されるようになっている。そのおなじ技術が、将来は胎児に適用されることになるであろう。ニコル監督の映画『ガタカ』(一九九七年)に描かれたように、能力や気質が出生時に選別されるようになる日は、そう遠くないのかもしれない。病気になりにくいばかりでなく、美しい有能な子どもばかりが生まれてくる時代、あるいは屈強で従順な、軍人向けないし肉体労働者向けの子どもたちが生まれさせられる時代が到来するのであろうか。さきに述べた「クローン人間を作っていいかどうか」の問題も、その過程で何らかのデザインがなされる以上、こうした優生学的思考とは、切っても切り離せないのである。

それでは、優生学は、差別を禁止し、人種や民族といった概念から切り離されたならば、忌避されなくてもいいだけの正当性をもつのだろうか。

しかし、障害者差別の問題は消えない。障害者と健常者とは相対的であり、ある個人的特性が条件次第で障害とされたり、個人差とされたりする。障害の規定は、社会的に推奨される人間関係や社会保障予算の配分方式によって規定される。それにもかかわらず、出生において選別することは、裏返しとして、現に生きていて選別され得た方に入るひとびとを、無価値として否定することになる。

近代医学の進歩によって、産まれるときに選別することのできるようになった基準は、かつては生まれてもすぐに死んでしまうというように、運命が規定するものだったかもしれない。だが、そのおなじ医学の進歩によって、そのひとを産まれさせ、かつその基準でも社会の負担にはならないようになるかもしれないであろう。個々人の与えてくれるものは多様であり、障害者として選別されたひとが、凡百の健常者よりも、意義ある人生をひとびとともにするかもしれないであろう。

出生時の選別は、医療技術的に見た障害の諸段階と財政的な諸条件の交点を基準とする「清潔な」分類によるばかりではなく、社会のなかの諸個人の位置のダイナミックな変遷において生じる差別意識にも淵源する。選別が正当か否かをいうよりも、その意識がどのようにして生じたかということの方も問うべきであろう。というのも、今日でいう「差別」が生じたのは、論理的にいえば、奴隷制と身分制が払拭され、人間は生まれながらにして平等であるという人権思想が普及してからのことである。社会制度としては否定されても、何か、この思想とは別の動機がひとびとの社会参加に関わっているということであろうか。

3 公民権運動と生命倫理

†アメリカ公民権運動

一九五〇年代に、アメリカで、梅毒にかかった黒人たちが投薬が禁止された状態に置かれ、経過観察をされていたことがあきらかになった。タスキギー実験と呼ばれるが、人種差別のもとで人体実験がなされたとして、大きな問題となった。

とはいえ、一般に、医療には人体実験の要素が含まれる。一人ひとりの症状と経過が違うのが普通であるし、手術や投薬の結果が他の患者の治療に役立てられるのが当然だからである。

近代医学は、そうした実験的治療の統計的処理からはじまったのであって、その意味では、タスキギー実験も、当事者の医師たちにとっては、違和感のないものだったかもしれない。当時としては、その対象者が黒人だけだったということが問題だったのである。

そのころ、バスで黒人が座るのを拒否された事件をきっかけにして、アメリカで公民権運動（黒人の平等を要求する民権運動）がはじまっていた。一九世紀末までに、憲法においては平等は保障されていたが、南部諸州では人種分離を認める法律があって、具体的生活の細部においては多様な差別が行われていたのである。

黒人たちはキング牧師、マーティン・ルーサー・キング・ジュニア（一九二九〜一九六八）をリーダーとして、デモや座りこみを行い、そして、一九六三年に、ワシントンで二五〇万人の大行進を行って、事態を打開しようとした。「わたしには夢がある」というキング牧師の有名なスピーチは、このときのものである。白人と黒人が一緒のテーブルにつき、その子どもたちが手を繋いでいるという、いまからするとささやかな夢であったが、いかに差別が、身体の近接すら許さない厳しいものだったかが分かる。

その後、公民権法が制定され、アファーマティヴ・アクション（黒人等少数者のために学籍やポストが確保されること）も行われるようになった。その結果、差別は表面上は見られなくなってはいるが、いまなお警官による被疑者黒人の射殺事件など、しばしばぶり返しのようなことが起こっている。

†フェミニズム

黒人たちの運動を受けて、さらに差別は黒人ばかりでなく、混血のひとやアメリカ原住民に対しても、そして女性に対しても行われていると意識されるようになっていった。そのころ、ジョン・レノン（一九四〇～一九八〇）がヨーコ・オノとともにアメリカに渡って、『女は世界のニガー（黒人の蔑称）である』（一九七二年）という曲を作っている。アメリカでは黒人が差別されているが、女性はというと、全世界でアメリカ黒人と同様の扱いを受けているということを告発する歌であった。公民権運動は、不可避的に、フェミニズム運動に波及していったのであった。

フェミニズムは、オランプ・ド・グージュの「女権宣言」（一七九一年）からはじまる。それはフランス革命における「人権宣言（人間と市民の権利宣言）」（一七八九年）が、「ひとは自由で平等である」といいながら、その主語の「人間《オム》」が男性という意味でもあって、女性の権利を念頭に置いてはいないことに注意を喚起したものであった。

ついで、さきに挙げたシェリー夫人の母親にあたるメアリ・ウルストンクラフトが、一七九二年に『女性の権利の擁護』を書き、ルソーが『エミール』において女の子を従順に育てようとしていることを批判して、女性を男性と同様に教育することの重要性を訴えた。女性の高等教育は、その後、功利主義者のヘンリー・シジウィック（一八三八〜一九〇〇）などによって少しずつ実現されていったが、それでも、それが一般化したのは二〇世紀後半のことである。

フェミニズムは、公民権運動と同様、現代思想というよりも本質的には政治運動であって、その背景には、自由平等を原理とする人間観がある。この人間観は、ホッブズ以降の西欧近代思想が培ってきたものであり、「人権」という名目で、反論しがたい常識となっているものである。

問題は、人権という美名のもとで、従来はそれが保障される対象がマジョリティの白人男性のことを指しており、かれらが黒人や女性といった、その範囲をはずれるマイナーなひとびとの差別に眼をつぶってきたところにある。それゆえ、もし社会が西欧近代思想を前提とするならば、人権の範囲がすべての人間に及んでいるかどうか眼をこらして見ていなければならないであろうし、マイナーなひとは概して身を守るためにひとの背後に隠れようとしがちだが、その権利を獲得するために団結して、「マイノリティ」として戦う必要があるということである。

マジョリティのひとびとは、自分がそれであると気づかないからメジャーなのであり、マイノリティから非難されて、はじめてその立場を享受していることに気づかされる。その意味で、――マルクーゼが述べていたように――、マイノリティのする非難には権利（正当性）がある。

しかし他方、もしひとが、自分よりもマイナーなひとびとを非難するのなら、それはヘイトスピーチということになるであろう。そんな卑劣なことをだれかがはじめれば、それを止めるための卑劣な手段が必要になり、やがては社会全体や国際関係を、憎悪や蔑視や暴力や武器が覆いつくすことになるだろう。

ともあれ、一九七〇年代以降、フェミニズムはその当初の目標としての権利を法的に確立することに成功し、そのうえで女性の生き方や男性との関わり方についての意見が分かれ、多様な分派を形成するにいたった。

男女のあり方、セクシャリティ（性的活動）やジェンダー（性的役割）について、生来の差異があるのか、役割分業は正当なのか、産むということ、育てるということの意義をどう捉えるか、性交渉の経験の仕方や性の商品的価値をどう考えるか、といったことで考え方は分かれる。さらにはクィアないし性的少数者（ＬＧＢＴ）をどう扱うべきかという問題も派生してきている。それら自身が現代思想というよりは、多様な現代思想に応じて女性の立場をあきらかにしようとするそれぞれのフェミニズムが生まれてきていると捉えることができる。

マルクス主義フェミニズム、アナーキズム、精神分析、現象学、エコロジー、ラカン主義、ポストモダン、サイボーグ・フェミニズム等々――ただいえることは、現代において思考するときには、女性をどのように捉えるかが、どんな思想においても試されないではいないということであろう。

†生命倫理

ところで、公民権運動がマイノリティの権利を要求するということであったところから、それは病院内の人間関係にも波及していった。

タスキギー実験において暴露されたのは、黒人差別だけではなく、その人体実験的な医療であった。それゆえ、病院の患者も黒人と同様にマイノリティであったことに、やがてひとびとは気づかされることになる。「生命倫理」という語が広まっていったのは、患者たちからのインフォームド・コンセント（情報を与えられたうえでの合意）の要求によってであった。

タスキギー実験の黒人たちは、どのような治療がされているかを知らされていなかったが、当時の病院では、大多数の患者が似たような状態にあった。たとえば、乳ガンの疑いのある患者が、検査と称して麻酔をかけられ、目が覚めると乳房が切除されていたというようなことが行われていた。また、ガン患者は、致死率の高さからも病名を伏せられ、本人には理解しがたい辛い治療を受けさせられていた。人命を救い健康を回復するという名目で、医師は患者の意思、治療における苦痛や不安を慮《おもんぱか》ることなく、治療方針を決めていた。ここでも、患者は「世界のニガー」なのであった。

こうしたことは、人工妊娠中絶においても同様であった。キリスト教的伝統もあって、不本意な妊娠をした女性や、出産において危険がある女性の場合にも、中絶をするかどうかについて本人が決められないのが一般的状況であった。わが国の母体保護法でも、人工妊娠中絶が許される規定は緩やかではあるが、親や夫の同意が必要である。女性は、一旦妊娠したあとは役所に届け出る必要があり、自分が自由に産んだり中絶したりすることができなくなる。

そのようなことはまた、自殺についても同様であった。健康なひとが自殺することを妨げるのは困難であるが、自分の行為として自殺すること（尊厳死）が困難なほどの病人もいる。そのようなひとが自殺することを、医師は患者を生かす方向でしか仕事をしないとの「ヒポクラテスの誓い」を根拠に、実際は病院内での決定権はすべて医師にあるとする「権力」によって禁じてきた。

医師たちが権力をもっているのは、危険に遭遇し得る船において、船長が権力をもっているのと同様ではないかと思われるかもしれない。病気という危険に遭遇したひとびとは、医師の指示に従って行動することによって危険から逃れ得る。とはいえ、海難事故の場合と同様に、後遺症が残ったり死亡したりするひとも多くいる。他のひとを巻き込むのではないならば、病人は、教えられたうえで自分のことは自分で決めてもいいのではないか――それが「インフォームド・コンセント」なのである。

†生命倫理のその後

生命倫理は、医療体制において患者の人格が尊重されてこなかったということが問題視されて、医療のあり方を巡って論じられるようになった。他のマイノリティの政治運動とは別に、倫理学の応用問題と解されて多くの倫理学者が参入し、連関して問題となっていった環境や技術などについての議論も含めて「応用倫理」とも呼ばれた。

もとより、医師と患者との関係には、日常の人間関係とは異なった一方的な権威の押しつけがある。医師たちにはっきりとした差別意識があるかどうかは別として、少なくともパターナリズム（父権主義）の傾向はあった。生命倫理は、社会全体や医療体制の合理性よりも、一人ひとりの生に価値があるという、そうした本来の人間性《ヒューマニティ》という観点から、医師の側に患者に対する接し方を変えさせようとしたのであった。

他方で、患者の公民権的な要求に対してばかりでなく、医療技術の進歩によって、従来の医療機関では起こらなかった現象が出現したことにも対処する必要があった。

とりわけ脳死とは、脳に損傷のある患者を心肺装置に繋げておいた場合に、死の三徴候（心拍停止と呼吸停止と瞳孔拡散）がなくても意識が戻らない状態に対して、「新たな死」と定義されたものである。この定義が必要であった理由は、いつまでもベッドのうえで措置を施される患者がいるという問題があると同時に、心臓が停止していない状態の死を認めることによって、心臓移植が可能になるからであった。移植医たちは、——あたかも地動説を主張したガリレイと同様の論調で——、「脳死は死である」と断言したが、そうした新しいタイプの死は、ひとびとには受け容れがたいものであった。

生命倫理は、こうした医療技術の進歩から生じた問題に決着をつける必要があった。そのような問題としては、ほかにも人工授精やクローン技術や遺伝子診断等があり、これらも医師たちの専権事項、医師の判断で決定してよいこととはいえなかった。

生命倫理は、以上のような問題の所在を指摘するのに成功した。しかしその後は、結局は対立するいくつかの政治的立場の駆け引きの場になってしまっているように見える。生命の尊重を第一にする立場や、個人の権利を第一にする立場、社会の利益を優先する立場など、結論が出そうにないまま、臓器移植法などのいくつかの法律を作ることで議論は落ちついてしまっている。インフォームド・コンセントは、数十年経って、予想される危険を列挙したむずかしい文書に患者がサインするという儀式に帰着し、あたらしい技術は患者がサインしさえすればつぎつぎに適用されるようになったというだけだったかもしれない。

生命倫理は、今日なお医療の各種の問題点を指摘することに忙しいものの、ただその行き過ぎに対して訴訟の準備をすることができるように、——ある種の政策科学として——、法が整備されることに寄与したというところが成果なのかもしれない。生命倫理が問題にした諸現象は、いわゆる民主主義的手続としての法制化によって「解決」ないし「解消」されてしまいつつある。解決と解消は、おなじレゾリューションという語であるが、そうしたこと自体が問題なのではないだろうか。

4 生命政治

†医療のアンチ・ヒューマニズム

生命倫理の原語は、「バイオエシックス」である。ギリシア語の「ビオス（生命）」についての倫理という意味である。患者に対して、医師が、ひとりの人格をもった人間として対等に接するべきだという人間性《ヒューマニティ》に基づく議論である。

もとより医師とは、有名なシュバイツァーのアフリカでの実践のように、あるいはクローニンの『城砦』（一九三七年）という小説の主人公の医師のように、無知な大衆に衛生知識と正しい医療を教えながら、疲れや危険を厭わずひとの命を救うことに情熱を傾けるひとびとのことであった。今日もそのような医師を主人公にする映画やドラマが、病院の権力争いや金儲けを告発しながら、つぎつぎと制作されている。

とはいえ、そのような立派なひとたちが、概して、なぜ現代の大病院では、やってくる病人たちに横柄に接し、病気さえ治せばその病人がどうなっても構わないという尊大な態度をとるのであろうか。それは、ちやほやされた一部の医師たちの傲慢なのか、それとも病院が、結局は資本主義的産業であって、利益しか眼に入らなくなっているからなのだろうか。本来の誠実な医師たちが、ドラマのように、その陰で、それぞれに戦いを続けているのだろうか。

そういうことではないと、生命倫理が議論されはじめるずっと以前から、ミシェル・フーコー（一九二六〜一九八四）は考えていた。かれは、医療制度や人口政策において人間性が否定されるようになっていったいきさつを検討し、そこでは原理的に人間性が主題とはされていないということを見いだした。そして、その事態の背景にあるものを、「生命政治（英語で「バイオポリティクス」）」と呼んだ。生命についての「倫理」が必要であるというよりは、病院内の人間関係を超えた、生命についての「政治」がそこにあるというのである。

†フーコーの「ビオ‐ポリティーク」

米本昌平によれば、バイオポリティクスとは、一般には検疫制度やパンデミック（危険な疫病の世界規模の拡散）対策、および生物資源の権利や社会進化論的政策や生体認証なども含めた政策科学を指す（『バイオポリティクス』）。たとえば、新型インフルエンザの蔓延を防止するために、どのような基準で個人の自由や平等を停止してよいかどうかという主題を扱う。

フーコーは、これをもっと広い意味で捉え、社会全体の各分野に、そうした理念に基づく政策が行きわたっていると考えた。生命倫理は近代のヒューマニズムを復活させようとして個々のひとびとの道徳的判断を問題にした議論であったが、フーコーのいう生命政治は、現代の社会全体に生じたあたらしいタイプの政策と体制のことであった。フーコーは、いまの社会の人間の生き方、ひとびとの関わり方、制度のあり方について、まさに新たな解釈を与えようとしていたのである。

ところで、生命政治のフランス語は「ビオ－ポリティーク」である。翻訳書では、しばしばこれを「生政治」ないし「生体政治」と訳している。だが、思想史的には「生の哲学」という先行した思想があるので、ここではそれとの混同を避けたいと思う。

哲学的な「生」とは、人間において本質的なものとして、「生命」と「生活」を含めて捉えられる概念である。それは、わたしが生きているということであり、すべての生物に共通する普遍的なものであり、この生命現象を実現する超越的なものである。すなわち、わたしが生きていることと他の生物のそれぞれが生きているということとは、生という点では共通でも、生命としては異なっている。それらが食物とされるときにはなおさらであろう。

生命とは、他の諸生物についても成りたつそれぞれの身体をもっている個体の生存であり、その種に共通した生命維持および生殖の活動の様式である。わたしの生命についても、それは自分の身体が生き延びるということであり、それが自分の人生の意味や、自分が関わる出来事の意味の前提となる。だが、それに対し、わたしが生について思考するとすれば、生がそれらにはまったく無関心に、だれが生きだれが死ぬかということを超えたものとして、ありとあらゆる生物を生かしている超越的なものとして現われてくるであろう――生命政治の主題は、この意味での生ではない。

†人口政策

生命政治の対象は、人格としての人間ではなく、生物の一種としての人間、ヒトである。存在する〈わたし〉ではなく、生きている〈わたし〉ですらなく、動物的身体をもって生命活動をしている人間の群れの個体である。二〇世紀を通じて多くのことが、この意味での「生命」を巡って論じられてきた。進化、民族、健康、テロ、温暖化、高齢社会、年金、婚活、少子化問題、環境破壊、生物多様性、生命倫理、脳科学、分子遺伝学等々と、ひとびとの話題は、このところ、生命を巡るもの一色だったといってもいい。

生命政治とは、これらの主題に関し、一八世紀末に生じてきたあたらしいタイプの医療制度および人口政策のことであり、それに先導されて人間の「健康、衛生、出生率、寿命、種など、統治の実践において、人口をなす生者の総体に特有の現象から起こる諸問題の合理化」(『社会は防衛しなければならない』)をしようとする政治のことである。

ここで「人口《ポピュレーション》」とは、漢字で書いても「ヒトの口」であるが、政治やゴシップについて発言するうるさい民主主義の口のことであり、しかしそのまえに、住まい、食べ、生殖するヒトの群れ、およびその個体数のことである。近代において前提されていた「個人」の集まりとしての秩序ある社会ではなく、無数のあたま数の人間身体のことなのである。

マルサスの『人口論』(一七九八年)のときからいわれていたように、「マルサスの罠」(新興国で人口増加のために経済的離陸ができないこと)もあれば、「人口ボーナス」(若者が多い人口ピラミッドの社会で経済成長率が高くなること）もある。一国の経済活動は、こうした人口の量、人口ピラミッドの型によって規定される面がある。生命政治は、その人口であるひとびとの群れの総体の生活生存状態を、集合的現象として長期的に最適化することをめざす政治なのである。

それは諸科学の知を導入して、なるべく多くのひとが生命をもち続ける、ちょうどよい数だけ生まれてくるようにする政治、それが可能な統治の状態を維持促進する政策を行う政治である。とすれば、かつて優生学とは人間の生殖についての政策であったが、これは現代版の優生学なのであろうか。現代の医療制度のなかに姿を隠し、先端技術で武装しつつ、福利厚生政策、社会保障政策に身をやつした、あの優生学なのであろうか。特に理想社会をめざすわけでもなく、民族や人種に限定することをやめているようではあるが、ある意味、その拡大普及版なのであろうか。

†大病院の起源

フーコーが生命政治について論じはじめたのは、一九六三年の『臨床医学の誕生』からである。フーコーの関心は、医療における倫理的問題の解決ではなく、そのような主題に顕著に出現してくる権力の働きを暴露することにあった。その議論を具体的に見ていくことにしよう。

——普通のことだと思われるであろうが、今日では、ひとは病気になったら病院に行く。病院では、外来に訪れた多様な症状のひとびとが専門医のところにまわされる。そこで検査され、診断されて、(症状に応じて分類された)病名がはっきりすると、それに対する治療法が分かって、やっと安心するという次第である。

この、「病気になったら病院に行く」という判断は、フーコーによると、「病気かどうか、それがどんな病気であるかは医師が決める」という判断と同時に、一八世紀末に成立した思考法であった。それまでは病気になってもそのようには判断せず、自分で適当な薬を飲んだり、資格などない近所のひとたちが、宗教的迷信を多く含み込んだ適当な処置をしていた。

ひとびとが病院に行くようになったのは、西欧近代の医学において、科学に基づく高度な医療技術が発展したからだと考えられているかもしれない。だが、それだけではない。西欧医学の特徴は、病気のひとを癒すことよりも、その病気の原因となるものを主題として対処するということ、それがどんな病名かは専門医だけが判定する資格をもっているということ、その専門医は、医師を教育する集団によって公認された知識によって資格をもつということにある。

このようなことはあたりまえに聞こえるが、歴史的には珍しい発想であり、それが臨床医学《クリニック》と呼ばれるものである。わが国では「クリニック」というと小さめの病院のイメージだが、西欧での意味はまったく違う。通常は病院と訳される「ホスピタル」が中世以来の施療院（困窮したひとや孤児たちを救済するキリスト教的宿泊施設）の延長であり、クリニックこそ、一八世紀末以降に成立した、近代的な、いわゆる大病院のことなのである。

クリニックは、むしろ「病院医療」と訳したらいいかもしれない。戦場の野戦病院から発展した、教育と治療とを同時に、チームを組んで知識を共有しながら大規模に行う実践的な医療である。

当時の政府は、野戦病院の仕組にならって、都会に医学校をかねた大病院を設置し、民間や大学などでの医療行為を禁止し、ここで学んだものだけに医師免許を与えることにした。そして、納税者に対しては、そこに貧乏な病人を集めて観察し、実験的な治療をして、その成果としての知見で医学を発展させて、一般市民の健康に寄与すると説明したのであった。

†臨床医学の病気観

ところで、クリニックで行われる西洋医学の高度な医療法は、「科学的」といわれる以上、デカルト主義的に身体を一種の機械と捉えて、病気という現象の仕組を実証的に研究した成果であると考えられるかもしれない。

ところがフーコーによると、このあたらしい医学は、まったくデカルト主義的ではなかった。たとえば風邪をひいたとする。デカルト主義的に考えれば、呼吸器という器官＝機械に異物が混入してそれが膨張し、機能障害が生じたと説明される。しかし、そうとすれば、今日考えられているように、細菌やウイルスが体内に入って増殖したということや、それを死滅させようとして身体の免疫機構が活動して熱が出るというように、病気に対処するために身体の状態が変化していることは見いだせない。今日の常識では、病気は、病気の原因に対して身体が積極的に反応するプロセスを含んでいる。

デカルトの場合、「知」とは、対象を単純な要素に分解し、それを観念として思考において再構成することであった。それゆえ、病気とは、身体を機械としてまず想定し（『人間論』）、精神において合理的に組みたてられたその身体の機能が大なり小なり損なわれているということであった。そのように身体機械の故障の仕方を分類して、病気にその分類に応じた抽象的な名まえを与え、その機能を回復すべき治療法が考案された。

それゆえ、デカルト主義的医学には、じっくりと観察することや、多様な試行錯誤をするということは含まれてはいなかった。一八世紀なかばに、モーペルチュイは、このような効果の分からない薬品や治療に依拠するデカルト主義的医学を批判し、「観察する医師だけが頼りになる」(『レットル』)と明確に述べている。そこにこそ、臨床医学のはじまりがあった。臨床医学は、身体の諸器官に継起的な変異をひき起こすものを病気の原因(病因)とし、一旦ひき起こされた諸症状を観察し続け、そうやって見いだされる症状が規則的な変化を示すことをもって病気としたのである。

病気が、もしデカルトのいうように機械の調子狂いであるとすれば、時間とともにつぎつぎに症状が変化するのだから、複数の器官の病気が複合しているということになる。それに対し、臨床医学では、症状が変わっても別の病気になったということではなく、同一名で呼び続けることのできる何か生物のような実体が、姿を変えて身体の各部に現われるとするのである。

生物は生まれ、それぞれ多様に成長し、やがて死ぬというように、状態を変えつつ同一物にとどまる。病気についても、――ガンなどを「悪性新生物」といういい方をするように――、あたかも身体に棲みついた悪魔的生物でもあるかのように捉えられた。台風が、地球の大気の全体的変化のなかで、強い低気圧の渦巻きの場所が変わるだけなのに、生き物のように発生して移動していくと捉えられるのに似ている。これは、デカルト主義とは異なった新たな知の枠組であり、進化論における生物種の捉え方（個体の集合として進化したり絶滅したりする対象）に通じるものがあった。

†政策と産業のための医療

こうした新たな知の枠組は、当時、科学者集団が形成されはじめ、科学が哲学のもとを離れて関連官庁との関係や研究者教育、医師養成教育の制度に組み込まれつつあったことに対応して形成されてきた。科学者たちは、「公共の福祉」に奉仕するという名目で、ひとつの階層、富裕エリート階層として、社会制度のなかで知をリードする立場に立つようになっていた。

科学を推進していたそれまでの哲学には、世界を認識し、普遍的知識を獲得するといった動機があったが、この新たな科学においてはその動機は背景に退き、科学的知識がどのようなものでなければならないかは、国家統治や教育体制や産業政策など、科学者階層が属する社会の制度や状況に連関して規定されるようになった。臨床医学の成立は、社会全体で、そのように知の枠組が変遷していった結果であった。

こうしたことは、西洋の臨床医学が、さまざまな病原菌を発見し、ワクチンの製造などによって有効な治療法を確立し、それによって多くのひとびとの命を救ってきたという事実をまでも覆すものではない。臨床医学のおかげで、ひとびとは従来は死にいたる重篤な病気からも回復することができるようになり、平均寿命も伸びていった。

それらの成果によって、医師たちは、ヒューマニズムに基づいて「ひとの命を救うために奮闘する科学的な理想主義者」というイメージを獲得するのに成功した。かれらは、タブーであった死体解剖を行って実証的に病気を研究し、古代的な医療の伝統に戻って臨床的、すなわち苦しんでいる患者に身をもって接して正確に病状を聞き取るようになったと考えられた。

しかしながら、フーコーによると、それこそが当時作られた「おはなし」だった。死体解剖はダ・ヴィンチやデカルトなどにも例があるように、ずっと以前から行われていたし、あたらしい医師たちの唱えた「臨床」とは、病人の訴えを聞いてその苦悩を癒すという意味ではなく、具体的な病気と闘うことにもっぱら関心をもつという意味であった。

医師たちは、患者の諸症状を精密にカルテに記載して、それがどのような変化のもとにあるかを時間軸に沿って把握しようとした。そして、数多くの患者に見いだされる諸症状とその変化の統計を通じて、「病気」と呼べるものの実体と、その有効な治療法とを確定しようとした。

その結果、患者たちは、タスキギー実験の場合のように、しばしばたいした治療をされずに観察され、あるいは試験的に投薬され、網羅的に施術方法を試みられ、回復すること以上に、あたらしい知見を得るために協力することが期待された。

†病人の側から見た病院

病気に対するそうした医師たちのあたらしい取りくみから、どのようなことが起こったか――一八世紀初頭の哲学者ロックは、身体の所有は自然権であると主張していた。一八世紀末のフランス人権宣言は、自由・所有・安全・圧制への抵抗がすべての人間の有する権利であるとしていた。ところがいま、ひとびとは病院に行くと、処置されているのが自分の身体だということを無視され、自由を奪われ、危害ともなり得る処置を施す医師たちの管理下に置かれるようになっている。

病院に行くということは、病人にとって体力に無理を要求され、病状も悪化するであろうし、他の感染症にも罹りかねないことである。それなのに、病院は多様な専門診療科に分かれていて、病人は、該当する診療科に到達するまで、ベルトコンベヤーに載せられるようにして、多数の検査室と窓口のあいだをたらいまわしにされ、長時間待たされたあとに、そのあげく、ようやく面会できた医師にわずかな時間で診断されることになる。

それに加えて、病人は、医師の面前で裸にされ、回転椅子や狭い診察台のうえで医師の要求する、尊厳を欠いた姿勢をとることを要求され、医師の聞きたいことにだけ答えるような訊問にあわなければならない。

このような事情は、生命倫理においては、資本の論理に支配された無神経な医師たちがヒューマニズムを忘れているといった派生的な問題と考えられてきた。だが、フーコーによると、それは医師個人のパーソナリティや病院の経営方針に帰せられる問題ではない。患者の心を思いやるヒューマニストの医師の方が例外であって、それは病院では、むしろ現場に混乱をもたらすとして、歓迎されないことなのである。

臨床医学の真の目的は、眼のまえの個人を、その病気の苦悩から解放することではない。社会の「人口」という全体にとっての公益を実現することである。その病気によって死ぬ病人を統計上において減らすことである。病気の統計的特性を知り、その根本的原因をつきとめて、その社会に病気が生じないようにすること、社会の諸身体の生命活動の総量を増加させることである。

そこから、病気の症状は病人一人ひとりによって異なるのに、それを無視した画一的な診断がなされたり、逆に特異な症状の場合は、病気の経過を現われるがままにするために放置されたりするといったことが起こる。「おなじ病気のひとを助けるため」とか、「人類がその病気との戦いに勝つため」という、ヒューマニズムに借りたレトリックが、実験的だがそれほど見込みのない治療の際に使用され、死にかけているひとがどんなことでもしてほしいときに、統計上の見込みのない治療法が拒否されたりすることもあるのである。

†予防医学

ひとびとをこのように遇する臨床医学は、しかし今日、病院のなかだけで働いているのではない。それは、病院からさらに患者個人の自宅へ、また病人ばかりでなく、自分は健康と思っている一般のひとびとの生活の場にまで滲出《しんしゅつ》してきた。

医師たちは、病院に来る病人たちに、病気との戦いのために、病院外も含めて医師の指示に従った生活をすることを要求する。病人たちにもそれぞれの生活スタイルや人生の目標がある。諸個人の生活がそれぞれに独自なもので、多様であることこそ、本来は健康と呼ばれるものだと思うが、医師にとっては、もし各人の生活をそれぞれの自由に任せておくなら、それは病気が本来の姿で現われることを阻害する要因となる。だから医師は、こうした病人たちの生活スタイルを変えさせて、病気の治療にのみ専念する規則的で画一的な生活をさせようとする。そういう生活をすればするほど理想的な治療が可能になると考えるのである。病気の症状もその一部であるような各人の生き方があるということは、考慮には入ってこないのである。

このように、臨床医学においては、統計的な人間生物の健康維持が優先されるため、個人の自由平等は制限されてしかるべきだということが、当然のこととして前提されている。今日、その権力は、公衆衛生学、優生学、遺伝学、脳科学の知見を取り込みつつ、適用範囲を拡げて、いまだ病気でないひとびとに予防医学の必要性を説きはじめた。

喫煙の禁止、メタボ（肥満）やロコモ（脚力）に対する警告のように、臨床医学と厚生労働行政は、食生活や運動習慣など、生活の実質を構成する要素にまで指示を出そうとする。炭酸飲料やマーガリンや加工肉のように、そのリストは続く。予防接種や検疫、慢性疾患に対する生活指導、労働の場での事故や疾病の予防、環境破壊による健康障害、予防歯科的指導など、ありとあらゆる場面でひとびとの生活を変えさせようとするのである。

それを受けて、新聞やテレビやネットなど、メディアではおいしい食事や栄養のある食事の紹介ばかりに焦点をあて、重大な病気の兆候と予防と治療法と体験談をたえず報道する。薬品会社の膨大な量の広告宣伝がさまざまな病気の不安と危険をイメージ豊かに描きだして、効果の疑わしい薬を飲むようにくり返し呼びかけ、大衆の側では、有機食品を探し、ダイエットし、サプリメントを摂取し、脳トレをし、ウォーキングにいそしむ。健康であることは、ひとが人生において何か意味あることをするために必要な条件にすぎないのに、いつのまにか、人生の目的が健康それ自体へと変更させられてしまっているのである。

恋愛や結婚や婚活の噂話も、少子化問題の報道とおなじくらいに、ある種の人口政策を背景にしているのであるが、こうした生命政治の権力（厚生権力）のメディアミックスは、一人ひとりの健康にとどまらず、生物多様性や地球温暖化対策といったエコロジー概念とも結びついていよいよ拡張されてきた。大気や水の汚染の対策としてならともかく、地球の健康？のためだろうか、漠然と環境を保護するという名目で、ひとはどれだけ多くの税金と労働と時間とを無条件に要求されることであろうか。

†生と統計

いまのひとびとには、健康のためにみずから進んで隷属しようとする思考があり、それを促すための膨大な情報が流されている。厚生権力は、行動ばかりでなく特定の思考を促進して、自由で平等であるはずのひとびとをいいなりにしようとしている。

ひとは、たとえば散歩をしたら体がだるくなる、食事をしたら体が熱くなるが、だからといって、自分が病気かもしれないとは思わないだろう。それに加え、金子みすゞの詩『わたしと小鳥と鈴と』のように、速く走りたいとか鈴のような声で歌いたいと思うとき、体のことは忘れ、行動は他の生物や事物に連結して、ひとはそのようなものとしての体を自在に動かそうとするものなのではないだろうか。

しかし、それがうまくいかないときがある。そのようなとき、それは病気、〈わたし〉の器官に何か問題があるということなのだろうか――医師たちは、確かにそのように考えることを強要する。器官の変調は、とすれば、あたかも〈わたし〉の希望を罰しているかのようである。希望をもつのはよくないことなのか――医師の指導のもとに薬を飲んだり養生したりすることは、したがって、わたしの希望が捨てさせられるということなのである。

なるほどわれわれは病気になると困るし、長生きをしたいと思うものだから、医師のいうことの、本当はどこまで正しいか分からないし、医学がわたしのこの身体にはたいした関心をもってはいないということも知っているのだが、しかし厚生権力には抵抗しがたい。健康だけを考える生活はおかしいと思っても、何かの徴候があって、いざ病気ではないかとなると、ほとんどだれも抵抗することができないであろう。

喫煙も肥満も運動不足も、一定割合のひとに深刻な状態をもたらすのは確かである。それは統計学的に正しい。だが、だからこそ逆に、統計学的には、一定割合のひとは、それにもかかわらず健康であり続け、あるいはほかのことが原因で死ぬのである。「裏は真ならず」、喫煙も肥満も運動不足も、それを解消すればするほど健康になるというわけではない。しかも、予防医学においては、ワクチン接種が一定割合のひとに副作用をもたらしたり、X線透視が一定割合のひとにガンをひき起こしたりするという。このことを、どう考えればよいのであろうか。

あるひとたちの初期のガンを切除させるために、自分も毎年のようにX線検査を受け、それがもとで自分がガンになる確率を高めていく、しかも自分についてはしばしば末期ガンでしか発見されないというのは、一体どのような取引《ディール》なのであろうか。喫煙しているひとが、肺ガンで死ぬ確率よりその他の原因で死ぬ確率の方が高いのにもかかわらず、好きな喫煙をやめてしまうというのは、一体どのような取引なのであろうか。似たようなことだと思うのだが、風呂で水死する確率が高齢者は高いからといって（二〇一四年に四八六六人の九割）、かれらが風呂に入るのを禁じるべきだと、はたしてわれわれは考えるだろうか。

有名な事例であるが、非加熱血液製剤を使用する血友病患者に対して、厚生省エイズ研究班の責任者、安部英医師は「エイズは一〇〇〇人に一人だから大丈夫」と講演して、のちに大変な非難をされることになる。わが国に血友病患者は四〇〇〇人以上いたのだから、四人はエイズになるということでもあるのだが、しかしそれはそれでさしつかえないとするのが、安部がふと漏らした臨床医学の常識だった。

†死と生

厚生権力はこのように、「ひとの生命を救う」というスローガンのもとに、こまごまとした生活の指針を発してきた。ひとが何のために生まれ、なぜ死ななければならないかについては答えられないのに、すべてのひとを「死に対する戦争」に巻き込んで、生きているあいだのすべてを健康に捧げるようにと強制する。それは、それぞれのひとに自分の身体を配慮させることによって、人間であるとはどういうことかについての思考の枠組（エピステーメー）を変更させようとしているともいえる。そのことが、病気の場合の病人の遇され方の問題よりも、もっと深刻な問題かもしれない。

すなわち、臨床医学は、「死は生とは切り離せない」と考えさせようとしてきたのである。病気の原因となるさまざまな要素が生活のなかにあるが、それらが実際に病気をひき起こすとはかぎらない。何らかの症状が出るまでは気にしなくてもいいことがいっぱいあるはずなのに、臨床医学は、すでに病気がはじまっているとみなす。そして、いつ病気になったかは分からないのだから、その最終結果である死から逆算して、本人が意識していない時点からそのひとはすでに死につつある病気になっていると決めようとする。病気が終わるのは、患者がふたたび健康になるときか死ぬときである。病気がどの程度に悪いかは、どの程度死に近づいているかによる。そうとすれば、ひとが生きているということは、「病気の時間的進行の度合いがいまだ死の淵に到達していないこと」になるのである。

この奇妙な見方こそ、まさに、かつて脳死論議において顕在化した臨床医学的思考であった。脳死とは、脳が機能停止しつつあるけれども、そのひとがまだ死んだとはいえない状態において、もはや二度と意識が回復しないことになる境目を通りすぎたと推定された時点の脳の状態を指している。従来の意味では死んではいないのだが、いやおうなく死に向かっていて、もはや回復しようがないということがそのまま死んだことになるというのが、脳死という概念における驚くべき論理であった。

古来、生について、「生は死とは相容れない」と考えられてきたが、今日では、臨床医学から「生とは死の陰画にほかならない」という新たな意味づけが与えられている。生きているとは、単にまだ死んではいないということにすぎない！——その死を定義するのは医師と官僚たちなのである。

†病気における苦痛

生命政治の主題は、名目的にはともかくも、真にはひとびとの「健康」ではないようである。本当にそれぞれのひとの健康をただ気遣ってくれるならいいし、そう見えることもあるのだが、それに伴って起こっている現象を見損なってはならないであろう。

一般に、病気とは、病人にとってのある種の苦痛であり、苦痛はすべて、それぞれのひとの心に現われる。それに対して、医師は、患者の苦痛が大きくなっても、病気を打ち負かすことができるならば治療を選ぶよう勧めるであろう。

なぜかというと、医師にとって、患者の苦痛よりも病気との戦いの方が重要だというだけではなく、患者の苦痛は病気の一部でしかないからである。患者にとって、苦痛こそが医師に癒してもらいたい最大の主題であるのに、医師にとっては病気の症状のひとつであり、病人の証言は、医師にとって観察すべき病気の徴候や指標にすぎない。苦痛の強度を検知する装置はないのだから、病人が「痛い」といえば痛いのであり、病気の程度に応じて痛いのか、神経に障るから痛いのか、あるいは識閾《しきいき》の問題として本人が我慢強くないから痛いのか、文化によっても違うであろうが、いずれにせよ、痛みがどのように伴うかが病気の性質の一部をなしている。

病人にとっての病気とは何かというと、身体の不調を通じて苦しんでいるということであり、未来に対して希望がもてなくなるということである。切実にそれから治りたい病人は、医師の問いに対して、不安を含めて自分の病状を、責任ある人格として、つまり誠実に応答する主体としてなるべく正確に述べようとする。しかし、そこで起こるのは、普通の意味でのコミュニケーションではない。不安を伴う患者の発言は、医師からすると病人の、症状としては信じてはならない神経症的傾向である。医師は患者の言葉をまともには聞かず、忙しいからだけではなく、医学的診断の文脈で理解しようとして、患者には真意の分からない問いをくりだして、まともな会話をしようとはしないのである。

逆に病人は、医師とのコミュニケーションの不全から、だからこそ大なり小なり神経症的になってしまう。医師たちは病人を神経症的にしておいたうえで、だからその言葉はあてにならなないと判断する。そして、たいした病気でなかったひとに対しても、放置しておくと、あれこれと重大な症状が出てくる可能性があるというリストを列挙して震えあがらせ、無際限に病気への病的な不安をかきたてる。「それをしないと死にますよ」というのが医師の決めぜりふなのであるが、ひとはいずれ死ぬのである。それをしたからといって、「永遠の生」が得られるわけではないのである。

それで不安に思うひと、それで心身症になるひともいるくらいだが、そのようなひとに対して、医師は、さらにストレスやうつ病などという、実証性に乏しい漠然とした病名を与えるであろう。そして、そのことを通じて、それが発生する環境としての患者の人間関係についてまで言及し、警告と薬品という手段によって干渉しようとするであろう。ひとはいずれは死ぬのである。とはいえ、その理由が病気であることは、たとえば卑劣なだまし討ちにあって死ぬよりも、少しは残念さ（念が残ること）も少ないことであるとはいえないだろうか。

†フーコーの「狂気の歴史」

臨床医学は、このようにして、早くから精神の領域に踏み込んできた。自分の仕事を、その専門である身体の不調についてだけに限定しておこうとは、思いもしなかった。

癲癇など、身体に原因を見いだせる精神病はともかく、そうでない場合にも、言動の異常があって、本人が意識していれば神経症、意識していない場合には、意識していないからという理由で、医師は統合失調症（分裂症）という診断をくだそうとする。最近、日本の医学界で「統合失調症」と名まえが変えられて、何が変わったかははっきりしないが、人間は本来分裂しているものだと、日本では認められたということであろうか——皮肉であるが。

それはともかく、統合失調症とは、いわゆる狂気のことである。狂気とは、近代以前には、異界や魔術の関わること、あるいはせいぜい各人の道徳や性格の特異的諸表現のことであって、巫女のお告げのように、場合によっては神聖なものとして受け容れられてきたものである。中世、ホスピタルに収容されていても、狂気のひとびとは、ここそこで他のひとびととコミュニケーションを行っていた。

もっと古くは、古代ギリシア悲劇にもしばしば描かれているように、熱病や災禍や悲劇的事件においてひとに現われるものであり、突発的な事故や災害のような自然の出来事でのパッション（情念ないし受難）でもあり、それぞれのひとをさまざまな状況で、あるいは祭りの場のようなところで襲うものでもあった。思考するということも、古代ギリシアには「聖なるマニア」という語もあるが、ある意味、日常生活で不必要なところまで考えを進めるという点では、狂気が推進するものであった。

ところが、近代において、こうした狂気の扱いが変化していく。フーコーは、『狂気の歴史』

（一九六一年）という著書において、狂気が今日の「精神病」とされるようになるまでを論じている。

それによると、一七世紀、デカルトが『省察』で扱った狂気は、「わたしは考える」とするデカルト的な主体が被るようなものではあり得なかった。思考は錯覚や幻覚からみずからを救う働きなのであって、そのかぎりでの主体は、狂気によってみずからが失われるようなものではないとされていた。

そのころから、狂人は、犯罪者、知的障害者、放縦や怠惰の結果としての貧乏人、才知のある女性、性病患者と一緒にされ、社会を不安定にする不道徳な人物として施設に監禁されて、動物と同様に鎖に繋がれるようになっていた。狂気は、脳の故障や感覚の異常によって特定の人物に備わるものとされ、理性的主体のなかにも、（理性が合理的なものとして見いだす）自然のなかにも存在せず、その意味で、単なる理性の反対物としての「非理性」であった。逆に、理性は「非理性的ではないもの」としてみずからを構成したともいえる。その結果、理性的主体を構成員とする近代市民社会が成立するにつれ、そこに不適応な人物たちが、動物的で不道徳な存在者として排除監禁されたのであった。

ところが、一八世紀末、臨床医学が成立するころ、フィリップ・ピネルなどの医師たちが、狂気を「心の病」と定義して、狂人たちが犯罪者よりも酷い境遇に置かれていることを非難し、施設で繋がれていた鎖から解放しはじめた。とはいえ、かれらが狂人たちを治療するために収容した精神病院は、当時のブルジョワ家庭に似た環境のもとで、院長が家父長的権威によって威圧的に支配するような施設にほかならなかった——なお、才知ある女性については、家庭そのものに収容されるようになった(そして今日なお)。

一八世紀まで、狂気は不道徳なだけで、社会から遠ざけておけばすむものであった。それに対し、臨床医学は、精神にも身体同様の諸器官を想定し、疾病を分類して経過を観察し、狂気を身体の病気と類比的なものとして描きだそうとした。そうして確定されたいくつかの病像に従って、自分は正常だと思っているひとびとをも精神病院に閉じ込め、治療対象とすることができるようになったのであった——分裂症の誕生である。

臨床医学は、すでに述べたように、デカルト的自然科学のようにメカニズムを実験によって特定するのではなく、時間をかけた経過観察によって病気の成長や衰退を仮想的に見いだすような知にほかならなかった。薬物や施術を通じて変化する症状によって病因を特定してきただけなのだから、ひとの心という、もとより不可視の領域を、病気との連関において創出することとは、決してむずかしいことではなかったのである。

†健康な精神なるもの

心を病によって定義することで臨床医学が何をしたことになるかというと、治療とは相容れない（邪魔になる）ものであったそれぞれのひとの人格を、身体に対する死のように、狂気（分裂症）によって定義してお払い箱にしたのである——お分かりであろう、ヒューマニズムに反しているのは、医師一人ひとりの問題でも、その行動規範の問題でもなく、現代の医療そのものの本質なのである。

臨床医学によると、身体の場合にならっていえば、社会的に「人格」と認めていい正常な（健康な）精神とは、「精神病の進行の度合いがいまだ狂気の淵に到達していない」精神のことである。その基準にしたがって、今日では、精神科の医師のお墨付きさえあれば、孤独な一人暮らしの老人を施設に入れたり、近所迷惑なひとを精神病院に収容させたり、仕事のやる気を失ったひとを休ませて薬を強制的に飲ませたりすることができるようになっている。

元気がないひと、やる気のないひとを、昔は「がんばれ」といって勇気づけ、一緒に生活し、行動しようとしたのに対し、いまは「がんばれ」といってはならない、むしろ薬を飲ませるようにと医師たちは命じる。医師たちが「風邪のようなものだ」と広報するうつ病は、ひとが憂鬱になったときの心身の症状の列挙にすぎないという点では、確かに風邪とおなじ程度に曖昧な病気である。風邪なら病院に行く必要はないはずなのだが、しかし医師たちは患者を病院に呼びだして、その社会的適応の度合いを評価して正常かどうかを判定する。そして、——魔法の小瓶を並べていた中世の魔術師たちのように——、症状に対応する薬物を投与して、反応の変化に応じて薬物をつぎからつぎへと替えていく。薬物によって変化した人格は、生理学的には脳の「異常」ということになるのではないのか？——決していわゆる「正常な心」ではあり得ないと思うのだが。しかも、患者は、薬物依存という病気になってしまい、これではいよいよ社会復帰が困難になるということはないのだろうか。

なるほど、人間は歳をとり、その意味で、すべてのひとは認知症になりつつあるといえるかもしれない。だが、しかし人間の精神は、認知症ではないということだけによって定義されるものではないであろう。そもそも正常（健康）な精神という、社会的にそのひとをどう遇するかに関わる重大な定義が、どうして医学によって可能になると考えることができたのか。人格、すなわち社会の一員としてどんなひとが適切かということは、文化によって、社会によって、国によって、時代によって、きわめて多様である。それをひとつに決めてしまっていいのだろうか。社会には多様なひとびとが生活しているということが必要なのではないだろうか。

くり返しになるが、医学によって見いだされる「精神」は、医師が見いだした病気のプロセスによって系統だてられた精神諸器官の空虚な（想像上の）総体にすぎない。たとえばスマホの仕組みをまったく知らないひとが、スマホの誤作動の例を大量に集め、その裏返しとして正常に働いているスマホの仕組を構想したとして、それが一体どれほど実際のスマホの設計図とネットワークの技術仕様に対応するものだろうか——不可能と思う。

とすれば、正常と異常に関するどんな理論をたてようとも、それは、医師の活動や、ひいては厚生労働行政にとって都合のよい精神、ないしは暗黙にめざされている、隷属させるのに理想的な人間像だということになるのではないだろうか。

†排除と治療

いまの社会では、ひとびとは複雑に絡みあった諸制度のもとで、それに従って形成された多様な組織に属しながら、多様な機械を操って自分の位置を見いだすような環境に取り巻かれている。そのなかで、うまくそれに言動をかみ合わせることができず、周囲のひととつぎつぎにトラブルを起こすひとたちがいる。勝手気ままな（自由な）犯罪者たちに対して、ヒーロー映画に描かれるような、警察ないし正義の味方が戦ってくれているという単純な構図では捉えがたいひとたちである。

この種のトラブルは、ロックのいうように、各自の正義感に従って、だれが正しいかと裁判などで戦われるべきであろうか、それともカントのいうように、そういうひとびとをも巻き込めるような、普遍的に成りたつ道徳を考えていくべきであろうか、それともベンタムのいうように、違法でないかぎりは放任されるべきで、あまり気にしないように努めるべきなのであろうか。

今日の社会では、ジェレミィ・ベンタム（一七四八～一八三二）やジョン・S・ミル（一八〇六～一八七三）の論じた功利主義のように、「ひとは迷惑をかけないかぎり何をしてもよい」と考えられる傾向にある。平安に暮らしたいひとびとは、出会うひとたちのなかにそのようなひとがいたら、そのしるしを見つけ、それ以上はそのひとに関わらないという態度をとるほかはない。

しかしながら、えてしてトラブルを起こすひとは、その態度に反応して、ということもあって、いよいよ異様な言動をとりはじめるかもしれない。自宅をゴミ屋敷にしたり、カラスに餌をやったりしているようなひとたちばかりでなく、ストーカーになったりクレーマーになったりと、孤立するというよりは他人に強引な関わりを要求するひとたちが増えているようにも見える。場合によっては、無差別殺人をして死刑になることを選ぶというようなひとさえ現われる。そうとすれば、ひとびとは、トラブルが起きるまえにそのようなひとたちを病院に収容し、治療と称する監視のもとで、薬漬けにすることで解決に代えたいと思うかもしれないであろう。

特定の施設を作ってそこに「グレーゾーンの人間」を収容するという制度は、――イヴァン・イリイチの批判にもあったように――、病院ばかりでなく、学校、刑務所、精神病院というように拡充されてきた。社会から隠されてしまって、なかには一生病院から出てこないひとが、事実としてもかなりの数いるという。病院に収容されたひとびとは、もし社会に現われたら、周囲のひとが巻き込まれないではいないそれぞれの情動をもっている。それで周囲のひとたちとのトラブルにならないようにと、かれらは治療されているというよりは、隔離されているのである。

こうした囲いこみは、その囲いの外部にいるひとびとを、みずからそれではないタイプのひとになろうとさせることによって間接的に支配する。あとに残された普通の、ないし「正常な」ひとびとは、自分たちを自由で平等な個人、理性的主体と感じ続けることができるのであるが、そうした理性は、狂気のトラブルに直面しないように、生命政治によってお膳立てされた舞台を演じている理性でしかない。それはいわば理性という名の共犯関係である。つまり、非理性的なひとを排除することを通じて、安全に自分なりの振舞をすることができるわけで、「理性的である」とは、社会から排除されないような配慮をするかぎりでのみ自由にふるまう態度のことなのである。

今日の状況においては、ひとびとは、キューブリック監督の映画『時計じかけのオレンジ』(一九七一年)に描かれたように、暴力と洗脳の二者択一のもとにあるように見える。あたかも人間は、本来は欲望の勝手気ままな怪物《モンスター》なのであり、教育か矯正か治療か監禁かが必要であるかのようである。しかしながら、それでは問題はずらされている。そうした空想《ファンタスム》を抱くことこそが、自分が社会的に排除されないやり方であり、かつまただれかが排除されることを承認していい理由となるのである。

というわけで、狂気には、医師の対応に応じてさまざまな症状があったのだが、いまや身近なうつ病が中心になってきた。ひとびとは、分裂症や多重人格のような少数の特異な狂気を怖れるのではなく、だれもが罹るとされるうつ病のような社会的な不適応を恐れ、たいした根拠もない秩序のもとで、睡眠や気分を調整するさまざまな薬物を飲まされて、矯正されながら生きている。

医療から逃走することが芸術的創作や社会運動のきっかけであった時代があり、また、それを社会的な昇華に押し戻そうとした精神分析の時代があったが、いまは薬物によって、社会的には邪魔ではない程度の生き方に誘導されながら、ひとびとはただ生きているということであるのかもしれない。

5 トリアージ社会

†知と権力の結合

フーコーによると、生命政治とは、ホッブズ以来の近代の政治思想からは説明しがたい新たなタイプの政治であった。

ホッブズは、ひとびとは元来自由であり、相互に暴力で闘争するものであって、それでいつ死ぬか分からないという恐怖から、社会契約を結んで統治を受け容れると考えた。ここで「権力」とは、すべてのひとの暴力の社会的合成物のことである。権力は、原理的には身体に対する物理的な力をふるって、拘束したり、傷つけたり、場合によっては死刑にするということを背景として、ひとを従属させる暴力のことである。ホッブズは、こうした暴力の合成によって一旦成立した統治は取り消すことはできないと考えたが、やがてロック以降、近代のひとびとは、理不尽な命令に対しては、言論や、場合によっては暴力（実力行使や自力救済）によって権力と対決する自由を留保していると考えるようになった。

しかしながら、生命政治にあるのは、暴力と自由の対立ではなく、権力と知の結合である。暴力に匹敵する知というものがある。もし権力が生命を担保にして、つまり、体が病気になると困ったことになるという事実をちらつかせながら、臨床医学的知識を押しつけてくるならば、それは理性的に判断する前提となる知なのだから、意識はいつも権力に欺かれたものとしてしかあり得ない。

もし権力が、暴力を担保にして、肉体的に苦痛を与える可能性をちらつかせながらひとびとの意識に働くなら、意識はそれを敏感に察知し、理性的に判断して自由か隷属かを選び、政治的に立ちあがるということもするであろう。ところが、自分の判断の前提となる知識、およびそれを構成する仕組が個人の理性を免れるものであるかぎり、意識は自由と隷属の選択には無関係になってしまう。それでひとびとは、どんなに理性的であったとしても、このあたらしい権力に対しては、はっきり気づくことはなく、対決する必要を感じずに、いつのまにかみずから支配されることを望むようになるのである。

そこには従来の権力のように、ピラミッド状の命令系統や、それへの反逆を抑止する威嚇といったものはなく、ただ医師たちが、「死にいたる病」と「不安の概念」（いずれもキルケゴールの書名から）を使って健康知を浸透させていくだけである。暴力によって刑務所に閉じ込めるのではなく、病名の宣告と割りあてによって病院に隔離し、生活を指導し、健康をそのひとの生よりも優先することを強いるのである。

それは刑務所に似ているというべきであろうか。だが、いまや刑務所の方が報復や見せしめではなく、――ベンタム以来のことであるが――、犯罪者を教育して更生させる施設となっており、病院化しているともいえる。権力は、そうした技法によって反抗しない精神、みずから従属する精神を作りだしてきたのであった――こうした状況を指して、フーコーは「生命政治」と呼んだのであった。

従来の権力が、正義と安全を理念とする治安維持の権力であるとしたら、生命政治の権力は、生命と健康を理念とする福利厚生の権力である。すべての人間を健康にするというドグマ（教義）によって、ひとびとを従順な市民に作り変えていく。従来の権力のようには目立たないやり方でひとびとに死の恐怖を吹き込みつつ、健康を維持するようにと、ひとびとを柔らかく、しかし断固として訓育する。このようにして、生命政治の権力（厚生権力）は、社会全体のすべてのひとを巻き込むような隷属を推進してきたのである。

†ベンタムの「パノプティコン」

どのようにして、このような政治が社会に浸透してきたのだろうか。国家によるのか、医師たちによるのか、それははっきりしない。

医療の現場ばかりでなく、社会のいたるところで、権力と意識されないままにひとびとが監視されていると、フーコーは述べる。必ずしも政府が直接乗りだすのではなく、科学と呼ばれる「知」を普及させるという形式によって、教師や科学者や医師やジャーナリストたち、県知事や市長など、地位や名声をもつひとたちの局所的でミクロな権力によって、ひとびとがたえず監視され、反体制的にならないように警告される体制になっているというのである。

フーコーは、ホッブズのいう暴力を背景とする統治とは異なる原理の象徴として、ベンタム兄弟が構想した刑務所、パノプティコンを取りあげている。

パノプティコンは「一望監視装置」と訳されるのだが、「どこでも見られる仕組」といった意味である。その刑務所では、中心に監視塔があって、それをとり巻くように数階建ての半円形のビルがあり、そこに蜂の巣状に監房が配置されている。少数の刑務官が一挙に全収容者を監視できる刑務所である。実際に見ていなくても、収容者が、いつ見られるか分からないという状況に置かれるだけで監視の機能が成立する。ベンタムは、市民に入場料をとって塔に昇らせて監視させ、経費の節約と市民の啓蒙の一石三鳥をまで提言している。

フーコーは、このパノプティコンこそ、現在の統治原理の象徴だと考えた。コロンビアでは実際にそのような刑務所が建設されたし、当時のフランス革命政府が、ベンタム思想を歓迎してかれを名誉市民にしたほどであったが、フーコーはそれを、大衆化されつつある社会の諸個人を、視線によってくまなく訓育する統治の原理として捉えた。暴力ではなく、視線が統治を生みだすというのである。

そのベンタムの功利主義、最大幸福の哲学は、各人の人格や性格に由来する行為を、すべて快苦の動機とその演算《オペレーション》に還元し、社会に住まうすべてのひとの快の総量から、すべてのひとの苦の総量を差し引いた量の極大化をめざす思想であった。その手段が法律であり、視線であり、（国民学校や刑務所での）訓育《ディシプリン》であった――「最大幸福のためには最大訓育」というスローガンもある。

法律自身も苦を生じさせるのだから、本当は刑罰もない方がいいし、法律も少ない方がよい。その意味で、ベンタムにとって、法律は臨床医学的なものなのであった。かれ自身、「臨床的に善悪を決定する道徳病理学」（『動機の源泉の表』）が必要であると述べている。法律という言語は、社会の健康としての幸福の極大化を実現させるための薬であり、罰することよりも、違反されないことが重要である。それで、パノプティコンにおいて、受刑者を効率よく監視するためだけでなく、見せしめとして市民に公開して、社会のすべてのひとに「法にふれさえしなければ何をしてもいい」という自由と、欲望の解放を教えようとしたのであった。

このような、今日の「他人に迷惑をかけなければ何をしてもいい」という倫理の枠組となる思想を、どう考えるべきであろうか。社会は、まさにベンタムのいう方向に、――人格や性格を問題にせず――、空間的配置を通じてひとびとを監視する方向に進んできたのではないだろうか。
サルトルが、視線は他者を対象化して、事物のように扱うという議論をしていたし（『存在と無』）、フーコーも、ベンタムのいう視線の技法はもう旧いと述べてはいたが、しかし今日のひとびとのネットやSNS（ソーシャル・ネットワーキング・サービス）における、あまりに切実な「見られることの欲望」、ないし自己承認の欲求をどう理解したらいいのであろうか。街角のいたるところにある監視カメラや、ケータイのGPSによる位置の特定などをふまえるならば、いよいよベンタム的な統治の技法が情報技術的にも裏づけられてきているように、わたしには思える。

†アガンベンの「剝きだしの生」

暴力なのか視線なのか、ジョルジョ・アガンベン（一九四二〜）は、一九九五年に『ホモ・サケル』という本を書いて、生命政治を、統治と暴力の関係において考察した。生命政治において、どのように暴力が隠されているかが問題だというのである。

アガンベンは、まずギリシア語のビオス（生命）とゾーエー（剝きだしの生）を対比する。ビオスとは、生命政治において意識されているような生命であり、動物にも共通で個体や種にとっての生存である。それに対して、ゾーエー、すなわちひとびとがみずからを生きているものと捉え、相手に自分の生殺与奪権があると感じられるときの恐怖が教える「生」というものがあるという。

先進国の社会では、――別の理由による「テロ」を除けばであるが――、犯罪や警察の暴力があまり姿を見せなくなっている。大多数のひとびとは普通に健康を望み、ときに無理をすることもある、といった程度の生活を送っている。法律に従い、自分の健康を管理していさえすれば何とか生きていける、安全で最低限の生活が保障されると信じている。

それに対し、たまさか一挙に自分が生きているということそれ自体、生という自分の存在のはかなさが剝きだしにされる暴力がある。われわれはこの数十年、あたかも人類には暴力が異例であるかのような錯覚に陥っていたかもしれない。サム・ペキンパー監督や北野武監督が描く映画のように、人類の長い歴史のなかでは、制度より暴力が優先される社会がずっとあたりまえだったのである。われわれのそれぞれが人生へと産まれてきたこと自体が（得体の知れぬ無慈悲な出来事という意味で）暴力でなくて何であろうか。

アガンベンは、病気やケガの心配ではなく、このことへの密やかな自覚こそが、ひとびとに生命政治の支配を受け容れさせると述べる。ひとは、ひとびとが意識したくないようなもの、いつ出現するか分からない、いつ剝きだしにされるかもしれないぞっとするものとして、自分の生の徴候に怯えながら、この状況を生き延びているのだというのである。

それは、『暴力批判論』（一九二一年）でヴァルター・ベンヤミン（一八九二〜一九四〇）が述べたように、法律的刑罰のような、程度の差異のある暴力ではなく、一挙にすべてを奪う「純粋暴力」であり、不合理で無根拠で、見積もりがたい、測定しがたい暴力のことである。それへの無意識の怖れが、フーコーのいう、ひとびとの知の訓育を強制しているとアガンベンは考えた。

「測定しがたい暴力」ということで、何を想像すべきなのであろうか。大震災、テロ、噴火、航空機事故、津波、原発事故。ヒロシマや9・11やフクシマ、あるいはゴジラのように――人間の作った文明的なものを片端から破壊してしまう想像上の怪獣を思い出さずにはいられない。

ゴジラは水爆実験によって眠りから覚めたとされていたが、その意味では、（国際政治における重大関心事である）地球温暖化も、まさに人類文明の、神をも恐れぬ発展の結果として、人類の希望を罰しようとしているかのような物語であり、スーパーコンピュータがシミュレートしたその怪物は、原発事故と同様の「純然たる暴力」の象徴なのかもしれない。

†生命の数

ところで、最近では、大災害、大事故が起こると、「トリアージ」といって、けが人に、緑、黄、赤、黒のタグがつけられ、医師たちがそれを参照しながら治療にあたるようになっている。その由来は、臨床医学の元祖、一八世紀末の野戦病院である。黒をつけられたひとは、より多くのひとの命を救うために、まだ生きているのに処置をされず、死んでいくに任せられる。それがまさに「剝きだしにされた生」であろう——死につつある恋人から「わたしは（ぼくは）どうなるの？」と聞かれたら、底なしの闇に無限に墜落していくような心地がするに違いない。こうした本人も家族も同意しがたい正義が、大惨事の現場では成立する。

　現場においてだけ考えるなら、やむを得ないということもあるだろう。しかし、社会全体において、一人ひとりの生命の価値よりも人口という社会全体の「生命の数」が重視されることで予防医学が発展してきた。いうなれば「社会的トリアージ」が、もっと広く政治や経済の場面でも、正義の基準になっているといえるかもしれない。障害者や高齢者や非正規社員といった、放置されてもやむを得ないとされるひとたちの群れ。

　これを、いわゆる人権の問題と混同してはならない。「このひと」の問題ではなく、生命の数の問題なのだからである。

　サンデルも使った有名な思考実験として、暴走するトロッコがあって、前方には五人、線路を切り替えればひとりいて、そのときあなたはどうすべきかという問題がある。結果が完全に分かっているとする、現実には例を見ないばかげた問題設定ではあるが、線路を切り替えれば、そこにいるひとりに死刑を宣告するようなものであることをどう考えるか、ということであろう――トリアージに対する異議申し立てということなら理解できる。

あっても不思議はない事例としては、コスマトス監督の映画『カサンドラ・クロス』(一九七六年)のストーリーがある。列車に乗っている乗客のなかに、人類を滅亡させるほど危険な軍事用ウイルスの罹患者がいて、駅に止めれば漫延は防ぎようがないので、鉄橋を爆破して全員死亡させることによってパンデミックを防ごうとする将軍の決断がテーマになっていた。

こうした明確な問題状況においては、ひとは答えを出さなければならないであろうし、出せるかもしれない――ギリシア悲劇でしばしば描かれたように、理性的に判断しようとすればするほど、「悲劇的(立派なひとが運命的出来事の場面に遭遇するよう)」にならざるを得ないではあろうが。

†統計的判断の不条理

とはいえ、こうした場合、ほかのひとより死に近いひと(死んでも仕方ないとされるひと)が存在し得るにしても、何をもって死に向かいつつあるとするかは意見が分かれるであろう。また、どんな場合についてもトリアージ的な基準が存在するかどうかも疑問であろう。しかしながら、それに先立つ本当の問題は、「どうすることが正しいか」ではなく、現実が、つねにそれほど明確な状況ではないということである。真に倫理学的な問題は、そのような選択すべき瞬間をいかにして摑むかということである。というのも、現実は、たえざる選択の連続などではない。完全に二者択一の瞬間は、めったに訪れるものではなく、それは（山本常朝が『葉隠』で注意を喚起していたように）いつも早すぎたり遅すぎたりするのである。だれひとり死なすまいとして、気づかなかった五人を死なせてしまい、それ以降はずっと後悔しながら生きていくといったことが起こるのが「生」なのである。

ところがひとびとは、冗長で凡庸な日常に眼を向けて、あたかもひとはつねに選択が可能であり、選択しなければならないかのように錯覚して議論する。そうした議論の机上においては、えてして統計を取りやすい事象ばかりが主題とされる。しかも統計がいずれの選択肢にも数値を与えてくれるのに対し、数値の大きい方（ないし小さい方）を選択することが正しいとされる。それが正しいと理解することは、選択することをやめるということになるのではないだろうか。

たとえば、たばこは一日の本数に吸った日数をかければ、ただちに吸った総本数があきらかになるが、他方、疫学調査のしようのないもので、たばこよりも健康に悪いものが多くあるということは、いかにもありそうなことである。

結局、机上の判断に影響を与えるのは、統計の取りやすさなのである。医療の現場ばかりでなく、多様な社会問題の現場においてだれが死に近いかを、あるいはだれを隔離すべきかを、だれを強制すべきかを教えてくれるのは、取りやすい統計である。統計が取りやすいか否かが、諸個人の選択や、さらには正義に関わってくるとは、何とも不条理なことである。

なるほど、将来はビッグデータの活用法が発展して、すべての事象、すべての行動が統計の対象に入ってくるのかもしれない。しかし、そうだとしても、数値になり得ない異例のものや、数値を度外視できる特別な瞬間があって、そのなかにこそ、生にとってもっと重要なものが残されているのではないだろうか。

†道徳の終焉

いずれにせよ、もともとたばこの煙や匂いが嫌いだったひとにとっては、それが医学的主題となって禁止されるのは好ましいことであろう。ほかにも電車内などで、イヤホンから漏れてくる騒音が不快なひとにとっては、その本人に難聴が生じるという疫学調査が役にたつかもしれない。

というのも、もし不快なことがあった場合、ひとを道徳的に間違っているといって非難するより、それをすると病気になる、周囲のひとを病気にするという事情を説明することで、それをやめさせることができるような状況になっている。イヤホンのパッケージに「難聴になるおそれがあります」と印刷させてもいいが、これこそが、まさに「暴力に匹敵する知」なのである。

しかし、そのうらはらな結果として、健康に害があるとはいえないものについては、一切が許されることになる。ある少女が、援助交際を咎められたとき、「だれにも迷惑をかけているわけではない」といったという。つまり、近代的価値としての自由が、「勝手気まま」や「自己毀損」をしか、意味しなくなっているということである。ジョン・S・ミルが『自由論』で書いているように、実質的な苦痛が生じない、迷惑がかからない感性的なことがらについては、ひとびとはみな我慢すべきだということになる——かれはたばこもそのひとつと考えていたのだが。

ミルの時代とは異なって、いまはいわば自由の飽和、他人たちの自由を放任するために一人ひとりの自由が損なわれるといった状況にいたっているといえるかもしれない。他人の自由に対しては、すぐにハラスメントが問題にされるように、もはやだれも口出しすることはできない。だから今日では、何が善で何が悪かは、各人の理性ではなく、医師が判断する。医師が病気（異常）であるとするものが悪であり、そうでないもの（正常）が善である。各人の理性的判断とは、いまでは医師の指示に従って、各自の身体と精神の健康に配慮することでしかない。

こうした正義の基準の変化は、問題行動に対する物語り方の変化であるともいえる。近代では、互いに迷惑がかかるような行為を、どこまで個人の自由が優先されるべきか、何が法律や道徳によって規制されていいかという物語り方で、各人の理性によって議論され、判断されてきた。それがいまは、健康に害があるかどうかが議論となり、医師のみが裁定できるような物語り方がされるようになっているということなのである。

かくして、医師が割りあてる病名と処方によって規定される善悪として、健康と病気、正常と異常とが区別されるようになった。それらは、従来の道徳のように、賞賛されたり非難されたりはしない。道徳は、相互に人格として働きかけあって、よい関係を作ろうとするものであったが、ここでは悪、すなわち病気（異常）と診断されたひとは、だれであれ働きかけるのをやめさせられ、医師の支配下に入る。「意志を強くもて」、「正しいことをせよ」などという道徳的な呼びかけは、自殺するかもしれないからという理由から、決してしてはならないことであって、もっと病気から遠ざかり、もっと健康になるようにと、薬や器具やトレーニングプログラムが与えられてしかるべきなのである。

健康が大事なのは間違いないが、そのことがたてにとられ、基準にされて、生活のありとあらゆる振舞や習慣が、それぞれの側で自主規制させられる。それを相互に監視しあい、干渉しあう個人的な生活のうえで、現在の社会体制が維持される。

こうした体制を前提として、人間を数として扱い、社会の部品のように扱うやり方や考え方が、以前ほどには疑問視されないようになってきた。無数のマニュアルが準備されて、手取り足取り、操り人形のような振舞が強制される。この複雑なシステムのなかでは、だれも支配者ということはなく、就職でも結婚でも介護でも、多様な場面で、統計が示すままにトリアージの色づけがされており、ひとは唯々《いい》諾々《だくだく》とそれに従うほかはない。以前のような自由がいつのまにか失われても、だれもそれに気づかない。

したがって、生命政治が行われるのは、道徳的価値としての「よさ（善）」においてではない。それは「健康」においてであって、それはともかくも病気が存在しなくなることである。そこに、中絶も人工授精も、安楽死も脳死も、病気に対する戦略として、無際限に肯定されていく理由がある。それに従事する医療関係者たちや、それを受容する一般のひとびとは、なぜそうするのかと問われても、その解答を、人間の理性や人権や、自由や幸福の概念に求めることはもはやできないであろう――われわれには何も答えられない。

ホッブズ以来、ひとは、自分の自由と生存（自己保存）を守ろうとする存在者だと考えられてきた。とすれば今日の、それぞれの自由や生命が損なわれて差しつかえないとされる状況において、多くのひとがそれに抵抗しようとしないのは、よほど巧妙な統治技法だということなのであろうか。それとも、ホッブズ以来の統治の原理に前提されていた近代的人間観が誤っていたということなのであろうか。すなわち、人間は本来、自己保存をしようとする自由な存在ではなかったということなのか。

†国家と健康

生命政治の国家では、一方では暴力と殺人が禁止され、他方では検査と治療が駆使されて、社会を構成するひとびとの生命を保護しようとしているようにも見えるが、しかし社会的トリアージによって特定のひとびとの生命が否定される。

その理由は、統治のパラドックスにあるのでも、安全という目的のためには手段を選ばないという、為政者たちの目的合理性にあるのでもない。ただ統治そのものが、一人ひとりの生命のためにではなく、根拠なく成立したものなのだからである。まさに、一人ひとりの生き死にに無関心なものとして一挙に成立して、そのあと特定のひとびとの生命の維持と促進を主題として、社会をコントロールするようになったものなのだからである。

そのような社会は、革命を遠ざけるための「修正資本主義」でもないし、「福祉国家」というほど人間を大切にしているわけでもない。背後に見えざる意志が働いているような「管理社会」というほどのものでもない。

ベンヤミンは、さきの書物で、フーコーの議論を予見していたかのように、医学の唱える「生命の尊さ」というドグマは、衰弱した西欧的伝統の最後の錯誤だと述べている。平和なときのそのドグマは、実は、社会変革を抑止しようとするドグマである。すなわち、生命政治は、資本主義という経済体制を前提にしつつ、膨大な量の欲望が暴走する群れを統御しようとする政治であって、何のためかというと、国家がただみずからを存続させるためとしか、いいようがないのである。

国家は、もはや軍隊のようなものではないが、まったく病院のようである。科学が教えるありとあらゆる手段を使ってひとびとに死の観念を吹き込み、「生命としての人間」という概念の枠内に閉じ込め、国家を転覆させたり、ましてや、――マルクスが述べたように――、廃絶させたりすることのないようにしているのである。

ここにあるのは、アガンベンのいう、暴力か視線かというような問題ではない。視線の暴力の行使もあれば、暴力への視線の欲望もある。ベンタムの議論が思い出されるが、人類最初の言葉が「イヴ」であって、それは眼前にイヴの身体を見たいという色情的欲望（性欲）の、それでイヴに裸体を曝させる権力の行使であると述べられていた。生の根底には、神による宇宙創造を共有して社会を形成する圧力となるような、あるいはニーチェが意志として求めたような「力」があるのではなく、権力と性と視線と言語の同時発生がある。それなしには、暴力も暴力となることはない。暴力が視線に曝されることによって、正しさ《ライト》は「権利」という、見ることの暴力へと変質するのである。

医療や災害の現場であれ、犯罪やテロの現場であれ、そこでは確かに、おぞましくもまなざしに曝されて、生が剥きだしにされてしまうのだが、ひとはそれを怖れる（という意識）から国家に隷属するというわけではない。

ひとびとの「自由」のために、ひとは健康でなければならないと考える医師たちが、厚生権力の尖兵として、健康知をひとびとに浸透させていくとき、すべてのひとの自由の放棄が推進される。そこにあるのは、自由の自己否定といった「矛盾」ではない。健康の知識は、意識が病状をよくしたり悪くしたりする役割を担う知識であり、その過程で意識が知識によって変化してしまうといったタイプの知識であり、それはだれも抵抗することがむずかしい道行きなのである。

そのプロセスは、メビウスの環のようである。表を進んでいくと裏になり、裏を進んでいくと表になる。すなわち、医学は、身体の病気の延長で精神の病気を定義する。臨床医学的知識を受け容れないひとがいれば、それは意見が違うのではなくて病気である。医学が健康と認める精神は、身体を病気と対決する戦場に必要な精神である。病気と戦うための健康な精神を求め、そうではない精神が病気とされる。

この臨床医学的なメビウスの環に沿って、ひとは何度でもくり返し進まされる。そうすると、ひとは最初は自由な理性的主体であったとしても、そのうちに、「人間」という名目でありながら、じわじわと別のタイプの存在者へと、変貌していってしまう。それは、主体でありながら思考することをしない主体である。あるいは思考はするのだが、それは社会で出会う諸問題を忘れるために、健康への不安と自己の身体の配慮へと向かう思考である。

どうしてそのようなことが起こり得るのかと思われるであろうか。それは、あるはずのものが知覚されないとき、（あるいは）あるはずのないものが知覚されるとき、その理由として、ひとは身体に備わる感覚の異常か精神の錯乱かと考えるが、そのように、あるはずの社会的問題を見ないように、――それを「神経症」といっていいが――、身体と精神の状態をばかり意識するようになることができるのである。

フーコーが教えようとしていたことは、支配と隷属があるのではなく、すべてのひとが巻き込まれる「主体《サブジェクト》」の二重の意味があるということである。すなわち、サブジェクトには「隷属」という意味もあるのだが、主体であるという名目で隷属させられるこうしたタイプの政治において、ひとはどうやったら抵抗することが可能なのであろうか。

いつの時代にも健康は大切だったのであるが、今日では、生活のどんな細部でも健康の相関物として捉えられるようになっていて、科学的、医学的な裏づけがないにしても、健康を維持する方向へと、ひとびとが殺到するようになっている。

こうして、ひとびとは、自分に黒いタグがつけられないようにと、つねにほかのひとの背後に隠れようとするのだが、そうしたひとがつぎつぎとまたほかのひとのうしろにまわり込むことによって、集団自体がじわじわと後退していくさまが、いたるところで見受けられる。やがては、社会全体が、おずおずと人影に紛れ込もうとするおとなしい匿名のひとびとの群れとして、かつての旧い体制へと、それがどんなに息苦しい時代だったかは知られていても、知らず巻き戻されていってしまう、ということはないだろうか。

†神なき文化的妄信

権利を主張して声をあげられるひとはよいが、そうでないひとは、黒いタグをつけられたのとおなじことで、たとえばアパートの一室で、孤独死の遺体となることによって自分が見捨てられたことを表現するほかはない。このような状況において、いまなお自由で平等な個人の責任や義務、それらを支える真善美の価値について語るひとがいるとすれば、それは一体どんなアナクロニズム、どんな現状遊離の思考なのであろうか。

それら近代の諸価値は、いまや臨床医学的思考が活用するレトリック、ないしジョークのようなものになってしまった。ひとびとは病気か健康かの二元論的思考のなかにあって、「何をし、何を考え、何をいおうとも」(ベンタム)、その臨床医学的文脈に位置づけなおされるほかはない状況にある。

フーコーの問いは、「どのような風にして、われわれの文化は、病に逸脱の意味を与え、排除されるべきものの地位を、病人に与えるようになったのであろうか」（『精神疾患と心理学』）というものであった。わたしは、生命政治は、近代が終わりはじめたときに、中世の神学に相当するものとして出現したのではないかと思う。人口も著しく増え、産業が驚くべき発展を遂げているこの世紀の、古代エジプトのピラミッド建設を思わせる膨大なエネルギーに備給された神なき文化的妄信――これほどまでに個人の生活の細部に干渉した権力は、かつては宗教しかなかった。

それが病を、すなわち諸個人の並外れた理性や自由や幸福を憎んでいるようにも見受けられる。というのも、近代で見いだされた「個人」とは、ルネサンス期以来の「人間《ヒューマン》」として、ダ・ヴィンチのような天才や、ナポレオンのような英雄や、モーツァルトのような芸術家をモデルにした人間像にほかならなかった。かれらこそ、ニーチェのいうように、本来は健康とみなされた人間であった。生命政治の社会には、かれらの並外れた知性や自由や幸福に対する「ルサンチマン（怨念）」があるように見受けられる。

ルサンチマンとは、ニーチェが強調した概念で、――本書冒頭でふれた言葉だが――、サンチマン（意見や感情）を強烈に感じること、弱者の強者に対する復讐心のことである。健康を度外視しても自分の生き方を追求しようとしたひとびと、そうしたひとびとをまねることのないようにと、生命政治はたえず警告を発しているかのようである。

中世には、「神学のはしため（下女）」と呼ばれたスコラ哲学があった。神の存在と教会の真理を前提に、それを否定しないかぎりでの哲学的探究がなされていた。その哲学の伝統が、ついには神学をのり超えて、近代哲学の道を拓いたのであった。今日の哲学は、臨床医学という神学に対して、一体どのようにふるまうべきなのであろうか。

第2章

精神

——宇宙における人間

1 進化論の哲学

†スペンサーの「文明進化論」

前章で見てきたのは、機械論的進化論の登場によって優生思想が出現し、それがその後の社会においてどのように展開していったかであった。その他方で、機械論的進化論は、宗教や哲学において前提となっていた精神の規定に動揺を与えたということであった。この章では、その点に関して、哲学者たちが進化論にどう対応したかということを見ていくことにしよう。

一九〇〇年前後、優生学が一世を風靡したのに対し、哲学の分野でも、進化論の意義をふまえたうえで、それを批判的に受容しようとした哲学者たちがいた。イギリスのハーバート・スペンサー（一八二〇～一九〇三）、アメリカのチャールズ・S・パース（一八三九～一九一四）、フランスのアンリ・ベルクソン（一八五九～一九四一）、そしてアメリカに渡ったイギリスのアルフレッド・N・ホワイトヘッド（一八六一～一九四七）といった哲学者たちである。

まずスペンサーであるが、明治の日本人にとってもまた世界的にも、当時は哲学者といえばスペンサーであった。かれの「最適者生存」の思想は、科学の進歩による文明化の勢いをそのまま肯定し、社会が進化するにつれていよいよひとびとは自由になる、自由に放任されるべきであるとする社会進化論ないし社会生物学を推進するものであった。それは「近代化」と称して西欧化しつつあったわが国の進むべき道であり、とりわけ理解しがたかった自由の理念を、自由民権運動として取り入れることのできた思想であった。

スペンサーの目標は、宇宙と地球と生物の変化を貫く一般法則を見いだし、そこから当時の社会状況をあきらかにすることにあった。かれは、少しまえのI・オーギュスト・M・F・X・コント（一七九八〜一八五七）の「実証哲学」が、精神の歴史的発展を軸に、数学から出発してそれが社会の秩序へと適用されていく進歩を構想したのに反対し、社会を、物質と生命と精神を貫く宇宙の歴史法則から捉えなおすべきだとした。

かれによると、宇宙は漠然としたガス状のものから数々の星辰《せいしん》へと差異化し、地球は均一な塊から多様な風土へと差異化し、生物は単純な細胞から複雑な多細胞生物へと差異化し、そして人類においては種族も個人も差異化して異質な個体、つまり個性的な人間になってきたのであるという。

そのことは社会についても同様で、かれは産業における分業の進展と言語や芸術の多様化が見られるのは、同質性《ホモ》から異質性《ヘテロ》へと進んだからであると述べている。かれの理解した宇宙の普遍的法則は、「すべての現勢的な力はひとつ以上の変化を産出する――すべての原因はひとつ以上の結果を産出する」(『進歩について――その法則と原因』)というものであった。

スペンサーの議論には、なぜ別様の差異化ではなくこの差異化なのか、差異を抹消する変化もあるのではないのかという問いは含まれていない。かれにとって当時の科学的知見はみな信じるに値するものであって、かれの哲学の眼目は、それを総合して全体像を描きだし、そのなかに見いだされる普遍的法則を社会に適用して、正当化したり推進したりするところにあった。

†ジェイムズの「プラグマティズム」

スペンサーの思想は、とりわけアメリカ社会学に影響を及ぼしたが、そのアメリカでは、パースが、ダーウィンの述べた偶然的変異による進化に加えて、遺伝による機械的必然的進化を挙げ、その両者から成るものとしてラマルクの目的論的進化論を取りあげなおそうとしていた。

ラマルクは進化の過程を、神によって規定されたプログラムによって進むものとみなしていたが、そのなかで各個体の努力が多少の幅をもって種の機能を拡張するという、獲得形質の遺伝を認めていた。パースはそれをふまえ、習慣の形成に「進歩」を見いだしたフランスのJ・G・フェリックス・ラヴェッソン＝モリアン(一八一三～一九〇〇)の『習慣論』(一八三八年)の影響のもと、宇宙の進化を、愛の浸透という目的論的なものとして捉えた。

さらに、ジョン・デューイ（一八五九〜一九五二）は、プラグマティズムにのっとって、『哲学の改造』（一九二〇年）において、進化を有機体の環境への適応として捉え、デカルト以来の理性の定義である人間の適応の無限性を強調した。ここでは、ダーウィンの進化論の衝撃はすっかり緩和され、進化論を根拠にしながらも、近代哲学の基本テーゼが復活させられていた。

本来、近代科学は、神が創造した自然を知ることによって神の意志を理解するという、宗教的な目的の途上にあった。しかし、一九世紀に科学者階層が政策と産業に寄与するエリートとして社会的地位を占めるようになるころ、進化論が現われて、科学と宗教が対立するものであることをはっきりとさせたのであった。

今日なお進化論や、あとで述べるアインシュタインの相対性原理を否定する言説がしばしば現われるが、それらは単なる理論的な批判としてではなく、宗教的心情における反感を背景としている。そこで、プラグマティズムのなかでは、ウィリアム・ジェイムズ（一八四二〜一九一〇）が、『プラグマティズム』（一九〇七年）において、科学的真理と宗教的真理を「有用性」という概念において同様視することによって、その調停を試みようとした。

パースが創始したプラグマティズムは、カントの定言命法（条件なしに「〜すべし」とする命法）よりも仮言命法、「もし〜であるなら〜すべし」といったプラグマーティッシュ（実践的）な判断を優位に置くという立場であった。かれは、知識は行動を通じて獲得される効果を通じてしか確かなものにならないと考えて、「どんな効果を、しかも行動に関係があるかもしれないと考えられるような効果をおよぼすと考えられるか」というテストを提唱している(「概念を明晰にする方法」)。そのテストをすれば、こうした効果についての概念がその対象についての概念と一致するというのである。

概念は言葉の意味とは異なる。言葉の意味は、国語辞典にその標準が記載されているにしても、それは会話する際に誤解しあわないための、また文書を間違いなく作成するための手引にすぎず、ひとがみなそれに参照するわけでもなく、ひとにより状況によって異なっており、そればかりでなく、ひとびとがそれぞれの語を独自な文脈で語るにつれ、時代とともにたえず変遷していく。国語辞典に記載された意味は、一語ごとの統計的な意味にすぎず、首尾一貫して語り得るものとの保証がなく、そのようなものに頼るかぎり、ひとは明晰に語ることはできないし、自分の思考の主題も語る文脈のなかでずれてしまい、自分が何を考えているかも分からなくなってしまう。

それに対し、概念とは、その多様な意味が包含している内容を他の数百の語の意味に参照しながら、それら数百の語が包含する内容に対して相関的に規定して、論理的に語ることができるように整除された語のことである。ひとは、古代から蓄積されてきた諸概念を学び、新たな問題に対しては、その問題を提示する語をそれらの諸概念に相関させて、概念として定義することによって明晰に思考し、表現することができるようになる。

その意味で、哲学は、それ固有の主題も扱うが、その手前の作業として概念を明晰にすることが仕事であるともいえる。パースがまっさきに重視したのはその「方法」であった――もっとも、「方法」を主題にするのはデカルト主義の伝統ではあったが。

さて、そのパースの「概念を明晰にする方法」にのっとって、ジェイムズが真理を「有用性」であると定義したとき、それはかれが、パースのテストを「真理」という概念自体に適用し、真理は行動によって有用性をもたらすとみなしたということであったろう。そうとすれば、宗教の真理も、科学の真理と同様なものとして成りたつことになる。

しかし、そのようなジェイムズの主張に対して、パースは、科学的真理がより重要であって、多数の研究者が相互に思考を交わしながらそれへと向かっていくところに真理があるとする考え方だったので、そのあたりに、ジェイムズと袂《たもと》を分かった理由があったのであろう。

†ベルクソンの「創造的進化」

つぎにベルクソンであるが、かれは、『創造的進化』（一九〇七年）において、生物の進化と、生物によって知覚される宇宙像の相互性について論じた。

進化においては、物理的な宇宙の、地球というひとつの環境のなかに多様な生物が出現し、その生物たちがその環境をより徹底的に活用するような器官を偶然獲得してきた、というわけではないという。たとえば、多くの生物に共通する眼という器官は、それぞれの生物において異なった器官から進化したものである。だから、それは機械論的進化論のいうように、偶然獲得されるようなものではないというのである。

　宇宙に光という現象が存在し、それが小孔を通して窪んだ面に像を作るという効果をもつがゆえに、それぞれの生物において眼が形成されるのだが、その逆に、光があるから眼が身体に形成されるともいえるし、眼が形成されるから、光がそのようなものとして宇宙に現象するともいえる。眼がなければ、光は知られ得ない。両者は、相互的である。かれによると、進化とは、形成されつつある生物の身体が、宇宙のなかに出現した過去の総体としての身体（形質）と対決しながら飛躍するところに生じるのである。

　ベルクソンは機械論的進化論のように、物質のなかに偶然に生命現象が生じ、その過程で意識が発生するというような進化を否定した。しかしまた、かれは目的論的な進化論をも否定する。諸生物の進化は、神が立案したプランに従って、未来から呼びだされるようなものではないからである。かれは、進化とは、過去のすべての出来事が積み重なりながら、無限に創造を続けているということであり、現在に存在するもののすべては、過去から未来へと向かう、その断面としての傾勢（成りつつあるものの総体）にほかならないと考えるのである。

さらに、ベルクソンは、ヘッケルの、人類知性を頂点に置くような進化の系統樹を否定する。その系統樹は、人間のなかに植物と動物の本能、そして人間知性があって、それらが階段状に積みあげられているとしている。しかし、進化とは差異化である。植物と動物が差異化し、本能と知性が差異化してきた歴史なのである。差異化とは、勝ち負けや優劣ではなく、それぞれの特質へと生成していく過程において、ただ相異なるものとなるということである。植物には植物の、動物には動物の、そしてまた、本能には本能の、知性には知性の働きがある。どちらが優れているということはない。それゆえ、真理を捉えるものとしての知性のみが優位にあるということではないとベルクソンは主張する。

ベルクソンは、むしろ「真理」とは、ある種の本能的直観において生の過去の全体が捉えられたもののことだと考えた。本能とは、――生物が進化において成し遂げてきたことであるが――、多様な有機物から新たな器官や身体を作り、あたらしい種の形態になる働きである。知性とは、そのなかで、無機物から自分の身体の器官と同様のものを形成する働きにすぎない。いいかえると、知性とは、機械の設計図を作るだけのものにすぎない。形態を作りながらそれをのり超えていくという点で、進化のおなじ働きが、本能と知性として、人間の生活のなかへと差異化したのにほかならないというのである。

かれによると、知性の見いだす「事物」は、運動の多様な可能性が描きだされたイメージ

（フランス語では「イマージュ」）にすぎない。そして、この運動の終局を想定したときの状態として、「空間」というイメージが生まれる。その空間のなかに、人間知性は、自然科学的理論による多様な機械の設計図を描きだしてきただけなのである。

しかし、諸事物が存在するとされる物理的空間は、想定された未来のある時点から捉えたと仮想された現在のことにほかならない。とすれば、知性のそうした活動は、過去を振り返っているのだから、むしろ前進の放棄ということになる。従来は知性的行動こそが自由であると考えられてきたが、生が未来の創造に向かっての前進であるとするならば、ひとは創造するという、未来に向かうただひとつの行動にあるときにこそ、本当の意味で自由なのであるし、自由を経験することができるというのである。

†ホワイトヘッドの「有機的哲学」

つぎにホワイトヘッドであるが、かれは、ラッセルと共著の『数学原理』（一九一〇〜一九一三年）を仕上げたあと、アメリカに招かれて、一九二九年に『過程と実在（プロセスとリアリティ）』という書物を著した。ベルクソニスムに大きく影響されていることを自覚しながらも、その本で、かれはそれとは真っ向から対決する形而上学を提示しようとしたのであった。

ここで「形而上学」について説明しておくと、それは、アリストテレスの書物に由来し、自然学のあとにあった一連の論考、「メタ・フィジックス」、「メタ自然学（物理学）」のことを指しており、内容としては哲学用語集のようなものである。しかし、それはまた、日常の具体的な言葉から抽象された哲学概念を整理し、体系化する学問のことでもあり、自然《ピュシス》という、生成するものを超えて自然を枠づけているものとして、自然を理論的に説明するための諸概念の相互関係から究極的なものを探究しようとする「第一哲学」のことであった。そうした諸概念の組みあわせのみで現実や自然について言及していると、抽象的な議論になってしまうということで、しばしば批判されてきたものでもあった。

それでホワイトヘッドの形而上学であるが、かれは、そもそも過去というものは存在せず、この現在において、過去が同時に創造されているとしたのであった。進んでいく未来と同様にして、それ以前、その未来を可能にするものとしての過去も生まれている。したがって、生物の歴史、宇宙の歴史ですら、たとえば恐竜の化石が発見されたときに、恐竜はかつて生きた生物として現在の生物学のなかに生成するのだし、たとえばもしビッグバンの理論がたてられたなら、そのとき一四八億年まえのものとして、現在の宇宙に、そのようなものとしてビッグバンが生起したということになるのである。

ベルクソン哲学との最大の違いは、ベルクソンが「純粋持続（空間の混じらない真の時間の流れ）」においてすべての過去が集積されていくと考えたのに対し、ホワイトヘッドは、過去はすべて消え去るとし、現在はすべてが他のすべてと連動して、新たなものとして創造されるプロセス（過程）にあるとした点であった。すべての記憶と過去の出来事の証拠は現在にしかないというのは間違いないことなのであるから、ひどく奇妙な説だということではない。〈いま〉だけがある、未来に向かいつつある現在において、そのプロセスだけがあるという考えであった。

しかしながら、もしそのような考え方をするならば、逆に、どのようなものが、「いまここにある（実存する）」といえるのか、すべて創造されるなら「何でもあり」になってしまうのではないか、どうやって夢と現実を区別すればいいのかという問いが生まれてこよう。かれはそこにあるリアリティ（実在性）の基準に連関させて、ありとあらゆるものを説明しようとしたのであった。

かれは、事物を捉える第一次的なものとして、デカルトやロックが使った観念という概念を拒否し、その代わりに、主観‐客観以前の最も始原的なものとして、「抱握《プリヘンション》」という概念を使用する。従来は、認識主観が存在して、それが対象の観念を捉えるとされるが、かれは主体と客体が同時的に出現する作用が存在するとして、それを抱握と呼ぶのである。

それは、ヒュームのいう「印象《インプレッション》」、すなわち心にインプレスされたものですらなく、「フィーリング」なのであるという。主観的とも対象（客観）的ともいえず、感じられるもの、振動のようなものがまずあって、その受け手と発し手が分離するようにして主観と対象とが生じ、その結果として「満足」が生じるのだという。「満足」とは、そのフィーリングが排除されるか受け容れられるかのどちらかであるが、それが生じたとき、現在における事物の創造の終わりとして、現在に現実的な事物が生成するというのである。

ここには二つの論点がある。第一の論点は、デカルト流の「主観と客観（対象）の対立」を否定したということである。第二の論点は、それにもかかわらず、個体としての事物（物体）の空間的認識が可能であるとしたことである。「個体」とは、絶対的に孤立した対象ではなく、フィーリングにおける「コントラスト」であって、相対的にあきらかになるものだとされている。

ホワイトヘッドは、以上のようにして、瞬間ごとに各身体におけるフィーリングにおいて、すべての感覚と感覚されるものの実在性の粒子、すなわちブルーノやライプニッツのいう「モナド」が生成していると考える。現実なるものとして、そのような無数のモナドが有機的に（一体的に）世界を成りたたせていると考えるのである。

過去を実在として否定するということは、現在に知覚される事物のあり方が、因果性によって過去の出来事の結果として決定されているのではないとすることである。過去が現在を決めるのではなく、現在が過去を決める。そこでは過去とされるものがつぎつぎと異なった記憶になりつつ、新たなものが再創造されていくということになる。いいように作りかえられるのではなく、リアリティ（実在性＝現実性）のあるものとして再創造される。それは（「真理」としての）「イデア」へと向かうという意味でもあって、とすれば、現在とは、普遍的で絶対的なものとしてのイデアへと向かうプロセスであるということになるのである。

かれは生物にばかりでなく、物質にも過去はないのであるから、物質の進化をも認め、それらもまた「有機的に」生成しているとして、みずからの哲学を「有機的《オーガニック》哲学」と呼んだ。この哲学によって、物質や生物の世界で生起することと、精神の世界で思考されたことが整合的に理解される理論が完成したと考えたのである。それは一人の数学者＝哲学者の壮大な宇宙論であった。

†ビッグバン仮説

ホワイトヘッドは忘れられかけているように見えるが、それでは、現代の宇宙論はどうなっているのだろうか——多数の数学者、理論物理学者たちがこぞって参加して、いま、宇宙はビッグバンにはじまったと唱道されている。「ビッグバン」とは大爆発であり、それによって、宇宙が無から形成されたとされる。ホワイトヘッドとおなじころ、一九二七年にジョルジュ・ルメートルによって（一八九四〜一九六六）、一九四八年にジョージ・ガモフ（一九〇四〜一九六八）

によって提唱された。

二〇世紀初頭にアインシュタインが相対性原理を唱え、その後、宇宙背景放射（全方位で観測される特定周波数の電磁波）や赤方偏移（遠くの恒星が実際よりも赤く見えること）が発見されたが、ビッグバンは、それらの現象に根拠を与えることのできる理論だった。それが一九九〇年代以降、精密な観測の進展とコンピュータの活用によって、急速に信頼される理論となりつつある。

アインシュタインの相対性理論は、光速が有限であるということを証明する実験から出発し、宇宙における無数の場所の〈いま〉が、その運動によって相対的であることを示したものである。ベルクソンは、その理論の正当性を認めながらも、時間を瞬間として捉えて同時性を問題にするところは、われわれの現実から遊離しているとして批判した。それでも、アインシュタイン以降の理論物理学者たちは、相対性理論から出発して、ビッグバンをはじめとして、どのような理論があれば今日観察される宇宙がすっきりと説明できるかという仮説を構築することに熱中してきた。

それにしても、宇宙の現象は実験することができない。それゆえ、理論物理学者たちのやっていることは、地球周辺で成りたつ物理法則が宇宙のどこでも成りたつという斉一性《せいいつせい》の仮説のもとで、結果の現象が結論となるような、小前提にあたるものは何かと構想することでしかない。そのような推論を、パースは「アブダクション」と呼んだが、現象を説明するための仮説にすぎないのである。

しかも、そこで盛んに問われている「宇宙にはじまりがあるか否か」、「宇宙は有限であるか無限であるか」といった問いは、ずっと以前に、カントが『純粋理性批判』における二律背反論《アンチノミー》によって、どちらも真理であると論証することの可能な「理性の越権」であると主張していた。つまり、現代の宇宙論は、理性が「空ぶかし」をするようにして作りあげる妄想のようなものだということはないのだろうか。

†宇宙進化論

現代の理論物理学者たちは、莫大な予算を使って一体何をしているのだろう……。しかし、それでもなお、理論がこのようなものへと変化してきたことの意義は理解できなくもない。それまでは、もっぱら空間的な拡がりと、そこにおける星々の運動法則をしか主題にしていなかった近代の天文学的宇宙論を、ビッグバン説以降では、宇宙がどのように進化してきたかという「歴史」の議論に取り替えることができたのだからである。

すなわち、夜空に見える星々の光は、光速が有限であるのだから、遠い過去を示している。たとえばモンブランの山頂にだれかが登るのを望遠鏡で見ているとしたら、その様子が見えるとともに、「〈いま〉かれは登頂した」と考えるのが普通であるが、しかし、宇宙に関してはそうではない。夜空の星々を見ながら、ひとはそれが〈いま〉ではなく、一〇〇光年、一〇〇〇万光年、一〇〇億光年というように、距離を測っているつもりでいて、一〇〇年前、一〇〇〇万年前、一〇〇億年前の光景を見ているのである。カントが畏敬の念をもって見た星辰の空間には、ドーム状のようにして、遠ざかるほどに過去に向かって滑り落ちていく現在が、ひとつの幾何学的平面として見いだされている――ベルクソンやホワイトヘッドが述べていたように、われわれは大地に向かっても天空に向かっても、まさに過去を見ることしかできないのである。

　そして現代の理論物理学者たちは、ちょうど地面を掘って深い地層から化石を発見し、生物の歴史を構想している進化論生物学者たちと同様に、巨大な天体望遠鏡で深い宇宙の星々を見つめながら、その星々と空間が、――古代ギリシアでも星は動物と捉えられていたのだが――、あたかも生物であるかのように誕生し、死んでいくと見るのである。かれらは数式によってではあるが、近代初頭のブルーノやスピノザの物活論（質料動物説）と似たようなものとして宇宙という生命体を想定し、「宇宙進化論《コスモゴニー》」と呼ばれるように、その進化の歴史を構想しているというわけなのである――ただし、宇宙進化論という語には進化《エヴォリューション》という概念は入っていないので、その呼び方は日本人の発明かもしれない。

　それは、あたかもすべての事件が登記されている歴史を、〈いま〉見ているかのようである。過去のもろもろの対象が、〈いま〉観察され、それについて新たな見解を得るような、それは、

――ホワイトヘッドの見方とおなじくらい――あたらしいタイプの歴史の見方であって、今日のわれわれがいやおうなく受け容れさせられている世界の見方にほかならないのである。

†宇宙と神

こうした宇宙進化の歴史《ヒストリー》は、ユダヤ・キリスト教の聖書の物語《ヒストリー》と一体どのように異なるのか。ビッグバンと神による宇宙創造は、どのように異なる物語なのだろうか。

いずれにしてもだが、もしあなたが漆黒の闇に佇むことがあるとすれば、見上げる夜空に無数に輝く銀河の数千億個の太陽たち、そのさらに遠くの数千億の銀河群が、いましも頭上に降ってくるかのような光景に衝撃を感じないではいられないであろう――前近代にはそれが普通のことだったのであるが。

都会の空では、すっかりと隠蔽されてしまったこの事実から、太古のひとびとは、人間には理解できないものがあることを知り、そこで神の名を唱えたことであろうし、神の名によってさまざまな不思議な事象の説明としたことであろう。その延長で、善と悪との区別を教えることもしたであろう――それが祭祀者や為政者たちの、既得権益を守るための強欲な規範の押しつけにすぎなかったとしてもである。

二〇世紀にもなると、ガリレイが述べていたとおり、事実、宇宙は数という記号で書かれたものとされるようになり、その無限の広大さに怖れを抱きつつ、認識によって包み込む精神がもっと偉大であるとしたパスカルのいうように、理論物理学によって宇宙空間のたえざる徹底的な探査が続けられている。

それにしても、「宇宙は何の外部ももたず、光速よりも早く膨張し続けている」という理論物理学者たちの説明は、われわれの理解を絶している。宇宙の現象が、宇宙全体に斉一な必然的法則にのっとっているという（あやふやな）仮定のうえでそうしたことがいわれるのだが、それはなぜ、何のためにそうなのか、その一切は、自然法則の成立も含めて偶然なのではないかとも問いたくもなる。そしてその答えは、——ホワイトヘッドのような哲学者ならば放ってはおけない問題なのだが——、神という名で呼ばれていたものとさして変わらないのではないだろうか。斉一性の仮説は、因果性の仮説と同様、神が創造したとされるユニヴァース（一なるものとしての宇宙）の公理から導出される定理にすぎないのではないのだろうか。

神と呼ぶか、物質ないしダークマターやダークエネルギーと呼ぶか、しかしその違いは、事実かどうかの違いではなく、そこから道徳的善悪を引きだせるかどうかということに存する。ビッグバンがあったということからは、われわれの行為の正当性については、何も言及されることはない。この宇宙に誕生し、生きていることの意味は、ビッグバンからは引きだしようがないのである。

なるほど宇宙の謎に取りくんでいれば、国家間の紛争など、とるにたらないことに思えるであろう。（外国の非難など）国家間の対決に取りくんでいれば、社会の争いなど、とるにたらないことに思えるであろう。（人権など）社会不正の解決に取りくんでいれば、家族のいさかいなど、とるにたらないことに思えるであろう。（精神分析など）家族の人間関係のやりなおしに取りくんでいれば、一人ひとりの生など、とるにたらないことに思えるであろう。

しかしながら、関わる問題領域が広いからといって、問題への取りくみが深いというわけではない。広い方を優先すべきだということもない。ヒュームのいうように、室内の光景も山頂からのパノラマも、おなじひとつの視野の経験である。重要なことは、何に取りくむにしても、与えられたその水準でそれだけ深く取りくむことである。他方、自分の執念を、取りくむべき水準とは別のことに貫くひとのなかには、そのひとの最も重要な状況や人間関係を破滅的にしてしまうひとも多いように思われる――まして薬物やゲームに取りくんでしまう場合には。

ところで、理論物理学者たちは、奇妙にも、地球と同様な状態にある太陽系外の惑星を探索して、他の星の生物を発見しようとしていると聞く。それを見いだすことが生命、および人間のような精神が宇宙の物理法則に従って発生し得ることを証明することになるというのだが、それは何の証明でもなく、前提していることと不調和なことを打ち消そうとしているだけではないだろうか。すなわち、ブルーノがそれで火刑にされたのだが、それを証明したとしても、

「神が地球上にだけ人間精神を創造した」ということを疑わせるというだけのことをしかしないのである。

それとも、もし異星人とコミュニケーションをとることができて、互いに似たようにこの不可思議の宇宙で思考していたことが分かったとしたら……ということなのだろうか。しかし、だからといって、それが何の証明になるだろう、何の慰めになるのだろう。むしろこうした探究の方向にこそ、理論物理学の神学的な動機が窺われる。

ニーチェが神の死について語ったのは、こうした事情に関してではなかったか。神を殺したのは、マックス・ウェーバーが『プロテスタンティズムの倫理と資本主義の精神』（一九〇四～一九〇五年）で述べているように、近代の科学による「脱魔術化過程」であった。その結果、ひとびとは、もはや神を信じてはいないが、科学者というおなじ人間たちの、だれかがどこかで知っているという信仰のもとで生きている。

ニーチェが「末人」と呼ぶこのひとびとは、もはや道徳には無関心で、欲望の市場に右往左往しつつ、ときに宇宙のCG映像を楽しみながら、その解説に耳を傾ける。そこではビッグバンという「現代思想」が、あたかも厳粛な物理学的事実のように語られているのだが、それは、道徳的価値の消滅の巨大なモニュメントでもあるのである。

†歴史は進化の普遍的登記簿に

宇宙進化論もひとつの「現代思想」として説明されてきたことに、驚いているひともいるかもしれない。それは、古代の神学に代わって成立した宇宙開闢《かいびゃく》説であり、宇宙の斉一性を前提として、地球の周囲における観察や実験でしか分からない事象から宇宙の歴史と全体を推理する仮説である。将来的にも実証が原理的に不可能な理論である。斉一性の前提を捨て去って延長（空間的距《へだ》たり）の概念を変更すれば、まったく異なった宇宙論が出現してくることであろう。理論物理学は、自然科学というよりは、宇宙の歴史学なのであって、他の歴史学と同様に、実験することもできないがゆえに、蓋然性《がいぜんせい》を免れ得ない理論なのである。

とはいえ、このようにして、ダーウィンの『種の起源』から一五〇年経って、驚くべきことに、今日では、歴史という語で百数十億年まえのビッグバンから銀河や地球の誕生、四〇億年まえの生命や人類の出現と、淡々と一律に過ぎゆく時間の流れを座標軸に、つぎつぎに続いて起こったさまざまな出来事の連鎖が思考されるようになっている。

歴史は、元来は人間の思考や出来事の客観的記録ということだったのだが、いつのまにか、ありとあらゆるものが登記される普遍的な場とみなされるようになってきた。宇宙、地球、生物、人類、国家、民族、文化、個人……の歴史。その源泉は、一九世紀初頭のヘーゲル哲学であるが、ヘーゲルが人間精神の歴史にしか関心がなかったのに対し、その精神が対象とする森羅万象を、進化というキーワードで説明することが今日の真理の揺るぎない公式となっている。ヘーゲルが「進歩」と呼び、個々人においては「成長」と呼ばれていた「歴史」が、もはやそうした人称的な概念ではなく、宇宙を貫く法則として、「進化」という概念ですべて呼びかえられるようになりつつある。

今日では、企業が新製品を出しても、スポーツ選手が新たな技能を獲得しても、芸術家があたらしい意匠の作品を制作しても、——ポケモンの変態と同様に——、ひとびとはそれを「進化」と呼ぶ。もはや、「進歩」や「成長」ではない。

だが、進化という概念に、もともと「進む」という意味が含まれていたわけではない。発芽した植物のように芽や茎や葉や花や実が展開するというのが原義である。したがって、「進化」という語は、一方ではベルクソンのいうようになるか分からない、あらぬかたへと飛躍しながら進んでいくことを意味するが、他方では、その旧い目的論的含意が残されていて、ラマルクのいうように、神ないしどこかでだれかが規定したプログラムにのっとって進んでいくという意味でも使用される。

他方、「生き残った種族」といった機械論的な（正統な）意味ではあまり使用されようとはしていない。その点では、すべてを「進化」として捉えようとするこの現代思想の趨勢は、まだその内容を巡って係争中の、曖昧な概念に依拠している。進化論の反対者たちも続々登場してくるのだが、反対すべき概念が基本的に曖昧なのだとすれば、かれらは一体何に向かって反対したことになるのだろうか——とはいえそれが重要なのではあるが。

2　西欧の危機

†シュペングラーの「西洋の没落」

進化という概念が、優生思想や進化論哲学としてひとびとのあいだに行きわたっていくあいだ、進化論を支持できない哲学者たちはどうしていたのであろうか。一九一八年、ドイツのシュペングラーという、当時は無名だった著者の『西洋の没落』という書物がベストセラーになったが、そこにはつぎのようなことが書いてあった。

——ダーウィンの進化論の説によって生命の全体が説明された以上、人間精神の歴史も、その進化論の延長でしか理解され得ないということを認めるべきだ。歴史とは、ときが経つにつれて内容が変わっていく、信じるにたらないものなのだ。さまざまな文化にはそれぞれの歴史があり、その絶頂の栄光があったが、それらはその文化のその時代の「現在」にしかなかった。歴史上の諸帝国の栄枯盛衰を見るならば、近代西欧文明もまもなく没落してしまい、未来のひとびとによって「ローマ帝国史」のようなものに書きかえられてしまうだろう、というのである。

一九世紀西欧では、「世界史」という名で普遍的な歴史が認識されたと考えられてきたが、やはりそれも、西欧という地方の、近代のひとびとにとってしか意味のないものだったかもしれない。シュペングラーは、西欧文明も、そのなかの「帝国」のひとつとして、すでに終焉に向かっていると指摘したのであった。確かに、西欧近代の「世界史」だけは普遍化する（時代と社会を超えて成りたつ）、ということもないであろう。

かれは哲学についても、未来には「非哲学的哲学」しかなくなる、その哲学は懐疑主義であって、むしろその威力によって過去、すなわち現在の西欧の世界像は砕け散ってしまうであろうと予告した。

西欧近代文明は終わり、西欧は世界の一地方になってしまい、哲学もそれに対しては無力なのだというこの主張は、西欧のひとびとに深刻な動揺をもたらした。フランスでは、直後にヴァレリーが同様の憂慮を示したが、第一次大戦の敗戦国、ドイツのひとびとは、その焦りや苛立ちからファシズムに向かって進んでいったともいえるかもしれない。

†フッサールの「西欧的なもの」

シュペングラーのこの本に対して、哲学者たちはどのように考えたのか。現代哲学に大きな影響を与えたエドムント・フッサール（一八五九〜一九三八）は、一九三五年、すでに老境となっていたが、「西欧的人間性における危機と哲学」という講演をして、シュペングラーが述べたような危機に対して哲学は何をすべきかと語っている。

かれはまず、西欧という概念は、単なる地理的な一地方ではない、それは哲学によって培われてきた「同朋性」によって形成されてきたものだと述べる。西欧に住まうひとびとというよりは、近代的な意味での「人間」として生きているすべてのひとが「西欧的」なのであって、その根底には、地域を選ばない近代哲学的思考が貫かれていたのだが、哲学から生まれてきた自然科学や社会科学の発展の結果、その誤った合理性によるさまざまな理論が大衆に浸透して、逆に哲学的な思考、科学を支える近代の認識論は危機に瀕してしまったというのである。

科学者たちが研究をしている、その「合理的で理性的な精神」は、科学が対象とする自然のどこにも位置づけられていない。それなのに、かれらはすべてが科学的に説明されると考えている。科学を研究するものとしての「精神」抜きに、一体どのようにして科学的発見をすることができるのであろうか。科学が「自然」として説明してしまった人間として、科学者たちは、真理の意味を、もはやどうでもいいとみなしているのであろうか。

この点については、現代では、ホーキングなどによって、宇宙が認識されるのは宇宙を認識するような知性を宇宙が生みだしたからだという「人間原理」、ないし「弱い目的論」が唱えられており、その意味でも系外惑星の生物が捜し求められているのであるが、とはいえ、これは「希望」に具体的な名まえを与えた以上のものではないであろう。

自然科学に対しては、これまでピエール・M・M・デュエム（一八六一〜一九一六）やトーマス・S・クーン（一九二二〜一九九六）の批判もあったし、不確定性原理（観察することが実験結果を変えてしまうこと）をはじめとする、科学の限界についての認識もあった。

デュエムは、仮説をたてて実験によって検証するという自然科学のプロセスに対して、実験それ自体を構成するための諸仮説がすでにそこに含まれているのだから、検証としては成りたたないと指摘した。これはさらに一般化されて「デュエム－クワインテーゼ」と呼ばれている。

また、クーンは、自然科学的真理を表現する諸概念が「パラダイム」という一群の術語の相互依存関係のもとにあって、個々の仮説の真理を論じることは無意味であることを指摘した。

さらに、カール・R・ポパー（一九〇二〜一九九四）やポール・K・ファイヤアーベント（一九二四〜一九九四）は、科学という近代西欧に独特の知が、他の地域や時代の知、および擬似科学

（トンデモ科学）と本質的に異ならないのかどうなのか、という議論を展開している。

それにもかかわらず、それらの議論ののちも、統計学的な蓋然性の真理が必然的自然法則の真理にとって代わりつつ、スーパーコンピュータに頼るシミュレーション科学の発展によって、この西欧の危機はいよいよ鮮明化してきているように思われる。

フッサールは、さきに述べた講演のなかで、西欧近代文明はそのようなことをしていると本当に没落してしまう、それで構わないのか、それとも、理性をさらに徹底的に行使しようとする「ヒロイズム」によって、近代文明を再生させるべきではないのか、と問いかけていた。それが、フッサール現象学を引き継いだ現代哲学者たち、ドイツのマックス・シェーラー（一八七四〜一九二八）やマルティン・ハイデガー（一八八九〜一九七六）、フランスのジャン＝ポール・サルトル（一九〇五〜一九八〇）やモーリス・メルロ＝ポンティ（一九〇八〜一九六一）への、哲学の危機を訴える遺言となったのである。

†新たな哲学へ

フッサールの講演の少しまえに、ハイデガーも「ドイツ的大学の自己主張」という講演をしている。だがその講演は、ある意味、フッサールの講演よりももっと情熱的な危機感を表明していた。

ハイデガーは、西欧の学問そのものが終焉してしまう可能性があるが、それでいいのか、いま一度、古代ギリシア哲学に戻って、学問をやりなおすべきではないのかと主張した。しかし、それに続くかれの言葉には驚かされるのだが、ドイツ民族も、ギリシア民族がしたように「民族の偉大さを実現しなければならない」と述べたのであった。

若きハイデガーはナチスの過激派であって、党員にもなっていたようである。かれは、「民族の偉大さ」という表現によって、近代国家とは何かについてあまり考えたことがないということ、および進化論を優生思想のままに受けとめていることを、はからずも表明してしまっていたわけである。

他方、西田幾多郎（一八七〇～一九四五）や和辻哲郎（一八八九～一九六〇）といった日本の哲学者たちも、こうした西欧の危機について聞き及びながら、哲学の同朋性について考えるよりも、「世界新秩序」といういい方で、西欧が没落したあとに自分たちの文明がとって代わると考えていた。わが国が西欧に追いつき追い越せという勢いで軍事力を増強しつつあった一〇世紀前半、西欧の知識人たちは、自分たちが世界の一地方の住民でしかないことを思い出しながら、そのことを知らない自然科学の暴走がはじまって、西欧は崩壊しつつあるという危機感を共有していたのであったが、そのことは、「日本にも哲学がある」と示そうとする国威発揚の機会としてしか受けとられなかったのである。

ともあれ、西欧のこの危機感のもとに二つの哲学的立場が出現した。

第一のものは、進化論をふまえて、進化してきたすべての生物を生かしているばかりでなく、人間の生命と心と、その文化と歴史のすべてを成立させてきたものとしての生こそが、哲学の真の主題でなければならないとする立場、いわゆる「生の哲学」である。一八世紀のルソーやヘルダーに由来するともいわれるが、ウィルヘルム・ディルタイ（一八三三〜一九一一）やジャン＝マリー・ギュイヨー（一八五四〜一八八八）やフリードリッヒ・ウィルヘルム・ニーチェ（一八四四〜一九〇〇）を挙げることができる。社会学ではあるが、ゲオルグ・ジンメル（一八五八〜一九一八）も取りあげられることがある。

第二のものは、進化において意識が生まれてくるという生物学的な論理を否定して、科学的思考も哲学的思考も意識がすることなのだから、意識を中心的主題に据えて哲学を再構成し、合理性の意味をはっきりさせるべきであるとする立場である。フッサールをはじめとして、ジェイムズやサルトルといった哲学者たちを挙げることができる。そのなかには、やがては「生」の方へと向かうにせよ、自然科学的知見を積極的に取りあげ、哲学的に意義づけなおそうとしたベルクソンやメルロ＝ポンティなどの哲学者たちも含まれていた。

3　生の哲学

†存在と生

それでは、少しさかのぼることになるが、「生の哲学」から紹介していこう。

生は、ドイツ語で「レーベン」、フランス語で「ヴィ」、英語で「ライフ」である。その訳語は、人生や生活でもいいし、生命と訳してもいいのだが、「生の哲学」という訳語が定着している。生命は身体が生存していることを意味するが、それに対し、生は「わたしが生きている」というそのことであり、他の生物たちの生命や人間の生命と進化、人間の生活と人生を成りたたせるものである。それは、自然から自立した精神《スピリット》や、身体とは別の魂《ソウル》といった実体を前提しないという考え方でもあった。

近代初頭、デカルトが「魂」として〈わたし〉を「思考する実体」と呼び、物の世界を機械として捉えたとき、生命現象は虚構とされ、身体はただの質料（材料）だとされた。生命それ自身は、もともと各生物において見いだされるスピリチュアルなもの、森のなかの小人たちや妖精たちの、何が起こるか分からない不思議なものであった。スピリットは、霊魂や幽霊でもあれば、自然や人間を賦活する微細なものでもあり、曖昧で魔術的な概念であった。デカルト哲学の意義は、自然を機械に還元することを通じて、スピリットを自然から一掃し、人間の心のなかにある主観的なもの、空想や妄想にすぎないものとしたところにあった。

その意味において、デカルトは、人間以外の生物の魂を認めなかった。だからこそ、かれは「わたしは存在する」と述べたのであり、それは「わたしは生きている」ということとはまったく対立することなのであった。前者は永遠であり時間を超えているが、後者には生成消滅、生と死とが伴っている。

しかし、これに対し、生の哲学は、「わたしは生きている」ということを出発点にしようとした。生の哲学者たちは、進化論の影響のもと、当時大きな主題となってきていた「生命」というものの意義に関して、科学には任せてはおかずに、近代の認識論と倫理学を根本的にやりなおそうという提言をしたのであった。

†ディルタイの「解釈学」

まず、ドイツのディルタイであるが、かれは、生を、流動的で汲み尽くしがたいものとして捉え、哲学の仕事は、生それ自身にみずからを物語らせることであるとしている。

つまり、デカルト流の理性を使って諸生物と人間の身体を機械として捉え、精神から疎外し、コントロールしようとするのではなく、生の語ろうとすることに耳を傾け、それを精神の言葉で解釈することが哲学の仕事であるとしたのである。かれの哲学は、それゆえ「解釈学」とも呼ばれる。

かれのいう「生」とは、純然たる物質以外のすべてのもの、人間が作った道具や機械をも含めて、生物たちを貫いて生命世界を形成しているもののことである。人間の生命も、「生」という宇宙全体を貫く何ものかの一部であって、それが個々の人間の生命、生活、人生へと姿を現わしてくる。ところが、もし人間が理性的思考によってそれを捉えようとすると、それは逃れ去ってしまうのである。

普通、生命というと、生物の身体が生きた状態にあるさまのことで、一個体、一人ひとりが「生きている、死んでいる」とされるものであるが、ディルタイは、人間は、決して個別的な生物個体としての「個人」であるのではないと述べる。和辻も西欧的な概念としての「個人」を否定して「間柄」があると述べていたが（『人間の学としての倫理学』）、そういうことではない。一人ひとりは、一切の生物とともに、また家具やベンチや周囲のひとびとに取り囲まれたなかでのみ生きている。思考すべきものは、――デカルトのように「自己自身」ではなく――、そうした「生の連関」だというのである。

それらはたえず流動してやまないが、それらの連関が子どもたちを成長させ、人類としては言葉を生み、さまざまな文化と歴史を生みだしてきた。とすれば、従来のような、最終的解釈としての「真理」が重要なのではない。一人ひとりの「教養」として、生の解釈が進めば進むほど、知識が増え確実性が高まり、価値あるものを見いだすことができるというのである。

人間の歴史は、宗教や詩や芸術によってさまざまな文化を形成してきたが、それらもまた、かれのいう生の解釈の歴史なのであり、生は解釈によって汲みつくせるものではないとはいえ、哲学の仕事は、それぞれに形成されてきた世界観を類型化し、集大成する「世界観学」でもあると述べている。こうしたディルタイの哲学は、ハイデガーに引き継がれることになる。

†ギュイヨーの「生の強度」

フランスのギュイヨーはといえば、ディルタイのように生を「解釈」するというよりも、生の延長として行動することを提唱していた。ディルタイにとっては、生は人間を支える捉えがたい真理であり、ある意味、聖書を解釈するような用心深さの必要なものであったが、ギュイヨーにとっての生は、道徳意識をおのずから与えてくれる人間行動の原理であった。

かれは、一八八五年に、『義務もサンクションもない道徳』という書物を著し、そのなかで、カント主義の「義務」も功利主義の「サンクション（制裁）」も人間の真の生き方を教えていないと批判して、「生の強度」という概念を提示した。

カントは、人間どうしで肯定することのできる普遍妥当な道徳法則があるはずだと述べ、「自律」として、各自がみずからたてた全員のための道徳法則に従おうとする「善なる意志」こそが、人間の行動の指針であるとした。利害打算によってではなく、義務からなされる行動こそ、まさに人間精神のなし得る崇高な行動なのである。

しかし、ギュイヨーは、それではひとによってどんな道徳法則でもたてることができ、それぞれが「普遍妥当」と考えてしまうわけだから、「勝手気まま」と変わらない、そればかりではなく、義務はつねに苦しさを与えるのだからよいことはないと主張する。この点に関しては、クロソウスキーも述べていることだが（『わが隣人サド』）、サディズムのもとになったサド侯爵の『美徳の不幸』（一七九一年）や『悪徳の栄え』（一七九七年）は、カント的論理に従って女性を説得し、性的倒錯の数々を試みるという逆説的な内容の小説であった——悪徳もカントの道徳法則に適い得るというわけである。

他方、ベンタムの功利主義とは、すべての行動を快楽を求め苦痛を避けるものとして理解し、人工的な苦痛である法律によって、社会全体の快楽の総和が苦痛の総和をなるべく上まわるようにすべきであるという考え方であった。

快楽と苦痛の源泉として、ベンタムは四つの「サンクション」を挙げている。それには制裁という意味もあるが、行動の範囲を規定し、それが実現しようとする安全な秩序を作るための行動の枠組のことでもあった。そのひとつとしての法的サンクションを整備して、他のサンクションに関わる快楽と苦痛を制御しようというのである。

サンクションには、ほかに自然、道徳、宗教とあるが、そのうち道徳的サンクションは、いわゆる「世間の眼」のことである。法律では禁止されてはいないけれども、白い眼で見られ、行動がしにくくなるという種類の行動の枠組である。ベンタムは、ひとからよく思われる行動をすることで自分の将来の行動の自由の保険となり、長期的に快楽が増えて苦痛が減るという意味で、一種のファンドであると述べている。

ギュイヨーは、カントとベンタムのこれらの二つの道徳、義務とサンクションを批判して、人間の行動は生の強度によっておのずから決まると主張した。「生の強度」とは、意識が測定し得る何らかの強さのことではなく、進化を通じてそれぞれの種が成し遂げてきた活動領域のことであり、そのさらなる拡張へと向かう勢いのことである。認識したり、解釈したりするものではなく、体験し、直観するようなものである。

すべての人間は、みずからの生きるプロセスによって行動しており、ただその一部を意識して快楽を享受するが、意識された快楽よりももっと高度な、生自体が自身の強度を増大させるような快楽があり、性衝動や感性や知性の領域からすると、さらなる領域の拡張がある。その拡張をもって善と呼ぶべきだというのである。

したがって、諸個人は、カントのいうように、義務としての道徳をみずから確立すればいいのでもなければ、ベンタムのいうように、快を求め苦を避けさえすればいいのでもなく、みずからの生の勢いを延長するような方向で行動すべきなのである。

カントは、どんな義務でも、それを実行する能力のないことを要求しては仕方ないので、「なすべきことは、できることでなければならない」と指摘していた。それに対し、ギュイヨーは逆に、「できることこそなすべきことだ」と主張する。冒険家が命を賭けるようにして、ひとは勇気をもって他人の犠牲になることをする。芸術家の作品も、個人の才能によるのではなく、植物の花と同様に、それを通じて生を拡張し、豊かにしようとする行動である。強いものは、他のすべてのひとびとの生存に、結果的には寄与するような行動をとるはずなのである——「生存競争」のように強いものが生き残るということではない。

それゆえ、ギュイヨーは、ディルタイと同様に、個人という存在を否定する。ひとは互いに異性を求めあい、手を握って助けあうように、生命ある種としては非個人であり、複数のあいだにしかあり得ないのである。

このように、「できることはなすべきだ」というのは、生を信任しようと呼びかける宣言であった。ギュイヨーによると、一人ひとりにとって、「生」とは、種や生物全体とともにあって、そのなかでの自己の力の増大を意味する。「生きているもの」としての人間は、力のあるひとほど「なすべきこと」があって冒険し、破壊しては社会を再構成し、社会の道徳的進歩に貢献してきたというのである。

犯罪や戦争をどう考えるのか、と思うひとも多いだろうが、犯罪や戦争をするひとは、生の強度によってもたらされる高度な快楽を知らず、意識という生のほんの一部分にすぎないもので快楽を追求する生の衰弱したひとのすることだと、かれは考えているようである。

ギュイヨーはいう。冒険することは、自暴自棄になることとは別のことである。人類の歴史を見れば、生物種としての人口は増大し、多様な文化や歴史へと発展してきている。共存と平和に力をつくしたひとの方が多かったということである。だから、ひとは道徳的であるべきなのではなく、道徳的であることを欲しているともいえるのである。

ギュイヨーの哲学はベルクソンに影響を与え、ニーチェのさきがけともいえる思想であったが、しかし道徳に関するこの最後の一点に関しては、ニーチェはかれを痛烈に批判している。

†ニーチェの「ニヒリズム」

「生の哲学」の本質は、個人としての人間を否定して、精神である人間と、生命である人間を同一視した点にあった。そして、生を歴史と調和するものと認めたうえで、近代の文明進歩を延長しようとしたのであった。

ところが、ニーチェの場合は、それとは少し違っていた。「神は死んだ」という言葉によってあまりに有名であるが、その議論の射程は、受けとるひとによってさまざまである。とはいえ、かれが、西欧近代に対する最もラディカルな批判者であったことは間違いない。

ニーチェは、アルトゥル・ショーペンハウアー（一七八八～一八六〇）やマックス・シュティルナー（一八〇六～一八五六）といった哲学者たちに影響を受けたといわれているが、もとより古典文献学者であった。『悲劇の誕生』（一八七二年）という、古代ギリシア悲劇について論じた研究書で知られるようになったが、そのなかで、かれは従来の古代ギリシア思想の理性主義的なイメージを覆し、アポロンという神の理性的原理よりも、ディオニュソスという神の、荒れ狂う衝動をもちあげた。古代ギリシア人たちの思想は、アポロン的である哲学とは別に、ディオニュソス神に捧げられたギリシア悲劇に表現されたものにあったというのである。

当時、歌劇作家のワーグナーがこの書を高く評価し、ニーチェもかれに芸術による世界の救済を見て心酔していた。ワーグナーは、芸術的価値や神聖なものをテーマに取りあげ、荘厳な歌劇を創作していたのだったが、やがてニーチェはその作品の、ブルジョワ的頽廃へと向かっていく俗物性を見いだして幻滅し、ワーグナーと袂を分かつことになる。そしてその後、深い憂鬱の日々を過ごしながら、ひたすら哲学的思索に没頭し、やがて、「神は死んだ」という宣言をして、「同一物の永遠回帰」という真理を発見したと称するようになったのであった。

「神は死んだ」という言葉の与えたインパクトは大きかったが、かれが何をいわんとしていたか、ニーチェ思想がどのような哲学かをいうことは、いまなお困難である。かれはアフォリズムという、短い文章を列挙していく文体でしか書かなくなっていたので、その言葉も、実際何を意味していたかはっきりしない。遺稿『力への意志』も、これを編集した実妹による改竄《かいざん》や偽作が含まれるといわれている。

「神が死んだ」ということは、イエス・キリストが十字架にかけられて死んでいるわけだから、あえていうほどのことではない。では無神論の主張かといえば、ドルバックやフォイエルバッハなど、ほかの哲学者がすでに述べていたことである。ニーチェに共感しつつも対決しようとしたハイデガーは、ヘーゲルの文明発展の歴史と反対に、近代以来、ニヒリズムが進行してきたという意味であると取っている。

ニーチェは、西欧近代は、神なしでもやっていけることをはっきりさせ、神が与えていた絶対的な価値を否定して、価値を自分で作りだそうとしてきた歴史だった、人間が神にとって代わろうとした歴史だったといおうとしているというのである。

ここで「価値」という概念についてであるが、それは哲学史においてはあたらしい概念であって、一八世紀末に生まれてきた経済学の用語として、ケネーやリカードやアダム・スミスによって展開された価値の概念から借り受けたものであった。すなわち、貨幣の数量（金額）によって表現される富や生活財、ひとびとが欲求する、ないし選好するもののことであった。貨幣は、ひとが望むものを数量的に表現する手段であるが、――ロッツェがそのさきがけといわれるが――、当時の哲学は、それを生活のためばかりでなく、精神が本来的に求めるものという意味に解して、その内容を探究した。

ジョン・S・ミルは、その意味での価値として、幸福は一人ひとりが望むもの（快楽）であるとしたが、他方、ヴィンデルバントは、人類にとって普遍的な価値として真善美を挙げた。ニーチェが「神は死んだ」と述べたのは、このような意味での価値が否定されているということであり（消極的ニヒリズム）、むしろ価値を転倒して超人へと向かうべきだといいたいからであった（積極的ニヒリズム）。ニヒリズムとは、価値という、ひとが求めるべきものの否定であった。

とはいえ、「存在」を思考することを要求していたハイデガーにとって、それでは「存在」もひとつの価値ということになるので、ニーチェの言葉は、近代形而上学における「存在忘却」の歴史を推し進めるものと思われた。ハイデガーによると、ニーチェは近代最後の形而上学者であり、かれが人間の絶滅を求め、「超人」になることを勧めるのは、価値をみずから創始する真の人間の歴史段階へと向かおうとする近代形而上学の「ヒューマニズム」によるのである。すべての価値の転倒をいいながら、ニーチェは「力への意志」、すなわち「強さ」という価値を捨てることができなかったというのである。

†神の死

しかしながら、ハイデガーも引用した『悦ばしき知識』第三書の冒頭一〇八節から一二五節の「神は死んだ」という箇所の文脈は、わたしには、それとは異なってつぎのように読める。

――神は死んだ。だが、神の影が残っている。機械論的進化論をふまえるなら、宇宙を一個の有機体(物活論)だとか、あるいは一個の機械(唯物論)だとか、そのようには捉えられ得ない。宇宙は混沌であり、生物と人間が例外中の例外として出現したことになる。とすれば、人間はただ「畜群(羊のような家畜の群れ)」ということになり、道徳的価値が消え去るばかりでなく、真理を探究するための認識も論理も因果性も、生物の生きる道具にすぎないのだから意味を失う。絶滅した種も多くあるように、生には誤謬(失敗)もいやおうなく含まれる以上、生の哲学のように「生」も論拠にできない、生命は、偶然か必然かすらいえない。自然科学をただ肯定する無神論者たちには、そのことが分かっていない。そのような発狂するほかはない状況に人間が追い込まれていることにだれも気づいていない、ということではないか。

そこで「神を探している」といって、白昼にランプをかざした狂人が、無神論者たちのなかに神の影を探しながら登場するという文章が、ハイデガーの引用した箇所であった。

ニーチェの大多数の文章はアフォリズムであるから、読み手の自由な解釈が可能である。多くの思想家は、かれが西欧の危機を表現しているということについては同意するであろうが、西欧のどういう危機なのか、その危機を克服するということがどういうことなのかで意見が分かれる。「デカダンス」「ニヒリズム」「価値の転倒」「ルサンチマン」「系譜学」「奴隷道徳」「永遠回帰」「力への意志（ドゥルーズによると力意志）」「大いなる正午」「超人」「忘却力」「遠近法」「運命愛」等々、これらの言葉を適当に繋げていけば自由なニーチェ思想が生まれてくる。

とりわけ「超人思想」は、クラークのSF小説『幼年期の終わり』（一九五三年）の主人公や、富野喜幸（由悠季）監督のアニメ『機動戦士ガンダム』（一九七九～八〇年）における「新人類《ニュータイプ》」のように、近代文明進歩の思想を、進化概念をたよりに延長、接ぎ木しようとする思想にすぎなかったのであるが、（ファンタジー的ながら）希望をわれわれにまだ残してくれているともいえる。

それはともあれ、ニーチェの文章のいたるところに、西欧文明の危機の理由が多様な表現で述べられていて、近代を告発したいすべてのひとの引用を待っているのは確かである。そして、神が死んだということであるならば、ニーチェについてすら「解釈」の正しさという価値もなくなるのだから、何ととってもいいのかもしれない。しかし、少なくともかれは、かれの言葉どおりに発狂してしまった誠実な思想家であった、一九世紀の状況において、ソクラテス的伝統にすら対抗して、真に哲学をしようとした稀有なひとだったというべきかもしれない。ニーチェの説いた「個体の進化論」は、メルロ＝ポンティの「実存」やドゥルーズとガタリの「退縮進化論（血統ではなく異種結束による進化論）」に引き継がれることになるであろう。

4 人間学

†シェーラーの「宇宙における人間の地位」

ニーチェ思想を深く受けとめたシェーラーは、一九二七年の『宇宙における人間の地位』という講演で、人間精神が生物学的な意味でのヒトとどう関わるかを論じている。精神は原理的に科学的対象とはなり得ないものなのであるが、他方では、その精神が生物学的なヒトの身体によって支えられている。そのどちらを優位に取るかで、人間の理解がすっかり変わってしまうというのである。

かれによると、人間にのみ理性（知能と選択）を認める立場と、人間と動物の差異を否定する進化論的立場とがある。かれはまず、人間には精神があるのだから進化論的対象ではあり得ないという立場に立つ。人間の精神は、他の生物とは異なって、自分が何をしているかを知っているという意味での自己意識をもっていて、事物の本質を認識する。環境を構成する事物を捉えるがゆえに、自分の置かれている環境に対して「否」といって、生の衝動に対して禁欲したり、脱出したり、フロイトのいう「昇華」のように、高度な文化活動に変えたりするのである。

いいかえれば、精神は、動物がそれぞれの種に固有な（利害の関与した）環境にしか生きていないのに対し、そこから解放され、（利害関心にかかわらず捉えられる）個々の事物の集まった「世界」を認識することができる。他の動物たちの環境も含むような、その客観的なひとつの世界のなかで事物を認識するという点で、人間の世界は、動物たちのそれとは世界の質が違うというのである。

とはいえ、精神の優位性は、逆にそうした「認識」においてしかない。シェーラーは続けて、近代哲学において精神が人間性を支配する、すなわち人間は精神の指導のもとに生きているとみなされてきた点には誤りがあると述べる。生物としてのヒトの、さまざまに欲望と呼ばれてきた「生の衝動」抜きには、人間は何もできないというのである。

精神と生が協調して、理想どおりの結果が実現すればそれに越したことはないのだが、実際には、精神が認識したとおりには体は動いてはくれない。精神は、直接的に生の衝動と戦うことはできず、たとえば眠いときには、「醒めよ」と意志するのではなくてコーヒーを飲むように、何らかの手段を介して間接的にそれに耐えることしかできない。

それはデカルトも認めていたことであるが、その後の近代哲学は、精神は高次元のものであるから、精神の対象である「意味」や「価値」や「権力」といわれる高度なものが、結局は人間性を支配するはずだと、さまざまに考えてきた。しかしながら、それでもわれわれの生活の現実では、強力であるのは低次元とされた生であり、高次とされてきた精神は無力である。とすれば、低次元の生命的なものを肯定し、精神をその生命活動の一種の機能や効果のようなものと考えるべきなのであろうか。

しかし、シェーラーは、それにも反対する。エピクロス以来の伝統は、快楽という生の衝動を人間性の中心に置いてきた。マルクスは食べるという生の衝動を人間性の中心に置き、フロイトは性交渉するという生の衝動を人間性の中心に置いた。しかし、それらはいずれも精神がそれらから独立しているということを無視していた。

デカルトはといえば、精神と物質の二つの実体を置き、生命現象を否定して、人間身体を含めてすべての物体は機械だと考えていた。そのことによって、デカルトは自然から人間を引き離し、生命を世界の外へ投げ捨てたのだと、シェーラーはいう。スピノザやヘーゲルは、精神を説明して、神が人間において神自身を意識するとしていた。それで、何か絶対的なものが歴史のなかに現われるように聞こえるのだが、それは神の名を使っただけで、精神が「自己」というものをひとつの観念として捉えたにすぎないし、それは神の自己意識の顕現などではなく、人間の歴史と生の進化において人間が成長してきたという事実にすぎないと、シェーラーはいう。しかも、その歴史の結果として、西欧近代的な自己意識、〈わたし〉の意識は、生命の充実する自然の世界から切り離されてしまったのである。

シェーラーは、われわれは、ふたたび古代ギリシア哲学に戻り、何らかの絶対的なものを把握する形而上学を探究すべきなのか、それとも多くの大衆が行ってきたような宗教的な礼拝と儀式のなかに避難するか、その二者択一しかないのだろうかと自問しながら、つぎのように述べる。

——人間が、精神として、ひとたび自然全体のそとに身を置いて、自然全体を対象にしたのであるならば、人間はいわば震撼しながら振り返り、「いったいわたし自身はどこに立っているのか?」と問わざるを得ない。そこから、「何ゆえにそもそも世界というものが存在し、何ゆえにまたほかならぬわたしが存在するのか?」という問いが生じてくる。世界は無ではなく、わたしも無ではない。世界も人間も存在するのであり、むしろ存在しないのではない。そうした事実を否定することはできないのだから、その事実の偶然性を認めよう——そう、かれは呼びかけたのであった。

この呼びかけは、現代哲学の究極の言葉だったのであろうか。ニーチェのいう「神は死んだ」という言葉が否定しがたいものとなった今日において、神という概念を使うことなく、精神と生命の、以上のような関係を説明できるような哲学が必要だと、かれはいいたかったのである。

†文化人類学

ところで、シェーラーは自分の立場を「哲学的人間学」と称していた。「哲学的」という形容詞が必要だったのは、すでに「人類学」や「人間学」という学問が成立していたからである。西欧ではおなじ「アンソロポロジー」であるが、人類学の方は、進化論の影響を受けながら、生物学の一部門として、ヒトが他の生物とどのような連続性と多様性のもとにあるかを科学的実証的に研究する科学であった。

進化論以降、人類がチンパンジーなどの類人猿と、どのくらい以前に分かれ、その後どのように進化してきたかということが、いいかえれば人類《ホモ・サピエンス》の直接の先祖はどのような動物だったかが大きなテーマとなっていた。

しばしば、ヒトは裸の弱い生物でありながら生き残り、文明を築いて繁栄するようになったが、そのわけは、知性という独特の能力、火や言語や道具を使う能力をもっていたからだとされてきた。そうした見方は、ヘシオドス『神統記』におけるプロメーテウス神話など、古代ギリシアにもあった。しかし、その根拠はすでに失われているように見える。知性という概念次第では、下等とされている動物もそれをもっていて、ヒトの知性は相対的に高い、ないし知識として蓄積されるようになっているにすぎない。知性に乏しいはずのネズミやゴキブリなど、ひいては大腸菌なども加えれば、ヒト同様に繁栄している種は多いのだから、知性を進化の要因として特別視することはできない。葬儀など、文化の痕跡を残しているネアンデルタール人をはじめとして、淘汰された類人たちが、ホモ・サピエンスよりも知的能力に優れていた可能性もある。

このように、ヒトを人類学的に考察して、動物や類人たちとの連続性をいくら調べても、——ポップ動物学でもないかぎり——、文化、社会、制度、学問、芸術等については何も理解することはできない。そこで、人類学に「文化」という接頭辞をつけて、文化人類学《カルチュラル・アンソロポロジー》という学問が生じてきた。

哲学の影響を受けながらも、文化人類学者たちは、人間精神の自然発生を他の動物にも萌芽のある道具や象徴の使用によって説明しようとした。たとえば、クロード・レヴィ＝ストロース（一九〇八～二〇〇九）は、そこに「構造」という、自然科学的対象とは異なった対象を見いだそうとした。

†レヴィ＝ストロースの「構造人類学」

構造主義は、後述するソシュール言語学に由来する現代思想であるが、レヴィ＝ストロースは、そのなかの「差異の体系」に着目して、新たな文化人類学の伝統を拓いた。

ここでの構造主義とは、たとえば、色という語のグループや氷という語のグループに関して見いだされる「差異の体系」によって、従来の実証主義的な定義、各項が個別的に意義をもつような要素からの説明を覆そうとする思考である。レヴィ＝ストロースは、差異の体系を、親族呼称という語のグループに関して適用したのであった（『親族の基本構造』）。

従来は「核家族」という、父と母と子のあいだの三角形的関係を家族の基本単位とし、諸文化における家族関係を、その複合体とみなして考察する立場が多くあった。しかし、こうした関係は、きわめて西欧近代的な家族関係であって、未開種族のひとたちのあいだには、母が複数いたり、父がいなかったりする部族も存在する。未開人は、性交渉と生殖の関係が理解できないから、その結果として、父や母の概念が曖昧なのかというと、そうではない。それぞれの部族は、野合するでもなければ乱婚するでもなく、きわめて明確な婚姻関係のルールをもっている。ということは、かれらは文明化していないから父と母と子の三角形的関係をもっていないのではなく、むしろこの核家族的関係の方が特殊な家族形態であると見てはどうかと、レヴィ＝ストロースは考えた。

かれによると、問題は血統やDNAではない。だれをチチと呼び、だれをハハと呼ぶかを規定する生物学的関係よりも、結婚していい相手とそうでない相手の関係が、チチやハハ、オジやオバという呼称の、相互に規定されあう関係（差異の体系）として形成されている。その呼称は、性交渉していい相手としてはいけない相手とを区別させるためにある。それが近親相姦のタブーであるが、それによって親と子の世代の区別が生じ、兄弟間や部族内での婚姻が否定される。近親相姦のタブーは、部族相互の婚姻関係を通じて社会が形成されていく過程での必要不可欠な条件なのである。すべての部族の家族に共通する普遍的な関係はないが、差異の体系による基本構造が普遍的な条件として共通しているというのである。

とはいえ、こうした「普遍的な構造」という思考、ひいては未開人とされるひとの野生の思考に価値を見いだす思考は、ソシュール言語学とは別物であった。レヴィ＝ストロースは、（言語学に親近性のある民族学において）文化の本質を探究する途上で、ソシュール言語学の「差異の体系」の概念に出会ったのであった。かれが構造という概念を提示したときには、それはすべての記号を差異の体系として捉えようとするソシュール言語学的な「構造」そのものではなかったのである。

†野生の思考

レヴィ＝ストロースは、当初は親族呼称に構造主義を応用しただけであったが、その後、一九六二年に『野生の思考』という本を書いて、さらに構造主義に近づくことになる。かれは、その本のなかで、未開人の思考のなかには、「分類的理性」と呼ぶべきものがあって、それは西欧近代の科学的理性に劣るものではないということ、むしろ西欧近代の理性には歴史を全体化しようとする誤った傾向があるということを指摘した。

文化人類学は、文明進化論的発想によるルイス・H・モーガン（一八一八～一八八一）やエドワード・B・タイラー（一八三二～一九一七）あたりからはじまるが、かれらが未開人の宗教をアニミズムと名づけて以来、未開人の思考は魔術的で、何にでも霊的なものを見いだすばかりのものと考えられてきた。とりわけルシアン・レヴィ＝ブリュール（一八五七～一九三九）の「原始心性」という表現は、未開人の思考が素朴なものであるというイメージを広めた。

それに対し、レヴィ＝ストロースは、未開人が自然に対してする分析と分類のなかには、西欧近代の人間とは異なった精密さと発明の仕方、「ブリコラージュ」があることを見いだした。ブリコラージュとは、器用仕事とでも訳すべき語であるが、ありあわせのものを使って何でも作ってしまう、町の発明家のような仕事である。――ゼメキス監督の『バック・トゥ・

ザ・フューチャー』（一九八五年）でクリストファー・ロイドが演じていた発明家のようなものであろうか。

さらにまた、未開人にトーテムという、部族の象徴があることが知られていたが、それまでは、未開人たちは生物学的知識がないので、自分たちの祖先がそれらの生物だとする迷信によるものと考えられてきた。しかし、トーテムには雲のような無生物やネズミのように尊敬しがたいものも含まれている。レヴィ＝ストロースは、かれらは自分たちの祖先としてではなく、部族を相互に区別するのに、自然の生物たちの差異の体系を利用しているのだと考えた。

こうした分類法は、かれによると、多くの鏡が置かれた部屋のようなもので、その分散的な鏡像が相互に照らしあって全体のひとつの真実を見させるという「類推的思考」による。かれらは明確な歴史観をもっていないように見えるが、それは西欧近代のような直線状の時間を前提していないからで、回帰する時間を通じて個々の出来事の特殊性、一回性を解消し、歴史と現在とを協調させる実践を行っているのであり、西欧近代とは別のタイプの「思考」をしているのである。思考がないからなのではない——そのようなわけで、未開人《サヴェイジ》（フランス語で「ソヴァージュ」）という蔑称は避けて、それ以降は「野生人」と訳すべきだということになっている。

†哲学的人間学

ところで、文化人類学のような科学は、アンソロポロジーを「人間学」と訳すならば、一八世紀のヒュームやカントがさきがけの一種の哲学でもあった。

ヒュームは、『人間本性論』（一七三九～四〇年）において、自分の哲学の主題を、自然を認識し、そのなかで行動する人間の本性の研究とみなしていた。「本性」というのは、自然《ネイチャー》の訳である。かれは、認識する対象とおなじ自然から生じながら、その対象を認識しようとする人間の本性（自然）が、自然的対象とどのような関係にあるのかと考えようとしたのである。

他方、カントは『実用的見地における人間学』（一七九八年）というタイトルの書物を書いたが、それはヒュームとは別の主題であって、子どもとして生まれてきた人間が世間を渡っていくときに遭遇するさまざまな人間のあり方を学んで、文化水準を高めていくための学問だとした。こちらは、民族学のさきがけのようなところがあった。『美と崇高との感情性に関する考察』（一七六四年）という書物でも、イギリス、フランス、中国、日本の民族性について考察している。

それらに対して、二〇世紀初頭に、哲学の分野には、文化人類学とは別に「哲学的人間学」という思想が現われたのであった。人類学や従来の人間学や文化人類学から区別してこう呼ぶが、人間について、科学的知見をふまえながら、科学とは別の観点で論じようとしていた。

そうした哲学者には、現象学のシェーラーをはじめ、生気論の影響を受けたアルノルト・ゲーレン（一九〇四〜一九七六）や、新カント派という、自然科学に対して文化科学には別の原理が必要とする思想的立場に属するエルンスト・カッシーラー（一八七四〜一九四五）がいた。

当時は、ドイツだけでなく、フランスでも、イギリスでも、大学では「新カント派」と呼ばれる学派が主流となっていた。カントが理性批判を行って科学の対象を限定しようとしたように、新カント派は自然科学が対象にしている自然に対し、おなじ論理では把握できないものとしての文化を強調し、それに固有な論理を探究しようとしていた。それは、いわば科学に対して人間の尊厳を守ろうとする防衛戦のようなものであった――その極端なものとして「実存主義」が、さらにまた、その逆転劇のようなものとして、「構造主義」が生まれてくるのであるが。

5　実存主義とは何だったのか

†有神論と無神論

さきに見たように、シェーラーは、「わたしは生きている」ということと「わたしは存在する」ということを峻別し、「わたしの存在」を単なる偶然と捉えるべきかどうかと問いかけていた。「わたしの存在」とは、デカルトの述べた「思考するわたし」であり、生の全体や、生命の手段や効果には解消することのできない「わたしの意識」のことでもある。そうしたわたしの意識の由来や根拠についての現代哲学のひとつの解答として、実存主義が生まれてきたであった。

戦後すぐの学生たちにとって、哲学といえばこの「実存主義」であった。作家の大江健三郎が有名であるが、哲学ばかりでなく、カフカやドストエフスキーやカミュなどの文学も、実存主義の思想を共有していると考えられていた。

実存主義という哲学的立場が有名になったのは、戦争の終わった一九四五年、サルトルの講演、「実存主義はヒューマニズムであるか？」によってである。当時、実存主義は、マルクス主義者たちから「ブルジョワ哲学」とみなされていた。社会的に有利な地位にある豊かなひとたちの思考様式だという意味である。サルトルはそれに反論して、実存主義はヒューマニズムであると主張したのであった。ヒューマンの哲学——つまり、資本家にとっても労働者にとっても、人間であるかぎりは同様の真理をもつ哲学だというのである。

その講演のなかで、かれは、有神論的実存主義と無神論的実存主義とを区別し、前者にカール・ヤスパース（一八八三〜一九六九）とガブリエル・マルセル（一八八九〜一九七三）、後者にハイデガーと自分とを挙げている。

有神論的実存主義は神を前提しているわけだが、そのように哲学が神を前提していていいのかと、訝《いぶか》しく思うひともいるかもしれない。誤解のないように述べておくと、デカルトも神の存在証明をしているし、哲学史では、無神論を表明した哲学者の方が珍しい。一八世紀にラ・メトリやドルバックの唯物論が現われるが、それが無神論のさきがけであり、他の哲学者たちは、神なしでも説明できる領域を探究していた。

当時、いわゆる「アングラ無神論」は流布していたが、やがて一九世紀のフォイエルバッハが「神は存在しない」と宣言して、無神論ははっきりとした姿を現わした。かれは、聖書にあるように「神が自分たちに似せて人間を創造した」のではなく、神は人間が自分たちに似せて想像した、自分のイメージを投影したものにすぎないと述べたのである。そのように、神の「非存在」についてあえて論じるのが「無神論」なのである——神は存在するかと聞かれて、ただ「ノー」と答えるようなことではない。

それまで哲学者たちは、理論的には神を前提しないで議論しながら、神の存在を当然であるかのようないい方をしたり、都合のよいときだけ神をもち出したりしてきた。そして、少しでも唯物論的なことを相手がいうと「無神論者だ」といって非難しあうというような応酬をしてきた。教会から異端とされることの生活上の危険は、カンパネラやブルーノやガリレイの例にもあるように、それほどに大きなものなのであった。

しかし、何かが「存在しない」ことを証明するのは不可能である。とりわけ、神は宇宙のそとにいるともされるのだから、「神は存在しない」と主張することは、ただ存在か非存在かを判断しているだけではなく、それを考えること自体が日常を超えた特別の思考なのである。

それゆえ、もし哲学が宗教批判をするとすれば、それは教会の説くような神に対してであった。神をもち出して議論するなら、神は奇跡を起こすものなのだから何とでもいえるのであって、哲学はそうした奇跡や論理的飛躍なしに、理性的推論によってあらゆることを語ろうとすることであった。そしてまた、ヤスパースなど、有神論的実存主義者たちも、神という名ではなく、「超越者」とか「包括者」というような名まえを使って、理性と調和するものとしての神を論じたのであった。

なお、実存主義とはいえないが、神に関わる思想家として、ハンス・ヨナス（一九〇三～一九九三）は嬰児に対する感情の考察を通じて、またエマニュエル・レヴィナス（一九〇六～一九九五）は顔のもつ意義の考察を通じて、他者に対面するユダヤ・キリスト教的な責任の倫理学を追究した。さらに、シモーヌ・ヴェイユ（一九〇九～一九四三）は、アラン（エミール＝オーギュスト・シャルティエ）の弟子とされるが、辛苦の労働のなかから待ち望むようなものとしてユダヤ・キリスト教的な神を超えた超越者について論じていた。

†サルトルの「実存主義」

話は戻るが、サルトルは、さきの講演において、有神論であれ無神論であれ、実存主義というのは、共通して、人間の「実存は本質に先立つ」と理解する立場であると主張したのであった。

「本質」とは、アリストテレスに由来する概念であるが、「～とはそもそも何であるか」の答えとなるもので、それなしではそれとは呼べなくなってしまうような性質のことである。何かを説明しようとするとき、「それは～である」といえるが、その「～」という述語の部分に入れることのできる、「白い」とか「丸い」とか「固い」とか、性質を説明する語は無数にある。

その性質のうち、他のものと区別するときに、その、説明しようとするものに必ずあって、それによって他のものから区別されるような性質のことを「本質」と呼ぶ。たとえば、テーブルは、ある高さに平たい面のある家具であるが、ものを置くのに適したように作られている。テーブルの本質は、「ものを置くためのもの」である。アリストテレスに由来する概念であるから、「何のためか」という目的が中心になるが、本質としては、素材であっても、部分であっても、とにかく他の対象から区別できればよい。たとえば、水の本質は、水素原子二個と酸素原子の結合であるといういい方も可能である。

他方、「実存」とは、述語のうちのひとつとして、「いまここにある」という性質である。「それは〜である」と説明するときに、いま眼の前になくてもそういえるが、そう説明したものがいまここにあるということ、すなわち「それはこれである」ということを一般に「実存」と呼ぶ。「現実に存在している」という意味の「現実存在」を省略して実存である。テーブル一般ではなく、テーブルと呼べるものがいまここにある。

ところで、われわれが何かを説明しようとするときには、たいてい一般論から入る。すなわち、「テーブルとはかくかくしかじかのものであるから、これはテーブルである」というようにである。このような説明においては、本質が実存に先立っている。人間について説明するときも、それはホモ・サピエンスであって、（チンパンジーとは異なって）理性があるなどといえばよい。そして、眼のまえの人間に、それがあてはまるといえばいい——とはいえ人間本質を「理性」と説明する場合には、狂人や胎児や植物状態のひとはどうなるかなどと、問題が頻出することになるのではあるが。

だがサルトルは、人間に関しては、こうした説明の仕方が不可避的に逆転すると主張する。「実存が本質に先立つ」、すなわち、まずここにだれかがいて、それを通じて人間とは何かの本質が説明されるようになるというのである。

ひとによってその性質（性格）はまちまちである。もしすべての人間に共通しているものがあり、それが人間以外には一切あてはまらないのであれば、それを「本質」と呼ぶことができる。サルトルは、人間にはそうしたものがないというのである。

自分の飼っているイヌも、ほかのイヌとは違って独特だから、実存が先立つのではないかと考えるひともいるかもしれない。なるほど、どんな個々の生物や事物も、それぞれに独特な性質はもっている。ただ、その種に共通の性質（本質）も同時にもっており、それでイヌを他の生物と区別できる。人間には、そのような、種に共通の特質がないとサルトルは主張する。

人間の本質が理性だということを否定する場合、ひとは、「では何が本質であるか」と問うかもしれない。だが、サルトルは、人間は実存が先立ち、まずは互いに世界のなかに姿を現わして出会うものであり、それぞれが主体的にみずからを創りだしてきたものであると主張する。

自分自身を創造するのであるから、原理的に、人間には本質がないのである。

　主体的にみずからを創りだそうとするのが人間であるとしても、そのことによって人間以外から区別できるとしたら、それが本質であるといってもいいのではないか、とさらに問うひともいるかもしれない。とはいえ、（あたかもロボットやゾンビであるかのように）主体的にみずからを創りださない人間もいる。「創りだす」ということは、性質のひとつではない。だから、やはり人間には本質が存在しない。こういってよければ、人間の本質は「無」なのである。

　しかし、人間が無であるとすると、人間は存在しないのか、ということになってしまう。だが、人間は存在する。本質がないままに存在していて、みずからが「何ものか」であろうとする。すなわち、未来に本質を存在させようとする。そのように、どの人間も自由に何をなすこともできて、なしたことを通じて、人間とはこういうものだといわれるようなことをするであろうが、そうした可塑的なものとして人間を捉えるべきだというのである。

　そのことはまた、それぞれが自分を人類の代表として、人間の本質をみずから定義するくらいのつもりで行動すべきだということになる。それをサルトルは、「アンガージュマン」と呼んだ。アンガージュマンとは質に入れること、お金を借りて担保として大事なものを差しだすことである。つまり、人間の本質を未決定なままに担保にして、未来の行動の自由を受けとろうというのである。

サルトルは、以上の意味で、実存主義は人間を肯定している、すなわちヒューマニズムの一種であると述べたのであった。かれがいいたかったことは、自然科学者たちが人間の精神や身体をどのように説明しようとも、そのように定義される本質とは無関係に、人間は人間だということなのである。

†ハイデガーの「アンチ・ヒューマニズム」

サルトルの講演は、その後、『実存主義はひとつのヒューマニズムである』（一九四六年）というタイトルの書物になって出版された。講演での「実存主義はヒューマニズムであるか？」という疑問文が、本になったときには、「ひとつのヒューマニズムである」という肯定文になったわけである――「ひとつの」という限定は、「ほかにもいろいろなタイプのヒューマニズムがある」という意味である。

それに対し、サルトルとおなじ無神論的実存主義者に分類されたハイデガーは、しかしながら、自分が実存主義者であることを否定して、『ヒューマニズムについて』（一九四九年）という論文を書いた。

ハイデガーは、まず、そもそも「〜主義」というものは、思考が行きづまったときに現われるもので、人間には「思考する」という本質があると述べる。そして、サルトルのいう実存は、大衆社会における私的個人の経験にすぎず、ヒューマニズムという概念も、時代によって、思想家によって異なっているのだから、それは「人間が存在を思考する」という、そのことを妨げる形而上学的思考にすぎないと、応じたのであった。

　しかし、だからといってハイデガーが、人間を一種の動物と捉えていいと考えたわけではなかった。「思考」とは、記憶を呼び起こすことや、それを情報として整理することや、それらを使って想像したりすることとは異なる。動物の意識経験とはまったく別物であるし、人間身体の機能として、脳によってなされるようなものでもない。かれは、人間は、動物や事物とは決定的に異なって、「脱自的本質」をもつと述べる。「脱自《エクスターズ》」とは、新プラトン主義のプロティノスのいう「エクスタシー（恍惚）」という語に由来する概念であるが、それは知が究極的な一者と合一することで真理を体験する境地へと、自分が自分から抜けだしていくことである。

　ハイデガーによると、人間の本質は、無でも理性でもなく、思考することにある。真の意味で「思考する」とは、ただ意識をもつにとどまることなく、精神の特異な過程として、脱自的であることに存する。実存が、「いまここに存在する」という意味であるのに対し、「脱自的」というのは、むしろ現実として絡みあっている無数の他人や事物との関わりから脱出し、すなわち思考して、永遠の存在という、存在の真理の明るみのなかに到達するという意味である。

　ところで、ハイデガーが思考すべきであると述べている「存在」は、「それは〜である」という文章において、何らかの存在者を主語の「それ」として存在させるようなものとして、「〜がある」という場合の「存在者の存在」であり、また、いまここの実存ではなく、永遠に存在するような存在者の存在である。そして「〜がある」ということは、ドイツ語では「エス・ギプト」であって、エスは仮主語で英語のイット、ギプトは「贈る」という動詞である。それでハイデガーは、何かが「存在する」とは、それが贈られるということであり、人間からすると脱自、自分が自分から脱出してそこへと投げだされたとき、「存在が贈られる」ということだというのである。

とすれば、サルトルのいうような「わたしは人間《ヒューマン》である」ということは、存在へ向かってする思考にとっては、どうでもいいことなのである。思考とは、人間である自分から抜け出してしまうことなのだからである。その意味で、ハイデガーは、自分の思想はアンチ・ヒューマニズムであるといわれても構わない、哲学が人間性にこだわって、ヒューマニズムを維持し続けようとするのであるならば、思考はもはや哲学でなくてもいいとまで述べたのであった。

†存在論的差異

『ヒューマニズムについて』は、ケーレ（思想の転回）のあとの後期ハイデガーに属する論文である。では、それに先立って一九二七年に書かれ、サルトルが参照した『存在と時間』という著書においては、ハイデガーは、本当に実存主義者ではなかったのであろうか。

ハイデガーは、その本の冒頭で、人間についてではなく、「存在」の意味を問うと述べている。「〜が存在する」というとき、たとえば「UFOは存在するか？」とか、「トイレはあるか？」程度でもいいが、その問いに対して、ひとは「それは何？」とは問うかもしれないが、「存在するとはどういうことか」とは問わないであろう。もしそれを問われたなら、だれしも答えに窮してしまうだろう。

存在するもの（存在者）については、たとえば鉱物はこうで、生物はこうだとか、一般的、抽象的に説明することができる。だが、ハイデガーは、それでは存在の意味は分からない、哲学史上、だれもそれを明確に論じてはこなかった、存在はだれもが知っていながら、問いにすることが忘れられてきたと述べる。

一七世紀、デカルトは、『省察』において、「わたしは考える、わたしは存在する」と述べ、続けて〈わたし〉の不完全性や有限性から、完全で無限である神の存在を証明しようとした。というのも、思考は、それを論理によって与えるだけでは妄想と区別できず、超越的なものの到来によってこそ真の知識となるからである。「分かった」というためには、「想像した」とは違って、その内容が自分のそとから到来しなければならない。

ところが、デカルトは、「わたしは存在する」とは述べながら、それでもなお、「存在する」

とはどういう意味かとは問わなかった。「存在するかどうか」と問うのは人間精神だけである。そしてこの精神は、自分自身も存在するものとして、「わたしは存在する」と思考する。そこに人間とそれ以外のものの存在の仕方の違いがある。すべての存在するもののうち、人間だけが存在そのものを知っており、それによって他のものを存在すると認めたり認めなかったりする。ハイデガーは、そのことから、人間を、動物の一種としての人間《ダス・マン》から区別するために「現存在《ダーザイン》」と呼んだ。しかし、大多数の現存在は、存在するさまざまな物体や生物や他人たちを、自分の都合で気にするだけで、「使えるか使えないか」というように、道具としてしか捉えない。ひとびとは存在の意味を問わず、それを存在か非存在かと区別するだけですませている。そうした状況で「わたしは存在する」と考えるとき、自分自身をも、何かの道具のようなものとして捉えるひとが出てきてしまうのである。

デカルトは、徹底的な懐疑の末に「わたしは存在する」と述べ、「存在」にふれることができたのであるが、ハイデガーは、さらに徹底して存在の意味をまで問い、それによって人間の本来性が解明されると考えた。それが『存在と時間』という書物の基本テーマであった。そこには、つぎのようなことが書かれてあった。

——「現存在」の特徴は、世界のうちにあって、世界のなかの道具や他人たちに心を奪われているという、「頽落」の状態にあるということである。この状態の現存在が「人間《ダス・コン》」と呼ばれる。人間は、自分の道具や親しいひとたちのような個々の存在者を失った場合には嘆き悲しむが、しかし、それとは別に、ときおり、世界そのものの無について、「わたしが生きているこの世界は真に存在しているのか、夢のようなものではないか」といった漠然とした不安を抱く。この不安から、ひとは「わたしは存在する」とはどういう意味か、「存在」とはどういう意味かという問いに向かうこともできる。もしそう問うとすれば、「存在する」という言葉は、われわれは手馴れたものとして使ってきたのであるから、存在が世界の諸事物のようなものとは異なって、わたしを含めた諸事物の存在を与えるもの、存在者を存在させているものであると、すでに知っていることに気づくはずである。そのようにして、存在者（存在するもの）と存在（存在それ自身）とは別のものであるという意味で、「存在論的差異」についてはっきり意識すべきだと、ハイデガーは主張したのであった。

†死に向かう存在

では、「存在」とはどういう意味かということになるが、その答えは事物、すなわち具体的に存在する存在者の本質のようなものではない。時間性、はじまりがあって終わりがあり、少しずつ現在へと熟してくる全体のことだと、かれはいう。アナクシマンドロスが、「一切の存在者は、何らかの負い目をもって生成し、時の秩序に従ってそれを償いつつ消滅する」と述べたのに似ている。

人間にとっては、終わりとは死のことである。死は、寿命のあとにやってくるのではなく、いつでもどこでも、何歳であろうと襲ってくる。頽落している人間はそのことをまともに考えられないのであるが、存在について思考する現存在なら、道具や他人たちへの気遣いばかりの生活から離れ、みずから孤立した存在者として「死すべきもの」と覚悟することができる。そのことが、そのひと本来の存在の全体的意味を教え、各瞬間、各時点で存在することの意味を与えてくれるのだという。

それにしても、である。なぜハイデガーは、哲学を「死の訓練」であるとしたモンテーニュのように、自由な精神として死について考えさせようとはしなかったのであろうか。逆に、なぜパスカルのように、死を覚悟せずに気晴らしをする人間たちを「頽落」していると非難するのであろうか。あるいは、キルケゴールが原罪を自覚しないことを不安がるのと同様に、ひとびとに向かって、かれのいう本来性にのっとった生き方を、あたかもカントの道徳法則のように要求するのであろうか。

古来、死については、ソクラテスが「いいものか悪いものかだれも知らない」といい、エピクロスが「死んだらもはや生きてはいないのだから、ひとは死なない」といい、モンテーニュが「死を恐れるのは知識人だけで、庶民は慫慂《しょうよう》として死を受け容れている」と述べていた。としたら、結局ハイデガーは、頽落した人間たちをどこへと向かわせようとしていたのであろうか。それは天国のような場所としての「存在の家」だったのであろうか、それとももっと別の場所、たとえば戦場だったのであろうか――それは神なき人間にとって、死刑囚のような生活を送ることを要求されているようにも感じられる。

†存在と言葉

ハイデガーは、人間精神の特異性を確保するために、かれの定義に従わない非本来的で頽落した人間を批判して、「真の人間は存在を問う」ということを主張し続けた。しかし、「問う」ということを問題にするならば、――かれは古代ギリシア語の語源の探索ばかりをしていたが――、どうしても言葉とは何かを考えなければならないであろう。

というわけで、いわゆるケーレ（転回）が起こったのであろう。とはいえ、それがどんな言語論だったかというと、はっきりしない。かれは、言葉は「存在の家」だといい、人間は存在のうえに言葉で家を建てて、存在の牧人となるのだという。これらの表現は、比喩でしかないと思うのだが、少なくとも言語の概念的な意味を、文法や論理などの何らかの秩序によって構成して、存在者の存在の意味を表現するということではない、そうしようとしても無駄であるといいたいのであろう。なるほど、思考を概念の操作のようなことに求めるかぎり、存在の意味は分からない。だから、『存在と時間』には、意外にも、存在の意味が具体的には書いていなかったのであろう。

存在者の存在の意味が分かるとは、ハイデガーによると、特別な思考としての脱自によって存在へと開かれ、存在の明るさに入っていくこと、そうなることを待つことである。それは何らかの状態ではない。（言葉が必要のない）悟りのような境地ではない。思考と言葉とは切り離されないので、言葉と関わり続けるしかないからである。かれはそのとき、言葉の力から意味を与えるような言葉の働きを可能にする真の思考の「体験」を求めて、詩を書くようになっていた――詩人こそ生を解釈すると述べていたディルタイの哲学が思い出される。

†存在か無か

サルトルとハイデガーの思想の共通点は、シェーラーの「宇宙において人間の地位はあるか」という問いかけに応答しているところにあった。では、かれらの違いはどこにあるのか。サルトルは実存主義で、ハイデガーは存在論だということではない。サルトルも『存在と無』という本の副題に「現象学的存在論の試み」とつけている。ヒューマニズムと実存主義と存在論は、どのような関係になっているのであろうか。

「古代ギリシア哲学は存在論で、近代哲学は認識論だ」という俗説を聞くことがあるが、その由来はハイデガーだったかもしれない。「存在論」は近代、ウォルフやカントが論じはじめたものであったが、現代的な意味では、存在者が発生してくる起源や様式に関するフッサールの議論を進めて、ニコライ・ハルトマン（一八八二〜一九五〇）やハイデガーが展開した議論であった。古代ギリシアにも「存在」という概念はあったが、その他のもろもろの哲学用語のひとつにすぎなかった。

サルトルは、存在論としては、ヘーゲルの用語を使って、世界には即自存在（それにおいてあるもの）と対自存在（それにとってあるもの）とがあり、後者の対自存在とは意識のことであり、意識とは無、すなわち否定して無化する働きであると述べている。人間はそうした意識の否定の働きによって自分自身を新たに創りだすというのであるから、もしかすると、サルトルが一番いいたかったことは、神が宇宙を創造したように各人が「無からの創造」をすべきであるという、いわば神の力能の横領であったのかもしれない。

それに対し、ハイデガーは、ライプニッツの「なぜ無ではなく何ものかが存在するのか」という問いを受けて、「存在」そのものを思考しようとしていた。ライプニッツはフランス語での「イリヤ（「それがそこにもつ」）」という意味での「〜がある」ことを問題にしている。さきに述べたように、ドイツ語ではエス・ギプト、「それが贈る」という意味であるし、英語ではゼアリーズ、「そこに〜である」という意味であるから、西欧でもまちまちであったこの風変わりな概念を探究していたのであった。

しかしながら、「存在」は、だからこそハイデガーの主張が意味をなすように、一般には、人間にかぎらないさまざまな物体としての生物や事物の存在なのである。モンテーニュが、人間の感覚の不足や曖昧さから、外的物体の認識の不確実性を主張して以来、デカルトも、ライプニッツも、スピノザも、ロックも、人間は観念をしか思考しないのだから、外的物体が存在してもしないとしても構わなかったはずだった。それでも、もしかれらが外的物体が存在すると主張しなければならなかったとすれば、その理由は、マルブランシュによると、魂が肉体に閉じ込められていることが人間の原罪によってなのだからである。もし外的物体の存在を否定するならば、原罪を償うべき肉体を否定することになり、ひいては神をも否定することになりかねないからなのである。

そうした伝統をふまえると、ハイデガーのしたことは、古代ギリシアの存在論に戻るというよりは、近代における存在者についての議論を批判することであったともいえる。中世においては、トマス・アクィナスなどにとって、「存在」とは神のことを意味したが、ハイデガーは、哲学において神という概念を出さずに議論しようとしていただけかもしれない。かれがサルトルの提言を拒否したのは、実存主義かどうか、ヒューマニズムかどうかという点よりも、無神論のグループに入れられた点にあったのかもしれない。

†〈わたし〉と〈もの〉

ハイデガーのいいたかったことは、簡潔にいえば、科学が対象とする外的物体は存在するが、その存在とおなじように自分自身を思考してはならないということであった。確かに、〈わたし〉は物体ではない。だからといって、サルトルのいうように存在者の反対の「無」でもない。〈わたし〉は人間だが、物体とは違う仕方で存在する。人間の本質は「思考する」ことであり、思考するのは存在についてである。存在を思考するというそのことを通じてこそ、ほかのすべての物体や他者や生物たちの存在について知ることのできる存在者なのだということである。

サルトルはというと、『嘔吐』（一九三八年）という小説のなかで、主人公のロカンタンに、何もかも溶かし込んでしまうようなカトリック的なヒューマニズムに対して「否《ノン》」といわせ、公園のベンチで、マロニエの樹の根元に向かって突然嘔吐させている。世界は不条理である、世界全体が呑み込めないというのである。サルトルもまた、〈わたし〉は、世界のなかの諸事物と並ぶ一種族であるとは根本的に認められないといいたかったのである。

一般に、文に現われる「主語《サブジェクト》」は、〈もの〉であっても〈わたし〉であってもいいのだが、それは「原因」でなければならないわけではない。サブジェクトは「主体」という意味にもなるが、主体であるような「わたし」という主語の場合は、近代においては、過去、現在、未来の知覚に一貫した同一性をもってそれらの連関を統一し、そこに働きかけ、責任をとるような特別の主語でなければならないとされてきた。

そのような〈わたし〉に対して、サルトルは、存在する他の諸存在者から、明確に最大の区別をして「無」であるといい、そしてみずからを人間として存在させるべきだという意味で、「自由の刑に処せられている」と述べたのであった。それに対し、ハイデガーは、ディルタイの解釈学のように、それはみずから姿を現わすのを待ち受けることによってしか捉えられない存在の真理にあずかるようにすべきだと考えたのであった。

とすれば、ちょうどギュイヨーとディルタイの対比のようにして、サルトルとハイデガーの対比が見いだされる。両者に共通していた実存主義は、生という概念に依拠することなく、精神とされてきたものに特別の席を用意したことであった。生の哲学が、動植物と共通した人間の生を信任し、それを受容しようとしたのに対し、サルトルとハイデガーは、人間だけがみずからの無ないし死を知るという点で、生に対抗することのできるような、みずから未来へと向かう精神のあり方を探究した。存在の反対物は「無」であるし、生の反対物は「死」であるが、無や死について知っているということで、人間は、生物や事物とは異なった「比類なきもの」なのだというわけなのである。

実存主義の意義は、科学的合理的に説明される世界の諸事物の経験に対し、自分自身についての思考を通じて、それとは異なったさまざまな情動的経験が、それを超えていることを教えたことであった。しかし、サルトルやハイデガーは、ひとびとに対して、自分を変えていくこと、未来と死を思考することを要求した。そのことは、思想において科学が優位を占め、それを信仰のように受け容れる大衆が出現したときに、知識人たちのために、哲学の最後の砦を築こうとしていたともいえる。実存主義は、人間精神の「悲劇の主人公」として、歴史の英雄となることを勧めるヒロイズム（フッサール）の哲学なのであった。

実存主義は、結局は、科学によって孤立させられた精神のあがきとして、科学を黙殺しようとする哲学だったともいえる。「わたしとは何か」、「人生の意義は何か」と問うのは普通のことであるが、宗教にその答えを求めることを禁じられた近代的発想の知識人は、科学によって定義される人間の概念を拒否するほかはなく、「わたしが存在するとはどういうことか」という偽問題を提示することになったともいえるのではないだろうか。

偽問題であるというわけは、「存在する」という動詞が、必ずしも究極的な概念であるとはいえず、世界の事物も人間の精神も、存在するといういい方で捉えられるときに、ある特定の思考へと促されているにほかならないのだからである。

実存主義は、物体の存在の様式について多様な知見を与えてきた科学をただ拒否するばかりであったので、その代わりに、「人間は存在しない、実存する」といい替えてすませていた。

「存在する」といわれるのは物体のことであるとするなら、「存在する」という言葉を語る人間を「存在する」とすらいえなくなって、結局「実存する」とか「現存在する」とかいう別の言葉、いまここに限定されたようにしてしか存在しないという、無や死のなかに捉えるはかはなくなったわけである。

逆に、「物体《もの》が存在する」ということの意味をもっと問うべきではなかったろうか。科学はというと、すべての対象を原子、微小なものへと分解して分析し、それを数学的公式によって再構成してみせることで、対象を説明しようとしてきた。それを通じて経験を効率化するさまざまな機械を発明するという威力をもっているわけであるが、しかし、それが見いだしてきた原子は、経験が生起する条件にすぎなかった。経験そのものの原子ではなかった。科学の見いだす原子には、ライプニッツの「モナド」やヒュームの「印象」のような、経験そのもの、経験に出現する当のものを理解させる内容が欠けている。

しかし、ひとは具体的経験を、まずは個体として捉える。科学で説明されるような代替可能な対象としてではなく、いとおしくかけがえのないものとして、または怖ろしく得体の知れないものとして、情動が与えられる「このもの」（スコトゥス）を捉えるところからはじめる。ところが、科学は経験を生じさせる合理的な条件を説明しようとするから、どうやってもこの経験を幻想としてしか理解させない——こうしたことをこそ、のちのドゥルーズとガタリのようにして問うべきだったのではないだろうか。

†メルロ＝ポンティの「両義性の哲学」

シェーラーは、ハイデガーと同様に、人間は、過去の全経験の連鎖から精神を理解することができて、存在者の存在を知る可能性に開かれているとしていた。空間的時間的にしかない諸生物の生が、身体によって精神を活動させるのに対し、空間と時間を超えて存在する精神が、生を観念として捉えさせるという相互関係があると考えていたからである。

しかし、シェーラーは、もしそれを「存在」の方からのみ説明しようとするならば、そのことは、「否」という精神の働きが、みずからを生に適用しようとするのをやめて、みずからの見いだした世界を自己の生命に無理にあてはめようとすることになるのであって、それは誤謬であると、実存主義者たちにさきまわりして警告を発していたのであった。

実存主義者に数えられるメルロ＝ポンティの「実存」は、――かれは初期にシェーラーを読んでいるが――、そうしたシェーラーの主張の線に沿って、生と精神の双方を重視したものであった。シェーラーに回答するようにして、かれは生物的実存と人間的精神の両義性（場合に応じていずれでもあり得ること）の思索から出発し、後期には「肉の裂開」を原理とする存在論を語るにいたった（『見えるものと見えないもの』）。

かれは「実存」という概念を、人間だけとせずに生物にも適用し、その語によって、生物が「意味」というものを介して対象に関わっているあり方を指そうとした。生物の個体は、パブロフのイヌのように、刺激に対する機械的な反応をしているのではなく、環境の諸要素からなる全体の「意味」に反応している。「本能」と呼ばれる種の本質による規定を超えて、それぞれの個体が、それぞれの環境に独特の適応をしようとする点で、種の本質のもつ限界を超えていく。その結果が進化であり、だからそれは、やはり実存なのである。メルロ＝ポンティ自身は、それを「進化」とは明確に意識してはいなかったが、進化とは、それぞれの個体がいまここにある実存として、（サルトルのいうように）無からは創造しないものの、環境に新たな提案をしていくというところにあるのである。

メルロ＝ポンティによると、人間もまた、その一種としての生物的実存である。だが、さらに自然を超えて、人間のあいだには言語の宇宙（記号空間）が生じており、世界の事物を認識することができるようになっている。それによって「精神」と呼ばれるものが出現する。とはいえ言語の宇宙はいつも「工事中」であって、一人ひとりは、いつでも生物的実存に戻ってしまったり、またふたたび精神になったりということをくり返しているのである。

しかも人間は、精神であることによって世界の事物を機械として認識するのだが、自分自身の実践においても、兵士や労働者のように、自分を機械にしてしまうことができる。生物はもとより機械ではないのだから、機械になることができるのは、人間が精神だからなのである。機械を作るばかりでなく、みずからが機械になること、それが人間精神なのである。

　かれによると、人間が自由な精神になったり、ただの生物や機械になったりするのは、人間がまず身体として生きているからである。身体がそのことを可能にしているのであって、その交替を、精神からは受動的にしか捉えられないのである——そのように主張するかれの哲学を、ひとは「両義性の哲学」と名づけた。すなわち、二つのあり方が交替する曖昧さを積極的なものとして認める哲学である。

　この意味で、メルロ＝ポンティは、精神のあり方ばかりを追究した実存主義とは距離をとっていた。かれは、サルトルのいう意識の絶対的な自由を認めなかった。自由は状況にかみ合わせるしかなく、その状況が、自由な行動の障害になることもあれば、自由な行動の支えになることもある。行動を決定する意志は、歴史のなか、他者と共通の状況において、〈わたし〉の意識からではなく、世界のなかで厚みをもち、他の身体や物体に取り巻かれている〈わたし〉の身体の生から生じてくる。それで、かれは「死ぬときがひとりであるからといって、生がひとりであるということにはならない」と述べたのであった。

†進化と宗教

それ以降の哲学や思想は、もはや実存主義のように「存在」についての重厚で荘厳な問いをもつことはなかった。むしろ、そうした問いがどんな状況で生まれてくるか、それはひとびとの思考や行動をどちらへと差し向けるのか、といった問い方をするようになっていった。哲学や科学が生みだし、かえってひとびとを混乱に陥れている諸観念の拘束を、どうやって解き放つかということを主題とするようになっていくのである。

当時「わたしの存在」を問うたひとびとは、一体だれであったのであろうか。あるいは逆にいま、科学を通じて宇宙の起源と構成要素とその歴史を解きあかし、生命四〇億年の自然淘汰の歴史と人類の絶滅の可能性を論じようとしているひとは、だれなのであろうか。どんな動機や権利でそうした問いを発し、ひとびとがそれを知るべきだとするのであろうか。こうした、生活を超えた問いは、精神の偉大さをあかすものとされてきたが、それと同時に、その問いかけを聞いているある種のひとびとの生活感覚に働きかけている。

多くのひとびとは、恋人や家族や地域によって、社会的に意義ある仕事や、互いを誇りとする人間関係に取り結ばれ、それによって支えられているものなのであるが、そこから疎外されているひとこそが、「わたしは実存である」とか、「存在の意味を思考すべきである」という主張に共鳴するのかもしれない。それは、進化論が論証しようとした人間という「種」の淋しさ、すなわち、神によって特権を与えられて創造された「栄光の種族」ではなく、現在地上に存在する他の一切の諸生物と同様に、たまたま生き延びたという意味での「廃墟の種族」でしかないという淋しさの裏返しの表現にすぎなかったのではないかと、わたしは思う。最初に進化論をいいだした一八世紀のモーペルチュイは、すでに進化した種のことを「盲目の運命が生みだしたもののうち、たまたま生き残った最小部分にすぎない」(『宇宙論』)と述べていたのである。

サルトルが、はからずも実存主義の本質について指摘した有神論と無神論の対立こそ、こうした「淋しさ」を表現していたのではないだろうかと思う。としたら、その対立に関係のないひとは、なるべく急いでこの思考の強力な促しから立ち去るべきであろう。キリスト教は、それぞれのひとに信仰の有無を問いただすから、神の存在か非存在かが問題になる。だが、わが国の場合、多くの神、多くの宗教が並存していて、とくに信仰を問題にしないというだけではなく、少なくともサルトルのいうような無神論、すなわちすべての神を否定する「無であるような神」は存在しない。今日の西欧思想のなかにも、ユダヤ・キリスト教的な神が隠れているが、西欧思想を理解しようとするとき、われわれにとってどうしても理解しがたい宗教的な信条や前提のようなものが見いだされて普通である。それに気づかないままに「分かった」とは思わない方がよいのではないか。

第3章

歴史

——構造主義史観へ

1　歴史の歴史

†古代・中世・近代

第1章では、「現代」の出発点としてのダーウィンの進化論から、優生学を経由して生命政治へと進んできた社会状況を見いだした。第2章では、現代の宇宙論である宇宙進化論にいたる道筋と、その流れを受け容れて生へと向かった哲学、およびそれに抵抗して存在を対置しようとした哲学を見いだした。

その背景としてあったのは、何をもって「解明」とするかの基準が、（物質の）普遍的な自然法則の発見から、（生命の）普遍的な登記簿への記載へと移行したという事情である。そこで起こった歴史の捉え方の大きな変化を、ふたたび一九世紀に舞い戻って、見いだすことにしよう。

歴史は、前近代においては、神々や英雄たちの出来事の物語のことであったが、それが近代になって、文明進歩の過程における出来事の積み重ねとして理解されなおした。時代の大きな区切として、古代、中世、現代《モダン》が見いだされたのは、一八〇〇年ころである。さらに、一八六

○年、ブルクハルトによって、ルネサンスが、中世と近代を繋ぐものとして見いだされた(『イタリア・ルネサンスの文化』)。ルネサンスは「ふたたび誕生する」という意味であり、古代ギリシア・ローマ文明の復活を指していた。

しかし、モダンを、古代、中世、近代(かつて「近世」とも訳されていた)、現代と並べて比較することによっては、その意味は理解しがたい。なぜなら、近代とは、まさに、こうした時代区分を発明した時代だったのだからである。時代区分を発明し、近代よりも以前の時期を、近代という時代に向かってきたものとして区分した時代だったのだからである。

過去がどんな時代だったかが、あとになって定義される。すなわち、古代とは、ルネサンスが再び誕生させた古代ギリシア・ローマ時代である。そしてその後《こ》、ゲルマン民族がローマ帝国に侵入して、これを滅ぼしたあとからルネサンスまでが中世である。中世《メディーバル》とは、近代と古代のあいだでしかない——こう区分され、整理された。ゲルマン民族は、みずから滅ぼしたものを再生させ、自分たちの精神的な祖先にしたうえで、ヨーロッパ半島を、時代をさかのぼって占拠したわけである。

自分たちが生きているひとつの時代を、「モダン」として見いだして、それよりまえの時代について整理しなおしたというだけではない。歴史という概念自体を、時代区分をもつものへと変形したのである。ひとはこの、あとから作られた近代的歴史観にしたがって、古代、中世、ルネサンスと並ぶ歴史について考えるようになった。以前から知られていたものでもなく、当時生きていたひとびとが知っていたものでもないものが、その時代にあったものとして、あとになってからその時代に生まれてきた。

しかも、「近代《モダン》」という時代だけは、他の時代が伝統の持続とされたのとは異なって、それ自身もまた細かく階段状になって、順次未来へ向かって進歩していく特殊な時代と規定されていた。

このように、近代《モダン》は、それ以前としての新たな過去と、それ以降としての新たな未来として、「現代」も含まれる新たな歴史概念が生まれた時代である。それ以前のすべての出来事が新たに書き込まれるような「歴史」が発明された時代である。新たに過去を書き込むことを通じてそれ自身が新たなものになっていくような新たな時代である。その歴史が、今日、ありとあらゆるものに適用され、宇宙の歴史にまで拡張され、普遍的登記簿として森羅万象の説明原理になっている。そうした、「歴史」が生じてきた歴史について考えておく必要がある。

†歴史の概念

前近代《プレモダン》においては、「歴史《ヒストリー》」は、物語とおなじ語であって、事実かフィクションかの区別が重要視されないまま、ありとあらゆることについて語られていた。ヒストリーは、もともとは

「知っておくべき」という程度の意味であり、宇宙と民族の起源を教える神話であったり、英雄たちの事跡や権力者の正統性を物語る、ないし捏造する文書のことであった。

古代ギリシアにはトゥキディデの『歴史』、古代中国には司馬遷の『史記』という歴史書もあった。しかし、それは一人ひとりの英雄たちや、社会のあり方を評価して、後世のひとが歴史から学ぶために書き遺されたものであった。とはいえ、「歴史から学ぶ」ということは、せいぜい自分を歴史上の人物になぞらえる程度のことで、歴史状況一般を理解させようとするものであったとはいいがたい。当時は、行動の基準としては、占星術師たちや呪術師たちの意見の方が有力であったろう。むしろ、歴史についての教養が貴族たちの相互評価に重要であったから、その知識を披瀝《ひれき》する行為に意味があったのであろう。

そのようなものであったヒストリーが、一七世紀から一八世紀にかけて、意味も内容も変わりはじめる。パスカルは、「クレオパトラの鼻がもう少し短かかったら」という有名な言葉を残しているが、ライプニッツとともに、「自然の真理」とは別に「事実の真理」があるとして、歴史の重要性を指摘した。

そのころ、ピエール・ベイルが、歴史学的に記念碑的な書物、『歴史批判事典』（一六九六～九七年）を著している。書名にもあるように、かれは歴史を批判（基準を設定して真偽を分けること）して、合理的で客観的な歴史記述の意義を訴えた。それまでの歴史に書かれていたフィクション、想像、推測、あやふやな記憶を排除して、合理的世界像に基づくものだけを「事実」として残すべきであるとしたのである。

当事、ハレー彗星が出現して、占星術によって凶兆とみなされ、また彗星の尾は毒ガスだという俗説もあって、ひとびとが大騒ぎをしていた。ベイルはそれに対し、『彗星雑考』（一六八二年）という書物において、彗星は単なる天体の運行によると説いた。そうした合理主義的な精神によって、かれは、歴史についても、ドラゴンが出現する物語や三〇〇歳まで生きた王の物語を否定したのであった。

歴史は、こうして客観的な事実の記述となることがめざされるようになり、「理性によって批判された物語」という意味で、物語から区別されるようになった。物語の方は、のちにフィクションとしての小説（あたらしいという意味の「ノベル」）のさきがけになるわけだが、そもそも世界の出来事を記述するようなものではなかったのである。

その後、ヴィーコが、歴史を重視した学問体系を構想して、一七二五年に『あたらしい学』という本を著し、さらにその後、イギリスのヒュームやフランスのヴォルテール、コンディヤックといった哲学者たちが、歴史の学問的意義を見いだしていく。近代科学は、数学的法則の発見として理解されていたが、発展段階を順序正しく再構成してみせる方法もあると考えられるようになったのである。

†ヘーゲルの「歴史哲学」

やがて、一八〇〇年前後のことであるが、「文明進歩」という人類の歴史的発展段階の観念が、フランスのコンドルセ、ドイツのヘーゲルによって唱えられるようになった。ヘーゲルにとって、歴史とは、一人ひとりは時代の真理を超えられないが、世界精神という人類共通の知性が段階をおって、自己自身の意味を確認しながら自由になっていくという哲学的な過程なのであった。そこでは、哲学が「絶対知」に到達して歴史は終わるとされたのだが、知性の発展を歴史で説明するとき、その説明が正しいためには、かれのように自分の思想がその歴史の最終段階にあるというほかに、どんな論理が可能だったであろうか。

従来は哲学にはいくつかの普遍的な主題があって、どの時代の哲学者も、それぞれ独自にその主題にアプローチしているとみなされていた。しかしヘーゲル以降は、哲学とはひとつの知的伝統の引き受けであり、似たような主題に対する対決であり、おなじ方向で取りあげなおしをくり返してきた思考の歴史であると考えられるようになった。逆にいえば、それぞれの哲学者の思考は、それぞれの時代のなかの思考にすぎず、過去の哲学の全体をのり超えることなどできないというのである――ヘーゲルとその影響を受けたクーザンが、そのように哲学史を総括した。そのとき哲学は「歴史哲学」となり、それ以降、大学で講義されるひとつの専門領域として、「哲学の歴史についての哲学」となったのであった――いわゆる「講壇哲学」である。

それまでは哲学者と科学者とは区別されず、現実のさまざまな領域に関して、その領域の専門科学を創りだすことと、それを実証したり応用したりすることとは区別されなかった。哲学者は富裕階層に属しており、あるいはパトロンがついていたが、一九世紀になると、産業の発展と社会の大衆化のなかで、科学者という職業および社会階層が成立して、哲学者はエリート養成のために拡張されつつあった大学制度の枠内で、哲学史の教師として生計をたてるほかはなくなった。

哲学と科学は袂《たもと》を分かち、哲学を学びたいひとは、自由に思考するのではなく、大学で過去の哲学者たちの思想と概念とを学び、その歴史的系譜を辿らなければならないということになった。それが「キャリア」として学界から認知されるようになった――いまもそうであるが。

†ポパーの「歴史主義の貧困」

哲学に現われた「進歩の思想」は、フランスではフーリエやサン＝シモン、イギリスではジョン・S・ミルやスペンサーによって、さらに展開された。ドイツではヘーゲルの影響のもと、マルクスが現われて、文明進歩の最後の段階が共産主義社会であるという主張をした。マルクスは、原始共産制社会、奴隷制社会、封建制社会、資本主義社会、共産主義社会の五段階を設けたが、他方、コントは神学的段階、形而上学的段階、実証的段階、モーガンは野蛮、未開、文明の段階を設けるなど、いくつもの社会発展段階説が論じられた。

「世界史」という概念も、こうしたなかで成立した。そのひとつが、ヴィルヘルム・ヴィンデルバント（一八四八〜一九一五）やハインリッヒ・リッケルト（一八六三〜一九三六）など、一九世紀後半に大きな影響力をもった新カント派の歴史概念であった。かれらは、理論理性と実践理性を区別するカントの理性概念にならって自然科学と文化科学を峻別し、かつ自然科学的真理を発見する思考が属しているのは、歴史学を代表とする文化科学であるとした。すでに紹介したように（第2章）、かれらは自然的事象よりも真善美といった文化的価値を重視したわけであるが、質的絶対的な意味でひとが望むものを価値と呼んで、文化における普遍的なものを探求したのであった。

しかし、今日、そのような歴史哲学は消えてしまっている。その理由は、「歴史の真理」、すなわちつぎの時代が必然的にどのようなものでなければならないかということを明示することができなかったからであり、また同時に、生の哲学や現象学や精神分析が歴史の手まえにあると教える、曖昧でありながら切実な具体的生活のリアリティを圧倒することができなかったからである。

のちにカール・R・ポパーが、一九五七年に『歴史主義の貧困』を書いて、コントやジョン・S・ミルやマルクスの歴史観を、全体論的でユートピア的であるとして退けている。歴史のなかに、人間を超えた先後関係の秩序を見いだし、人間をその秩序へと導こうとする「工学的な」歴史学は、人間経験の実情に反している、近代的発想の歴史観では、歴史を説明することもできなければ、未来をよりよくすることもできない、というのである。

†宇宙の歴史と歴史学

進化を肯定していた哲学者たち、スペンサーやベルクソンやプラグマティストたちは、人間精神中心のヘーゲル歴史哲学を批判し、また精神を重視する新カント派の歴史観に反対して、宇宙と生物と人間の歴史の全体像を得ようとした。文明進歩の歴史というより、自然における人類の進化、人類社会の文明の「進化」を論じようとしたのであった。

結局、人間にとってのものであった「世界史」は、ルネサンスのまえとうしろ、未来と過去に向かって拡張されていったのち、今日では、宇宙全体の諸事象が時間とともに展開してきた普遍的な歴史のなかに包摂されてしまっている。われわれも、いま、そのなかのひとつの瞬間に立ち会っているというようにして、それへと位置づけられる。歴史は、もはや人間の出来事の物語ではなく、直線的時間のうえに並べられる客観的事実の連鎖であるというように、その意味を変えたのである。

専門科学としての歴史学も、歴史哲学とも歴史主義とも訣別して、一九世紀ころから、諸科学に並ぶ実証科学となるための多様な方法論を構想した。ランケが代表であるが、ヘーゲルを批判して「世界史学」を唱え、具体的事例から出発して歴史を捉えるべきだとしている。その後、アナール学派など、歴史学者たちは、歴史に価値評価が入り込むのを避けて、専門科学としての歴史学を整備しながら今日にいたっている。

今日、世界史とは、世界をひとつとみなし、実存主義が主張した個人の独異のプロジェクト（実存主義でいう「投企」）などはあり得ないとして、その世界で起こった膨大な数の客観的事実を記述するために、すべてをクロノロジカルに（時系列にしたがって）並べなおそうとする試みである。とはいえ、何に焦点をあてるべきか、どんな論理が見いだされるか、どんな意義があるか、どこまで客観的になるかなどについては、多くの議論がある。正しいとされる歴史観もまた歴史のなかにあって、将来は書きなおされるのであるとしたら、むしろどこかで歴史学自体が破綻しているということにはならないのだろうか。

考えてもみてほしい、歴史にも歴史があるというパラドクシカルな事態を——つねに現在の最終段階の歴史観による歴史が正しい歴史であって、過去の歴史を全部その歴史観で書きなおしていけばすむという話だろうか。歴史学者たちが「現代史」を書くことができないでいるのは、単に係争中のことが多いからではないし、実証性に限界があるからでもない。それは、もしかすると「時代」がなくなってしまったから、そしてまた、時代を定義することのできる「歴史」、ないし超歴史があり得なかったからではないか。要するに、宇宙のはじめから、ありとあらゆることが係争中になってしまっているからではないのか……。

†ナチュラルヒストリー

いまや近代のはじめに自然の真理から区別された歴史的な真理が、幻だったかのように思えてくる。とはいえ、もとより古来の物語(歴史)には、自然も文化も、その区別が存在しなかった。「博物誌《ナチュラルヒストリー》」とは、何もかもを含めることのできる何と包括的な語り場だったのであろうか、そこでは古代ギリシア・ローマ時代からあった薬品や珍品(琥珀や磁石)や、キマイラ(想像上の生物)を含む珍しい動植物など、ありとあらゆるものに関する物品リストが語られていた。

ところが中世の魔術師たち、パラケルススやアグリッパやファウスト博士たちが、ひとびとに驚嘆の念を抱かせたそうした魔術的博学的知識は、一八世紀、ベイル由来の歴史批判を被って、生物分類を中心とした思考に移行して「博物学」と呼ばれるようになり、さらにそれが時間軸に沿って展開されて進化論を生みだした。そしてあのヘッケルが、人類が頂点にある生物の系統樹を描きだし、人類の歴史(世界史)も含めて、すべてが自然淘汰の系譜である普遍的登記簿のうえに刻印されることになったのであった。

かくして一九世紀なかば、ダーウィンの進化論を境目として、従来の自然科学とは異なった「方法」、すべてを歴史として捉える思考様式が成立した。その結果、本来は人間の出来事であったはずの歴史が、人間抜きでも成りたち得るものとなって、そこに組み込まれることになったのである。

このことは、必ずしも驚くべきことではない。ポプキンの『懐疑』によると、近代科学が法則的なものとして探求した自然は、宗教改革における不毛な信仰規準論争に終止符を打つために、神の創造した自然を第二の聖書として読み解くことからはじまった。科学的エクリチュール（書き方）は、さしあたってはガリレイのいうような数学的記号による無時間的な記録であったが、聖書のような本来の物語的記述に復帰したのだともいえる。

とはいえ、博物誌が「自然史」と訳されなおすようになったいま、博物誌に含まれていて歴史からは排除されてきた非合理的なものもまた復活してきているとはいえないか。

たとえば、恐竜の骨格は化石から分かることだが、その色や声はどこまでいっても状況証拠から推測されるにすぎない。ところがCGで「再現」される恐竜の姿やシンセサイザーで「合成」される恐竜の咆哮もこの普遍的登記簿に記録されていくとき、歴史はふたたび博物誌の物語の薄明の舞台へと退いていっているように見えなくもない。事実とフィクションが入り混じっていて、「それで何か?」とされるようになりつつあるのではないか。

自然科学が歴史を重視しはじめて以来、すべては蓋然的であり、状況証拠によって何とでもいえるというようなものとなりつつある。現在からのみ過去を見ようとする「ホイッグ史観」と呼ばれるものがあったが、現在において出来事として起こったものの原因を、過去に遡及的に適用して、その徴候についてだけで歴史を捉えてしまうやり方である。あとからくるひとが別の情報を付け加えて歴史が改変されるのは普通のことであろうが、それとおなじことが、自然に属することまでをも含めて、いたるところで起こるようになってはいないだろうか。

†存在したもの

考えてみてほしい、人類が出現する以前の、宇宙と地球と生物たちが、ただだれも知らなかったけれども、そのようにして存在していたと述べるときの「存在」という言葉の意味。それは、いまのわれわれの経験とどのように「おなじもの」なのか。もっといえば、歴史上の存在者(「事実的存在者」)は本当に存在するのか――それはハイデガーが問題視した「事物的存在者」よりも、もっと切実な問題のような気がする。

たとえば、祖父母が育っていたころの話を聞けば、第二次大戦であれ、高度成長期であれ、社会状況は違うものの、つぎつぎに成り変わっていく〈いま〉が、いまと同様にあったと信じられる。それならば、ずっと時代をさかのぼって、坂本竜馬でも織田信長でも、書物に書いてある歴史上のどんな人物についても、かれらがどう感じ、どう考えたろうと想像することができるだろう。

だが、先史時代よりもまえ、あるいはだれも人間がいなかった世界での、気の遠くなるような長い時間、単細胞生物や動植物であれ、大地のもろもろの地形であれ、宇宙空間のもろもろの銀河であれ、「それらが存在していた」というときの、「存在する」ということの意味は何であろうか。

ラッセルが、「宇宙が五分まえにすべての記憶とともに創造されたとしたら……」という問いかけをしている。「記憶も含めて」ということであるのだから、(過去をあったことのように回想できる以上)何も変わることはないのかもしれない、いや、何か騙されているような感じもする。第一に過去の記憶、これはぼんやりしたり思い違いしたりする。第二に現在に遺されたものからの過去の推理、これは状況証拠しかないので蓋然的にとどまる。それらと過去における実際の存在とはおなじものなのか?――それらは現在の事象とどのような関係になっているのであろうか。

(ハイデガーが勧めるように)存在という概念について考え込むことのないひとにとっては、答えはどちらでもいいことであろう。それにしても、ラッセルの問いかけのなかには「五分まえ」

とある。「では、五分一秒まえはどうなのか」と聞き返すことはできる。ラッセルの問いかけには、前提において、時間が淡々と経っていく確固とした世界の存在が控えている。この信念がなければ、ラッセルの問いかけもひとを驚かすことはできないだろうし、その意味では、この問いかけは最初から破綻しているのである。

一八世紀まで、西欧では、宇宙は神の創造から六〇〇〇年しか経っていないというのが常識だった。二五年で一世代とすると(たったの)二四〇世代であるから、まだ懐かしいと感じられる程度であろうか。とはいえ、もはや存在しない過去や、われわれのものとは異なった現在について考えるとき、そこにある膨大な量のデータは、はたして現在がこうであって、こうあるほかはなかったとするほど確固としたものなのか。それは、ただわれわれを安心させてくれる、単なる想像や妄想の産物にすぎないということはないのであろうか。

†普遍的登記簿

もっとシンプルに、「歴史上の出来事というものがあるのではないか、それが歴史というものではないか」と思われるひともいるであろう。

確かに、政治や祭祀や裁判のために多種多様な記録が遺されてきたし、ひとびとが知りたがる無数の興味深い出来事についての物語があった。物語としての歴史書は、神話ないし勝者の正統化の記述だけではなかったであろうし、単なる教訓話ばかりでもなかったであろう。

しかし、それらは事実よりも意味を重視し、現実のなかにフィクションが混じることを意に介さなかった。出来事が「語られるべきもの」という前提から分離しておらず、語られるというそのこと自体もまた出来事の一種であった。ひとは物語られるために行動し、物語は聞かれるために、いつも大げさで、涙や笑いを誘うものに改変装飾されてきた。

聖書のなかにもいくつもの奇跡が描かれており、近代になるまで、それは真実の出来事と考えられていた。近代になるまでは、である。一体、ベイルをはじめとして、近代のひとびとは、どうしてそれらが事実であるかどうかと考えはじめたのであろうか。歴史学的思考が求める「事実」なるものがあると考えられるようになったのだが、はたしてそれはいかにして存在し得るものなのか。

歴史学は、事実を確定するために合理性や現実性を重視し、さらには何らかの証拠による実証性を重視した。しかし、一つひとつの資料は、事実の確定には不十分である。われわれは「事実」に向かおうとするが、実際に起こったことを経験できるわけではないので、それが歴史として書かれたものにおいて理解し、それを「事実」と照合しようとする。ところが、その材料が限られているものだから、われわれは証拠として、歴史に書かれている他の記述に照合するしかない。その結果として、逆説的であるが、歴史に記載されているということが事実を事実として確定して、学問的真理の保証とされるようになる。

かくして、現代では、自然科学的諸事象も含め、何かが事実として確定されるのは、すでに登記されている諸事実と不調和でないかぎりにおいて、というようになる。そしていつしか、歴史に記載されることが、科学的説明であるという観念が生まれてくる。宇宙、地球、生物、社会、人間の歴史が、同一ラインのうえで主題とされるようになり、自然の諸事物も含め、すべては歴史に書き込まれることによって、事実なり真理なりとして認められるようになってきたのである。

歴史に記載されたものが事実とされるということは、歴史的に述べられるものだけが、存在するものの資格を得るということである。そのようなものとなったうえで、さらに歴史は過去と未来に延長され、未来において、過去が無際限に書きなおされていく。その結果、だれも知らなかった過去や時代が、いくらでも未来において生じてくるようになるのである——ホワイトヘッドを思い出そう。

今日、ひとびとが話題とするものは、すべて歴史的存在者なのであり、「存在するもの」とは、歴史の時間座標系において思考されたものという意味である。歴史とは、いまや人類の財産目録としての普遍的な登記簿なのであって、そこに書き込まれることによって権威が与えられ、事実であると保証されるようになっている。こうした、いわば「ハイパー歴史主義」が科学と思想を覆うようになっているのである。
西欧人たちは、ルネサンスにおいて復活した古代ギリシア哲学によって、聖書にフィクションが含まれているということ、そしてそれが宇宙と人間についての神学的物語であるということを知った。そこでかれらは、自然は神が創造したのだから、聖書よりも自然にこそ神の意志が現われていると考えて、自然科学的な法則性の発見に邁進した。その後、生物や人間の複雑な現象を捉えるには歴史の方が最適だと考えはじめ、また科学的成果も歴史のなかで意義をもつと考えはじめた。そのあげくに、かれらには、客観的時間を軸にありとあらゆるものを歴史に記載しようとする妄執が生じたのであった。この意味で、普遍的登記簿としての歴史は、聖書のバージョンアップ版であるといっていいであろう。

もし必然的な出来事があって、その展開としての歴史であるならば、その必然性は神が保証する。とすれば、その歴史のなかには、密かにであるが、真理ということで何が意味されるかも、歴史的に決定されるものとしてすでに書き込まれているということになるであろう。われわれのなすべきことは、それをただ発見することなのだ!……。

†歴史とポストモダン

問題は残る。歴史が出来事の順を追っての記述であるとすれば、現在の出来事もあとで歴史として説明されることだろう。歴史に論理があって、現在の意味を教えてくれるとすれば、ひとは、いまが歴史的にどうなっていて、それに対応するためには何をすべきかと考えることだろう――これは近代的な発想である。しかし、もし神が歴史のなかには不在であって、過去の書きなおしも含めてつねに新たな歴史が書かれるようになっているとすれば、そこでは何が起こるのだろうか。

すなわち、ひとびとは、従来の歴史も含めて何重にも上書きされたその修正をすべて含みつつ、この一五〇年を、少しずつ〈いま〉のはばが伸びていくかのようにして、――ニーチェの「永遠回帰」のようなものであろうか――、やりなおし続けるだけではないか。それは、歴史でありながら現在の出来事なのであり、現在の方はすでに書き込まれている歴史の延長や反復にすぎないのである。

文字しかなく、過去に参照するといっても断片的にすぎなかったとき、歴史を知っているのは一部のエリートだけであった。歴史を知らないひとたちの出来事を、歴史を書くひとたちが取りあげて、一部が庶民のための物語《ヒストリー》になるほかは、支配のための秘めやかな知恵と、正統を公式なものにする文書にしていたのであった。

しかし、すでに二〇世紀の出来事は、映像としてあり、多量の文書があり、音楽や絵画も簡単に再現できるようになっている。今後、現代史として記述されるのを待っている大容量記憶装置に書き込まれた世界のすべての膨大な量の動画、文字、画像、音声……そのことを思い起こすとき、歴史家たちは絶望的な気分に陥ることだろう。無際限に記録されていく情報は、ビッグデータとしては扱い得るだろうが、それはもはや、歴史の事実や真理のためのものであるというよりも、歴史自体が経済的政治的対象になりつつあるということである。

自分の出来事を歴史において理解するということが普通になり、時代の意味や出来事の推移が、われわれの行動や生活指針の動機になるとき、歴史に記載されている情報が、われわれの思考の仕方を規定し、生活の仕方に決定的に影響するようになる——そのうえでのみ、出来事が起こる。とすれば、何かを証明したいと思ったときには、データのなかから類似の事象を探しだし、論証の根拠を探しだすということが、一般的になるであろう。そして、なぜそれが正しいかということを、近代風に普遍的知識によってではなく、どこにその資料があるか、どういう順番に並べると整合的か、それが他の資料によってどう権威づけられてきたかということで、ひとを説得するようになるだろう。

そこに、歴史を意識するひとびとの振舞によって、歴史の入れ子構造が発生している。従来は、出来事が起こってから歴史に記入されてきたのだが、今日では、出来事が起こるまえから歴史が参照される。そこでは新たな出来事が、歴史の蓋然的に予想されたものの再演として、歴史に書かれるはずのものをなぞりながら——起こる。

たとえば「温暖化」は、地球物理学的法則によってではなく、この数十年の気候データから未来を予測しているという意味で、歴史を根拠にする主張であるが、それによってさまざまな規制がはじまり、ひとの生活方針まで、エコロジカルなものが推奨されるようになっている。そしてまた、政治は理念の争いではなく、どうやって数年後にGDPを上げながらもバブルを避けるか、あるいは今後の老年人口の増大に伴って、年金制度や国債残高をどうするかというように、今後の歴史に対応してしか考えられないようなものとなっている。

出来事の連鎖が歴史なのか、それが記録されたものが歴史なのか――いずれにせよ、出来事を解明して、歴史に書こうとするのは思考である。ところが、思考もひとつの出来事であり、いやおうなくおなじ歴史の規定を受けとらざるを得ない。

いまや、事実の出来事とされる歴史と、その歴史を書き込もうとする歴史の二枚鏡が出現し、書かれたものと書こうとするものの、互いが互いを映しあって、世界と宇宙に関する巨大なフィクションと出来事のインフレーションとを産みだしているかのように見える――こうしたことが起こるのがポストモダンなのである。

いまがもはや近代ではないとすれば、それがポストモダン（後‐近代）なのであるが、それをもうナイーヴには歴史のなかで捉えられないという点で、すなわち、近代で主題にされていた「時代」とはもういえないという点では、それはポストモダン（脱‐近代）なのである。

2　現代哲学

†哲学の終焉のはじまり

考えてみよう。歴史は、普遍的ないし超越的なものではなく、やはり人間の作りだしたものである。歴史はかつて人間が作りだしたものについての記述であり、歴史それ自体も人間が作りだしたものである。それが宇宙の起源にまで拡張されたにしても、その拡張された歴史も、やはり人間が作りだしたものである。

しかし、歴史それ自体についてまで思考してきた哲学すらも、歴史のなかに書き込まれる。そしてひとびとは、哲学者の考えた原理や論理や新たなテーマの設定を聞こうとするのではなく、概念の歴史的影響関係を知りたがり、それが「使えるかどうか」しか関心をもたなくなる。

歴史は、出来事を解明するためというよりは、もはやただ整理編集されるためのものであって、ひとびとは相互に自分の捉えた歴史の方が正しいといって論争する――歴史について語るひとは、普遍的登記簿としての歴史に書き込む権利を獲得しようとして歴史について語っているのだが、だれもその特権をもつわけではなく、それもまた歴史上のひとつの思考と表現の実践にほかならない。

メルロ＝ポンティは、歴史はみずからが歴史の外にいて全貌を把握しなければ絶対的なものとはならないが、他方ではまた、歴史のなかにみずからが属していなければ、歴史を解明しようとする動機すらもつことができないと述べた。歴史のなかにありながら歴史について語るのは、ひとつの根本的矛盾である。歴史について捉えることも歴史のなかで行われるにすぎないとしたら、歴史のなかでいまを説明しようとすることに、――それも歴史的出来事なのだから――、どのような意味があるだろうか。

そのようなところから、哲学の終焉がはじまったのではなかったか。現代哲学は歴史のなかにみずからの真理を書き込もうとしていたのであるが、しかしそうしながら、それ自身が歴史のなかに書き込まれていき、そのことを通じて真理を語る力を徐々に奪われていった。歴史に書き込まれたことの方が、それぞれの哲学者が語ろうとすることよりも優先されるようになって、何を書こうと、歴史のなかでその哲学者の言葉がどんな役割を果たしたかしか問題にされなくなるとしたら、哲学者は、どうやって普遍的な真理を求めようとすることができるだろうか。

メルロ＝ポンティは、その出発点にあるヘーゲル哲学を評して、「哲学を美術館に展示されたようなものにしてしまった」と述べている。哲学よりも歴史が先立つということ、それが現代哲学の抱えている最大の問題である。どんなに個々の問題を探究しようとする哲学者も、その思考自体が歴史のなかに書き込まれてしまう。哲学が歴史のなかでのみ意義を与えられるようになったそのあとには、一体どんな哲学が可能だったというのであろうか。

†哲学の四つの道

現代哲学は、一九世紀後半の、オーストリアのマッハ（一八三八〜一九一六）、アメリカのパース（一八三九〜一九一四）やジェイムズ（一八四二〜一九一〇）、ドイツのディルタイ（一八三三〜一九一一）やフッサール（一八五九〜一九三八）、フランスのギュイヨー（一八五四〜一八八八）やベルクソン（一八五九〜一九四一）といったひとたちあたりからはじまる。

シュネーデルバッハの『ドイツ哲学史　1831－1933』（一九八四年）によると、現代哲学の思想的運動は、つぎの四つのタイプに分類されるという。

第一のものは、精神の領域を文化や歴史によって確保しようとする「精神科学」としての哲学であり、新カント派やディルタイの解釈学もそれにあたる。これは、すでに述べたように、近代哲学を延命しようとする試みにすぎなかった。

第二のものは、哲学批判をも含む批判として、知の全体に対する特別な地位を確保しようとする哲学であり、生の哲学や実存主義がそれにあたる。とりわけ実存主義が二〇世紀なかばの思潮を支配する大きな運動となったが、その影響力の背景には、二つの世界大戦がひとびとにもたらした不安や苦悩があったことを見落としてはならないであろう。

第三のものは、新たな基礎づけをめざして哲学の復権を果たそうとした哲学であり、現象学やベルクソニスムがそれにあたる。それらこそ、生命の現象をも含み込んで、人間と世界のすべてを普遍的なものとして説明することのできる包括的な大哲学を、ふたたび建立しようとしていたのであった。

第四のものは、科学の一部門となってその意義を確保しようとする哲学であり、プラグマティズムや論理実証主義がそれにあたる。構造主義も、そのひとつとして理解され得るかもしれない。

このうち、二番目のものまでは、すでに説明を終えている。三番目の、大哲学をめざした思想運動こそ哲学の本流であったろうと思うが、それは哲学を、どの時代、どの社会、どの文化をも貫いて、人間であるかぎりにおいて人間がたててきた問いに解答を与える、そんな普遍的な知識についての学問であると捉えていた。それが文明であり、それがないのは野蛮だということにしてきたのであった。

しかし、普遍性は近代哲学の生みだしたひとつの理念にすぎず、今日では一般に、普遍的知識はあり得ないと考えられはじめている。懐疑主義的な思潮や冷笑主義的な思潮であるというわけではない。それらの思潮も、普遍性があり得ることを認めるから成りたつのであるが、現代では、――驚くべきことに――、そのような普遍的な知識があるかどうかは重大な問題ではないと考えられはじめているようなのである。とりわけ、「(どの情報が)より多くのひとが信じるものかどうか」ということの方が、「根拠のあるものかどうか」ということよりも重視されるようになってきているのである。

†哲学という思想

そもそも哲学とは、有限な人間の経験を超えた知恵、世界のどの地域にもあった普遍的な思考のことではなかったかと、訝しく思うひともいるであろう。

しかし、哲学は、古代ギリシアと中世末期以降の西欧にしか出現しなかった特殊な思想なのである。哲学とはもとは「知への愛《フィロソフィア》」、すなわち何かのためということではない、知ることそのことへの愛という情念《パッション》である。それは古代において特別に傑出した思想で、普遍的真理それ自身を探究するという伝統をきり拓いたとはいえるにしても、また近代において、デカルトの「われ思う《コギト》」やパスカルの「考える葦」を挙げるまでもなく、すべてのひとは思考するかぎりで人間であるとする伝統をきり拓いたとはいえるにしても、それでも哲学は西欧におけるひとつの知的伝統にすぎない。それが現代世界の成りたちに絶大な影響を与えたから、そしてもはやそれ抜きでは世界中のどの地域のひとも何も考えられなくなっているから普遍的な思考であると錯覚されるのであるが、それにしても、それはそうしたひとつの伝統にすぎないのである。

中世の終わりに「哲学」がスペインや小アジアで発見されるまでの数百年のあいだ、西欧ではほとんど哲学という学問の存在が知られていなかった。それに比べてこの一五〇年のあいだ、驚くほど多くのひとびとが「哲学」という語をさまざまに語ってきた。にもかかわらず、いまは中世と同様、のちに「あのころは哲学がなかった」といわれても不思議はない状態になっている——最近「哲学者」を自称するひとがいるのは、哲学のスタグフレーション（平価切下げ）なのであろう。ローティのいうように、「哲学」という呼称が「現代思想」を含めた意味で使われている——もはや哲学は存在せず、現代思想しかないという意味なのではあるが。

モロ＝シールによると、すでに二〇世紀初頭には「哲学は終わった」という噂がひそひそとなされはじめていた（『今日のフランス思想』）。そして、おそらくは二〇世紀なかごろ、メルロ＝ポンティを最後の哲学者として、哲学は絶滅してしまったように見受けられる。ヘーゲルは「ミネルヴァの梟は黄昏に飛び立つ」と述べていたが、哲学という実践それ自体が黄昏になってしまった。

その原因は、述べてきたように、自然科学の普及であり、進化論的思考であり、その延長において生じてきた普遍的登記簿である。進化論は、哲学を行う精神を否定し、哲学が推進してきた「文明の歴史」を否定した――ドーキンスがそれをミームという文化「遺伝子」によって説明しようとすらするのである。

科学がもはや哲学を参照する必要がなくなったとすれば、精神のする哲学とその意義は、一体どこに位置づけられ得るのか……。「現代哲学」とは、したがって、哲学から派生したものである科学によって知の源泉という立場を追われた哲学の、巻き返しの運動なのであった。

†生か意識か

近代哲学の出発点において、デカルトは人間が生物であることを否定し、〈わたし〉とは魂、いまでいう「精神」であるとしていた。だから進化論は、確かに一方では、デカルト主義的な意味で生命現象が機械論的秩序のもとにあることを示したのだが、他方では、デカルト主義に対決して、人間精神も進化のなかで発生する機械論的なものでしかないことを示したのであった。

現代哲学、すなわち進化論以降の哲学に共通していた特徴は、そのことを背景として、新たな問題を哲学がうまく扱えないのは、近代哲学自身に何らかの病巣が含まれていたからだとみなしたところにある。哲学者たちは、（進化論以前の）コントやジョン・S・ミルとは違って、進化論的生命観を捉えなおして、近代哲学の基礎であるデカルト主義をのり超えることを課題とした。

かれらは近代哲学が手がけてきた認識論と倫理学をやりなおし、新しい哲学を生みだそうとしたが、それは、デカルトが『方法序説』（一六三七年）において標榜したのと同様にして、普遍的な知識を求める、その時代の最高に強力な知性による哲学の試みであった。

デカルト主義ののり超えとは、デカルト的二元論の克服のことである。デカルト的二元論とは、思考と延長という二つの実体の二元論であり、のちに精神と物質の二元論、心身二元論、主観－客観図式と文脈に応じていいかえられるが、この二元論によって、一九世紀末までには、物質と生命、また立場を入れかえて、（物質に由来する）生命と（精神を与える）意識とが、決定的に対立するようになっていた。

そこにおいて、二つの哲学的立場が出現した。第一のものは、進化論をふまえて、進化してきたすべての生物を生かしているばかりでなく、人間の生命と心と、その文化と歴史のすべてを成立させてきたものとしての「生《レーベン》」こそが、哲学の真の主題でなければならないという立場であった。すでに説明したものであるが、いわゆる「生の哲学」である。西田が『善の研究』（一九一一年）で「人生問題」と称した「ひとが生きること」については、西欧では、進化論や自然科学に対応した現代哲学において、「生の哲学」という名称のもとで別様に論じられていた。

第二のものは、進化において意識が生まれてくるという生物学的な論理を否定して、合理性の意味をはっきりさせようとする立場であった。科学的思考も哲学的思考も意識がすることなのだから、意識を中心主題に据えて、哲学を再構築すべきだというわけである。「意識の哲学」としては、フッサールをはじめとして、ジェイムズやサルトルといった哲学者たちを挙げることができる。さらには、自然科学的知見を積極的に取りあげ、哲学的に意義づけなおそうとしたベルクソンやメルロ＝ポンティなどの哲学者も含めることができる。

意識は、ロックやライプニッツ以降に使用されるようになった概念であるが、当初は「気づくこと」、「自覚すること」を指していた。ひとは、ときどき意識があって、ときどきはあまりない。意識をどのようにもつかということが、知識を獲得する方法でもあれば、ひとの行動をよいものにする方法でもある。それは、まさにデカルト主義であって、『方法序説』の副題である「真理を認識し行動を善く導く方法」の主旨であったともいえる。この意味での意識は、今日でも「差別についての意識」というような、想像や思考の及ぶ範囲や対象に関するいいまわしで使用されている。

だが、現代哲学者たちにとっては、意識はそのようなものではなかった。進化論以降、意識は進化によって獲得されたものであると想定されるようになり、意識の特別なあり方が精神とみなされるようになっていた。この新たな意識概念に関する研究として、一九世紀末から、内観心理学のヴントや、条件反射説のパブロフ、さらに行動主義のワトソンや、ゲシュタルト心理学などの科学的心理学があり、さらには、ジャネやフロイトなど、無意識との対比によって意識を規定しようとする精神分析が生まれていた。これに対し、哲学においては、もし自我ないし自己意識をもつことが人間精神の条件であるのなら、その基体としての意識、意識の流れ、体験流、純粋経験を経験の根底に見いだして、そこからみずからの体系を組みたてようとする哲学者たちが現われた。シュネーデルバッハのいう第三の立場、大哲学の建立をめざす立場であるが、フッサール、ベルクソン、ジェイムズ、西田などのことである。

†現象学

哲学的意識研究の口火を切ったのはフランツ・ブレンターノ(一八三八〜一九一七)である。意識という概念は曖昧なので用心した方がいいと留保しながらも、かれが述べたのは、意識について語られるのは、知覚であれ快苦であれ、つねにその意識の対象に関してであるということであった。かれはそれを、中世哲学の概念を借りて「志向性」と呼んだ。そして、フッサールがこの志向性という概念を出発点として現象学を唱えることになったのである。

現象学というとフッサール哲学のことだと思われるかもしれないが、その語はカントにもあるし、ヘーゲルには『精神現象学』という著作もあり、マッハの「現象学的物理学」もある。現象とは、プラトンのイデア論の伝統のもと、直接には経験できない実在するものがあって、その写しとしてわれわれが経験するもののことである。現象学は、それを実在するものに対する「見かけ」としかみなさないのではなく、そこにある種の論理があって、その論理を研究することによって、実在するものの知識に到達する諸段階や、実在するものとの超越論的連関を解明できるとする考え方である。

ヘーゲルの場合には、現象学とは知の弁証法であった。一般に、各時代ごとに世界が何であるかについての理論がたてられるが、それがつぎの時代には否定されて、違う理論、違う世界像になってしまう。それでは相対的な世界像しかなく、いつまでたっても普遍的な世界の知にはいたらないということになりそうだが、それでもその時代のひとは、まごうかたなき真理として、そうした世界の見方をしているのである。

ヘーゲルは、以前の世界像が忘れられて、ただ別のものに代えられるのではない、むしろ以前の知への批判、否定、その反対物が常に生じてきていると考えた。歴史のなかでは、そうした「批判」を通じて以前の知がのり超えられ、少しずつ真理の世界が姿を現わしてくる。これが、——ソクラテスの「弁証法（問答法）」とは意味あいが異なるが——、ヘーゲルの「弁証法」である。「理性の狡知」といわれるが、思考するひとにとってあとで否定されるにしても、その意味で、どの時代にもなにがしかの真理があるといえるのである。

フランスでは、スピーゲルバーグによると、二〇世紀初頭にこのヘーゲル現象学とフッサール現象学の二つが同時に導入され、しばしば混同されたという（『現象学運動』）。しかし、フッサール現象学は、ヘーゲルのものとはまったくの別物であった。かれは、志向性という概念を通して、現象を意識との連関から考えようとした。意識が主題にされるのは、自然科学や生の哲学が意識のそと、意識されなくても構わない物質や生命の方に優位性を置くのに対して、これに対決するためであった。

†フッサールの「現象学的反省」

フッサール現象学がどのような哲学かは、シェーラーやハイデガーやサルトルやメルロ＝ポンティなど、のちの現象学者たちがみな違った説明をしており、フッサール自身も何期にも分けられるほど変化したので説明しにくい。

おおよそのことをいえば、フッサールは、理性的思考を可能にしている意識に注目し、意識のあり方そのものを分析することによって、合理性といわれてきたものがどのようなものか、何に由来するかをあきらかにしようと考えた。意識が理性的になるのはどのようにしてかということである。

それをあきらかにすることができれば、ちょうどデカルトが近代科学の成立期においてしたように、そのころよりはずっと複雑で、対象が広がった諸科学の間違っている点を指摘することができるはずであるし、新たな科学的方法をあきらかにして、科学の基礎を据えつりなおすことができるはずである。かれは、そのようにしてデカルト以来の哲学の伝統としての諸科学の基礎づけをやりなおそうとしたのであった。科学が合理的に真理をあきらかにする営みとして成立するあり方や可能性を明確にするという意味での「基礎づけ」である。

そのために、フッサールは意識を主題としたのだが、ただし、意識を対象にするしても、それをしているのが意識であるからむずかしい。意識を定義したロックは、意識を「知覚を知覚すること」と述べているが、何かを対象にして知覚したと同時に、いま知覚しているところだと知覚することが意識である。その知覚をはっきりさせることを、ロックは「反省《リフレクション》」として説明した。反省とは、最初に与えられた知覚の印象が記憶されて観念となったものを、鏡のように反射《リフレクト》させて整理することである。

フッサールも「現象学的反省」という語を使用するが、ロックのように心のなかの鏡でできた自動装置のようなものを想定するだけでなく、もっと厳密に「反省」しなければならないと考えた。というのも、知覚を反省する思考は、つねに知覚したものについての理論を作りだそうとする。意識そのものは、みずからを端的に知覚することと、それを理論化することを同時にはできないのだからである。

たとえば、何かを見るとか、ドアを開けるとかする意識を、ひとは視覚や行為といった精神の能力の理論で説明するが、それをするときに準備されていて、はっきりとは意識されていないが、それなしには成りたたないもろもろの条件がある。ところが意識は「自然な態度」として、それらを度外視して、あっさりとみずからがそうしていると思考し、そうした能力があるという理論を作ってしまうのである。

デカルトのいうように「確実」であればいいだけではなく、合理的に認識しようとしている意識が何をしているのか、もっと「厳密」に、意識が合理的に認識する理由を意識のなかに探究しなければならない。合理的に認識されるものがどのようなものであるかを、そしてさらには合理性そのものが何かをはっきりさせなければならない。

フッサールは、そのやり方として「エポケー」という概念をもち出した。ピュロン主義という近代以前にあってデカルトが対決した懐疑主義の用語であるが、エポケーとは判断を停止するという思考の実践である。思考するなかで意識はすぐに判断してしまう、それをともかくも一旦停止して「括弧に入れる」、そして、そこで意識において何が起こっているか記述（描写）してみようというわけである。

思考する意識は、意識を主題とする場合でも意識の理論へと向かってしまうが、そうして表現されたものは意識そのものではない。それゆえ、反省する意識を含めて意識それ自身を知覚するようにし、意識が構築する理論の由来を、その働きの結果から逆向きに推理するほかはない。そのためには、デカルトよりももっと注意深い方法論的思考をしなければならないというのである。修行が必要というほどのことではないが、しかし、ある特殊な思考方法であって、だれでもすぐにできるというものでもなかった。メルロ＝ポンティは、それを「不断の辛苦」（『知覚の現象学』序）と表現している。

†時間性

ところで、意識のほかに、現代哲学においてもうひとつ主題となったのは、時間とは何かということであった。

ありとあらゆるものを主題とするのが哲学だから時間についても論じたということではない。四世紀のアウグスティヌスは、時間を問題にして、「だれもが知っているがだれも説明できない」と述べている。忘れられていたこの中世の問いを、現代において最初に哲学の中心に据えたのはベルクソンであった。そしてその後、時間は、現象学においても実存主義においても、現代哲学の基本的テーマとなった。

古代ギリシア哲学では、永遠のもとに知識を捉えることが主題であって、時間はそれを損なうものとして否定的に扱われる傾向があった。生成消滅するものを学問的対象にすることはできないとされた。近代哲学においても、カントが整理したように、時間はせいぜい経験の形式として人間に与えられた条件にすぎなかった。そこでは、事物は空間のもとにあって時間に従って運動し、変化するものとされていた。

しかし、運動や変化ではなく、発生や歴史を考慮に入れようとするとき、時間とは何かが避けて通れない問題として現われてくる。経験の根底には意識の流れ、「体験流」なるものがあると説明するにしても、「流れ」とは何のことであろうか。河の流れのようなものは比喩にすぎない。流れるということの実質は、何であろうか。

こうした流れる時間のもとで、意識が客観性にどうやって到達することができるかをあきらかにすれば、そのことで、科学によって客観の側からのみ説明されようとしている精神の真の意義を再獲得することができるであろうし、科学が発見する知識の真の意義をあきらかにすることができるであろう——この意味で、時間についての考察は、デカルト主義の二元論に対決するための「梃子《てこ》の支点」（デカルト）のようなものなのであった。

そもそも従来の時間の捉え方には奇妙なところがあった。時間とは、過去と現在と未来からなるが、アウグスティヌスが述べているように、過去とは「もはや存在しないもの」、未来とは「いまだ存在しないもの」である。過去は記憶や記録によってかつて存在したとされ、未来は予測や運命によって存在するにいたるとされる。とすれば、真に存在しているのは現在だけということになる。現在といっても、瞬間として捉えるか、ある種の連続性をもって捉えるかはばはあるが、現在だけしか存在しないということになるのである。すでに説明したように、歴史的存在者が存在するのは、過去や未来においてではなく、永遠においてでしかない。そのようなものしか「存在する」といってはならないのである。

他方、近代の物理学において確立された時間のイメージは、物を投げ上げたときの軌跡を描く際の座標の時間軸のようにして、直線を描いて中央に点を打って現在とし、左を過去、右に未来を割りあてるようなものであった。t_1、t_2、t_3とされる座標上のt_2の点を追って行くとき、それぞれの位置にそれぞれの現在t_2がありながら、t_1もt_3も同時に出現している。それにしても、同時であるなら、こちらもやはりみな現在である。物理学的運動は、時間を表現しているのではなく、現在のなかに見いだされる位置の変化を表現しているだけなのに、――しばしばひとが錯覚するように――、これを延長して、すべての過去と未来をこれとおなじ矢印のもとで捉えるなら、すべての時間が現在と同等なものということになってしまうであろう。過去から未来へ向かって「時間が経つ」ということが、理解できないものとなってしまうであろう。「時間が経つ」ということは経験にとって本質的であり、座標に書くような他の種の経験には解消され得ない。ベルクソンがいろいろな例を挙げているが、たとえばコーヒーに砂糖を入れたらそれが溶けるまで待っていなければならないし、ひとの足音も、カツ、カツ、カツと、まえの音が消えながらつぎの音が生じてくるというリズムを通じてでなければ聞こえてこない。同時であれば足音には聞こえない——そのとき、足音は「存在しない」。

時間が経つということは、一体何を意味しているのか。過去や未来は、存在としては無であるとしても、意識にとっては不可欠である。それは、何のことなのか。フッサールにも『内的時間意識の現象学』(一九二八年)があるのだが、ここではベルクソンの時間論を紹介していこう。

†ベルクソンの「純粋持続」

ベルクソンは、一八八九年に、学位論文『意識に直接与えられたものについての試論』(邦訳は『時間と自由』)において、時計の示す客観的時間は「空間化された時間」であって、そのような時間に従う精神は、自由ではあり得ないと主張した。

ギュイヨーに「生の強度」という概念があったが、ベルクソンは、その本のなかで、まずは強度という概念に注目し、強度は段階として数で表現されるような差異とは異なって、それ自身においてしか理解できないと述べる。段階的差異は、ものさしのように、空間のなかの距離として表現し得るものであるが、強度は、たとえば音楽における音程のように、あるいは味覚における辛さのように、つぎつぎと対照しつつ経験してみるしかない時間における差異である。どんなに美しいメロディでも、写真のようにして瞬間のうちにすべての音を捉えてしまうなら、どんな音楽も聞こえてこない一瞬のノイズにすぎない。

時計で捉えられる客観的時間は、文字盤のうえで針が移動していくという空間的位置の変化でしかない。しかし、ひとは、その位置を各現在の「時刻」として知覚する。時刻は、時計の前提する時間システムによって、数的な値として告知される。その値の変化のあいだに、意識には何が起こっているのか、意識は時間が経つということで何を知っているのかが問題である──ベルクソンはこのようにして、意識を時間という観点から捉えなおしていった。

意識を最初に定義したロックの意識概念は、まさに時間的なものであった。記憶は過去の知覚についての知覚として、予測は未来の知覚についての知覚として、それら双方を把捉する、現在の知覚の知覚であるところの意識の同一性が人格を形成しているとされていた。ロックは、そう定義しただけで、過去が何で、未来が何かは述べていない。ただ反省によって見いだされる観念の（過去から未来への）継起があって、時間を知るには、そこにものさしを適用しさえすればよいと述べている。観念の継起は、神が与えたものなのである。

しかし、もし神を前提せずに、（継起したものの）記憶があるとはどういうことかと問うなら、これは大変むずかしい問題である。というのも、記憶は、しばしば思い違いも生じるし、それなのに「かつてあった」として、何とも比較することなしに確信をもって判断される不思議な知覚なのだからである。意識はどのようにして過去の記憶を出現させることができ、それが過去にあったと判断し得るのか。

それに対し、ベルクソンは、記憶を二種類に分けて考える。回想するような記憶と、反復して習慣化し、身体に備わるような記憶とである。たとえばある英単語を見て、「これはまえに一度辞書を引いたことがある」とは思い出せるのに、しかし、その単語の意味が思い出せないということはないだろうか。辞書を引いたという出来事は一度のことでも、ひとりでに積み重ねられていき、ときに回想することができる。それに対し、単語の意味のような習慣的記憶の方は、運動であれ知識であれ、反復して学習することが必要なのである。

ヒュームをはじめとして、多くの哲学者たちが、記憶を、時間によって活性が薄められた知覚とみなしてきた。たとえば「これは机だ」というような現在にあるものの知覚は、過去の経験の（習慣的）記憶から可能になっている。記憶は時間が経つにつれ、気候や日照によって段々とぼろぼろになってきた布切れのような知覚なのではあるが、しかし現在の知覚に活性を与えながら更新されていくのである。

そこから、ベルクソンは、むしろ記憶こそが実在の呼びだされたものであり、現在の知覚はその反映にすぎないと考えた。そして、とりわけ回想における時間経験こそ、――これをひとは「過去」として表象するのだが――、精神と呼ぶべきものであると論じる。というのも、もし意識が回想をし得ないとすれば、ロックの定義においても、意識は自己同一性をもつことができず、したがって反省することもないし、何かを知覚することすら不可能である。精神がまずあって過去を回想しているのではなく、回想を可能にする「時間」が精神を構成し、これが現在の知覚を可能にしているというのである。

ベルクソンは、さらに精神を「純粋持続」といいかえる。持続とは、時刻の変化や交替ではない時間の経ち方のことであり、それが純粋であるとは、時計の時間のような「空間化された時間」と混同されていないという意味である。時計が示す客観的な時間は、ひとびとがそれに従って集まったりすることのできる便利なものなのではあるが、空間化されて経験の本質を奪われてしまった時間の「表現」にすぎないのである。

ベルクソンのいう真の時間は、ちょうど列車に乗って進行方向とは逆向きに座り、過ぎ去っていく風景を見ているようなものである。過去はすべて現在のなかに習慣と形態となって与えられており、現在の状況に応じて、その特定のものを回想できるようになっている。

しかしながら、過去の反対に、未来は何が起こるか分からない。未来とは、不意をつくような偶然性を本質とする。というのも、未来は、現在における諸対象の知覚からなる予測を越えて、意識みずからが未来に向かっていて、その結果として何かが実現してくるのだからである。

とすれば、列車というよりも、自分自身が推力なのだから、時間とは、うしろ向きになって漕ぐボートのようなものである。未来の偶然性と、みずからが推進することによってこそ、精神ははじめて自由なものとして出現する。

このようにして、ベルクソンは、進化論によってただの脳の一機能のようにされてしまった「精神」の復権を果たそうとしたのであった。

精神とは時間である。現在とは、写真に撮られたような瞬間、すなわち客観的な諸事物が実在している世界の存在の一断片ではなく、過去を控えて推移しつつある時間、過去が未来に向かって可能な無数の行動を素描し、現実的な諸事物を作りだそうとして、持続しかつ炸裂しているという、そのプロセスなのである。そのようなものこそが、ベルクソンによると、われわれが「生きている」ということなのである。

†ドゥルーズの「差異の哲学」

現象学者メルロ＝ポンティは、このようなベルクソニスムを、「過去は雪だるまのように蓄積されていかない」といって批判した。しかしかれは、客観的時間の発生を論証しようとするフッサール的な時間論をふまえながらも、それでも未来の本質は偶然であって、現在がいわば炸裂していると、ベルクソンと似たような結論を述べている。

二〇世紀初頭、フランスには、ドイツからヘーゲル、フッサール、ニーチェの思想が流入し、ベルクソンは、そうしたなかで一時期は忘れられかけたが、それにしても、メルロ＝ポンティのした議論のいたるところにベルクソンが使った比喩が見いだされる。少なくとも前期のメルロ＝ポンティは、ベルクソニスムをどう現象学的に表現したらいいかをテーマにしていたのではないかとすら思えてくるほどである。

とはいえ、メルロ＝ポンティの現象学にあって、ベルクソン哲学に欠けていたものもあった。それは、いかにして幾何学や言語が生まれ、社会が成立したかという「相互主観性（客観性を生みだす条件としての孤立的主観の相互関係）」、および歴史についての議論である。ベルクソンは、個人の集まりとしての社会という伝統的な枠組をそのまま肯定していたと窺えるふしがある。

ところが、その後、メルロ＝ポンティによってのり超えられたと思われていたベルクソンは、ジル・ドゥルーズ（一九二五〜一九九五）によって、「差異の哲学」の創始者として再び取りあげられることになる。ベルクソンは、経験における強度の差異のほか、「段階的差異」という数で表わされる差異と、「本性的差異」という対象を合成物として捉えさせる差異とを区別していた。ドゥルーズは、これらのベルクソンの差異の概念を深化させていくことによって、新たな哲学をうちたてようとしたのであった。

ベルクソンは、発展段階的に捉えられた進化論を批判し、その背後にある科学的な段階的差異の一元論によってではなく、対象に相互に浸透しあっている本性的差異の要素として、植物と動物や、本能と知性の関係を取りあげていた。かれは、差異にも何通りかがあるのに、これらの差異を混同したら緻密な議論はできないことを、はじめて明確に自覚した哲学者であった。ただし、ドゥルーズ哲学においては、差異という概念が「時間」にとって代わり、ふたたび空間性が主題にされはじめる。現代哲学において、時間性を通して批判されたのは、デカルト主義的な充実した空間性としての延長や、ニュートン的な空虚な幾何学的空間性であった。しかしながら、リーマン空間という微積分によって距離と形が変わる空間性や、トポロジーにおけるように面相互の関係によって距離と形が変わる空間性も考慮するならば、空間も時間と同様に、経験にとってそれなりにリアルなのである。現象学のボルノウやメルロ＝ポンティも試みていたが、時間論と同様に、近代の空間論もやりなおされなければならなかった。

ともあれ、フッサールが合理性の故郷を意識の経験のもとの生活世界（生の世界）に求めたのに対し、ベルクソンは、生の哲学へと舵を切った。かれら以前の生の哲学者たちは、意識よりも生命の方に一挙に重きを置く考え方を展開したが、フッサールやベルクソンは、生命と意識とを調停するための、新たな形而上学を作りだそうとしていた。

なかんずくベルクソンは、当時の自然科学の基礎であったニュートン的宇宙観を否定し、進化論をもっと推し進めることによって、単なる生物学的な歴史ではない、生の歴史を描きだそうとしていた。ベルクソンは、時間を主題にしてデカルト的世界像をひっくり返すことによって、フランス現代哲学の源流となったのであった。

ベルクソン以降のフランス哲学を代表する二人の哲学者、メルロ＝ポンティとドゥルーズのうち、メルロ＝ポンティはフッサールに沿ったベルクソニストであったし、ドゥルーズはニーチェに沿ったベルクソニストであった。サルトルの、無に向かって炸裂する自由においてすら、ベルクソンの影を見ることは不可能ではない。ベルクソンは、時代的には生の哲学者ではあったが、当時からすでにそれを超えて、時間の哲学者であり、差異の哲学者でもあったのである。

†現代哲学の終焉

以上のように、現代哲学者たちは、新たに獲得された科学的知見を念頭に置きつつ、近代哲学の衣鉢を継ぐ大哲学を新規に展開しようとしていた。とはいえ、中世哲学やルネサンス期の哲学を復活させながら、近代哲学をやりなおそうとしていたと見える面ももっていた。ベルクソンの「直観」や、フッサールの「エポケー」や、ハイデガーの「存在」や、ホワイトヘッドの「有機体」がその典型である。

ベルクソンの「直観」は(古代ローマ時代に生まれてルネサンスで脚光を浴びた)新プラトン主義的であったし、フッサールの「エポケー」は(ルネサンス期に復活した懐疑主義の)ピュロン主義的、ハイデガーの「存在」は(中世スコラ哲学での「存在の類比」、すなわち存在者一般の存在と神の存在とは質が違うと論じたトマス・アクィナスの)トミズム的、ホワイトヘッドの「有機体の哲学」は(ルネサンス期の自然哲学者ブルーノの)物活論的であって、みなそれぞれにそれらをやりなおそうとしていたといえなくもない。

かれらは、古代ギリシア・ローマの文明を再生しようとして世界と人間とを発見したルネサンスにならうかのように、それぞれに、もう一度「世界とは何か」、「人間とは何か」ということを問いにし、そこから近代とは異なった新たな哲学を生みだそうとしていた。その意味では、哲学の「ル・ルネサンス」、古代ギリシア・ローマの思想の「再生の再生」だったといってもいいかもしれない。はたしてかれらはそれに成功したのだろうか。

現代哲学は一時期は熱狂的に受け容れられたが、しかし、かれらの著作にはひとつの問題があった。というのも、そこには、どんなに言葉がむずかしくてもよい、その方がありがたいという雰囲気がつきまとっていたからである。

過去の哲学の栄光の残影もあるし、エリート知識人がまだ残存していた時代状況のもとにあったということもあるであろう。当時の哲学書を読んだのは大学生、まだ社会には少数しかいない知的エリートの若者たちだった。どの学部の学生であれ、哲学書を読めるということがその知性の証しであったが、哲学書とは、志の高いそうした初学者たちに対して、まず哲学諸概念の辛苦の勉学を要求する権威高い書物であった。

哲学者たちの扱う哲学的諸概念とその論述は、「哲学は何らかの真理を語り得る」という前提のもとにあって、その点では、かれらの思想が、近代哲学に比べてどれだけ革新的であっても、過去の近代哲学の伝統の延長にあった。かれらの書き方《エクリチュール》は、哲学の過去の遺産と特権のうえにあった――かれらに引き続くどのような哲学書がありえたであろうか。

「現代哲学」という名の現代思想は、いまや急速に忘れ去られつつあるように見える。現代哲学は時代に取り残されそうなひとびとの救いとして、中世哲学や古代ギリシア哲学に関心を差しむけ、そうした現実を見ないですむようにさせる思潮でもあった。

とすれば、かれらの議論は、自由平等な個人として理性的主体をめざすというような、近代的価値のもとに育ったタイプのひとにしか通用しないものだったのかもしれない。ポストモダンのひとにには、通用しないのかもしれない。近代哲学がなし遂げたような、その後の二〇〇年にわたってひとびとの心性を変え、社会制度を変える知を産みだすといった、思想の本来もつ決定的な威力を欠いていたようにも思われる。

3 論理実証主義

†心理学と心霊学

ところで、さきのシュネーデルバッハの分類によると、哲学が進むべき第四の道として、科学の一部になろうとする立場も現われたということであった。

すでに説明したプラグマティズムもそのひとつであるが、これにはさらに論理実証主義と構造主義を挙げることができる。前者は論理学を中心にして、後者は言語学を中心にして革新をめざした。両者に共通していたのは、従来その学問的基礎として依拠していた旧いタイプの心理学を捨てて、それぞれの学問の独自の基礎づけを求めようとした点であった。

「旧いタイプの心理学」とは、何のことであろうか。心理学に関心をもつひとは、おそらくは、トラブルに遭遇したときの心のもちようや、自分の仕事の向き不向きや、対人関係のマナーについて知りたいのではないかと思うが、それについて教えてくれるのが旧いタイプの心理学である。今日、そのようなことについて知るためには、心理学書よりもビジネス書が、あるいはより深く思考するには文学や倫理学が役立つであろう。

そうしたイメージの「心の学問」は、古代ギリシアにおいては、プラトンが心（魂）を三つに分け、二頭立ての馬車になぞらえている例が挙げられる。正しい道を進んでいく「意志」という名の美しい馬と、すぐにわき道にそれてしまう「欲望」という名の醜い馬、そしてそれらを上手に制御する「理性」という名の馭者とである。ひとの心はその三部門のそれぞれにおいて、順に、勇気、節制、知恵をめざせばよい、それらが調和するときに正しい心（正義）になるであろうというのである。

このような仕方で、いつの時代にも、どの社会にも、多様なヴァリエーションをもっし、生きていく仕方にアドバイスを与える理論はあった。それは心理学《サイコロジー》というよりは「魂の学（「魂的《サイコ》なもの」の理論）」であり、実践としては「徳」ないし「道徳《モラル》」であった。しかし、こうしたタイプの理論は、一九世紀末になると、次第に舞台の中心から去っていく。

心の概念は、それ以降、哲学者たちによる意識概念の検討、あるいは精神分析の機械論的図式や発達心理学的理論ののち、脳の機能に結びつけられた知覚や生理学的反応の理論によって、その内容も範囲もつぎつぎと変えられていった。

現代の科学としての心理学は認知心理学が中心であるが、それはデカルト主義的な、最終的には大脳生理学に現象の根拠をもつような心理的経験についての研究である。感覚や記憶などのきわめて限定された対象しか扱わないので、それは心のことではないと思われるかもしれないが、心理学が科学になるためにはその方向しかないのであろう。

もともと「心《ハート》」という語は心臓に由来しており、ほかに「魂《ソウル》」、「精神《スピリット》」、「記憶《マインド》」などと連関する多岐にわたる概念の集まりであった。心理学が日常経験とは縁遠いものになっている今日、心という語ほど、それで何を指しているのかが曖昧で、対話のなかですれ違っている語はないかもしれない——そのおかげで、「脳科学」という現代思想がメディアで万能視されてしまうのであるが、脳科学が語っているのは、「脳《ブレイン》」というよりも、用語法《ターミノロジー》が違うだけで、昔ながらの「魂の学」なのである。

実は、魂の学としての心理学が消えつつあった一九世紀末、「心霊学《スピリチュアリズム》」が当時の現代思想としてブームになっていた。ヘンリー・シジウィック（一八三八〜一九〇〇）やコナン・ドイル（一八五九〜一九三〇）や井上円了（一八五八〜一九一九）らが関心を示したほか、ジェイムズやベルクソンやドリーシュも、心霊現象協会に名を連ねている。魂は、もとより肉体と対比され、産まれるときに吹き込まれて、死後に肉体から抜け出るようなものとされてきた。心霊学は、そうした事情を例証する超常現象を蒐集して科学的実証を試みたのであるが、ところが、それをすればするほどその実証が困難なことが実証されることになってしまい、ついには科学の一分野となることに失敗したのであった——現代でも「精神世界」や「スピリチュアル」という名で一部のひとたちの支持を受けてはいるが。

問題となったのは、実証可能性ということだけではなかった。そもそも、魂は、自然科学的な対象の取り扱い方にはそぐわなかった。自然科学が成立したのは、デカルトによってスピリチュアルなもの、精霊や妖精や魔法や呪文のような機械論的に説明不可能なものが自然から追放されたからであったのに、心霊学では、「魂」という語によって、復古主義的にまさにスピリチュアルなものが取りあげられていたのであった。

†フレーゲの「意味と意義」

現代の科学としての心理学は、認知科学ともいわれるが、われわれの経験を物質としての脳器官の諸機能に結びつける以外に、何をめざすことができるであろうか。当時の心理学は、そのような方向に舵を切るか、旧態依然たる「魂の学」のままであるか迷走していた。そうした心理学に対して、精神の活動に根拠や基準を求めがちであった論理学や言語学は、科学の一部門となるために、その基礎を心理学から切り離そうとしはじめた。すでに見た通り、ブレンターノの心理学的意識概念がフッサール現象学へと展開したが、他方、新たな論理学をF・L・ゴットロープ・フレーゲ（一八四八〜一九二五）が構想していた。

従来、言葉の意味は、その音声に結びつけられた観念ないし事物のことだと考えられてきた。

それに対し、フレーゲは、言葉にはそれ以前に「意味（ドイツ語で「ベドイトゥング」、英語では「ミーニング」）」という、文脈によって規定され、論理的に真か偽かが問題になるような要素があるとした。たとえば「宵の明星は明けの明星である」というような文では、それぞれに「宵の明星」で指し示される金星という対象、「明けの明星」で指し示される金星という対象があるが、これらがちょうど「A＝B」と同様にして、おなじものであるということが述べられている。

ここでの「金星」を、フレーゲは「意義（ドイツ語で「ジン」、英語では「センス」）」と呼んで、言葉が指示する対象とした。従来は音声に結びつけられた観念ないし事物が「意味」と呼ばれていたのに対し、それを翻訳書でこのように「意義」という訳語が割り振られているのでそれに従うほかはないが、逆の方が分かりやすいようにも思う――さもないとナンセンスを「無意義」と訳さなければならなくなってしまう。

それはともかくとして、もしさきの文に、対象（意義）である「金星」を代入して「金星は金星である」といいかえれば、「A＝A」ということになって、それだけで正しい（恒真）といっていいが、それでは、わざわざそう述べる必要もない。逆に、「宵の明星は明けの明星である」といえば、「どちらも金星のことであった」というように、そこには発見がある。その意味で、フレーゲは、宵の明星と明けの明星は、「意義」はおなじであるが「意味」が異なると述べるのである。

さらに、フレーゲは、論理学が扱う文章は、「～とわたしは思考する」という部分が省略されていて、その副文にあたる文章のことであると述べる。

「宵の明星は明けの明星であると、わたしは思考する」という文であるとしたら、「宵の明星は明けの明星である」という副文の意味は、「金星」についての経験と無関係に、さきほどの説明により、ただ真理（恒真）であることになる。真偽（真理値）こそが、そうした文の「意味」なのであり、論理学とは、いくつかの文章の繫がりにおいて、それぞれの語の意義としての対象の実在性と無関係にその真偽を判定することなのである。そこでは、対象の認識とその論理は、精神（心）が与えるものでも精神の働く仕組によるものでもなく、言葉に備わっている——したがって、心理学的なものではないとされたのであった。

†ウィトゲンシュタインの「語り得ないもの」

以上のフレーゲの論理学は、バートランド・A・W・ラッセル（一八七二～一九七〇）とルートヴィヒ・ウィトゲンシュタイン（一八八九～一九五一）に引き継がれた。

ラッセルは、たとえば「丸い四角は丸い」というようなパラドックスになる文章がある場合、「丸い四角」という語の意義（対象）が、言葉で語られる以上は存在するとされ、常識に反しているのに対して、それが存在しなくても真理となる場合があることを示そうとした。たとえば「現在のフランス王ははげていない」という文章では、「フランス王（という対象＝意義）がいない」のだから通常は（論証すべき対象が存在しないという意味で）偽となるが、「はげているひととして現在のフランス王はいない」という意味にとれば真である。なぜなら、その文章からだけでは、「はげていないフランス王が現在いる」ということについては何もいっていないのだからである。

なるほど、もっともであるといえば、もっともである。ただし、しばしばこういうタイプの議論は、『モンティ・パイソン』のようなコメディで、半可通の登場人物たちのとぼけた会話のなかに現われる。お笑い番組の芸人たちも、こうした論理を駆使することによって、ボケたり突っ込んだりしているのである。

とすれば、われわれが照合する経験対象と切り離しても成りたつ「論理」とはそもそも何なのか——ナンセンスは楽しいにしても、論理学が真であるとすることで述べられているものは、世界のなかでのわれわれの経験とどのように関係しているのだろうかと、問いただしたくもなるであろう。それに答えたのが、ウィトゲンシュタインの『論理哲学論考』（一九二二年）であった。

ウィトゲンシュタインは、その本において、「世界とは事実の総体である」と述べている。

そのとき「事実」とは事態から現われるものであり、「事態」とは「事物」から構成されているものであるとしている。そして、言葉、とりわけ論理的に整除された言語表現（命題）は、「事実の絵」であるとされている。ここでの「絵」が何のことかは問題であるが、ともあれ事実と文は、対応関係ないし写像関係にあるということである。

では、具体的なそれぞれの文は、経験にどこで関係づけられるのであろうか。ウィトゲンシュタインは、言葉の論理的表現（命題）には、単位としての要素命題（原子命題）があり、それが指示する対象（事物）において経験に関係づけられていると述べている。

しかし、その事物が事実を構成しているのではなく、事物から成る事態があるだけで、そこから言語表現抜きにわれわれの経験が「事実」として現われているわけではない。言語表現によってこそ、事態のなかから事実が現われるのである。すなわち、――「存在と思考は合致する」というパルメニデスの伝統のように――、世界とは論理的な言語表現によって述べられるかぎりのものとしてしかないとされた。だから、逆に、――歴史的存在者としてさきに論じたが――、事実の総体である「世界」とは何かを知りたければ、徹底して論理的な言語表現を作成していけばいいのであって、かれは世界に関するそれ以外のもの、「語り得ないもの」については沈黙しなければならない」と結論して、筆を置いたのであった。

「語り得ないもの」とは、善美のことがらを指している。逆に、「語るべきもの」とは、科学的真理のことである。したがって、ウィトゲンシュタインの主張は、従来の哲学が善美のことと科学的なこととを切り離さずに議論していたのに対し、世界の解明は科学と論理学に任せておけばよいとしたわけであって、それは哲学の終焉の宣言でもあった。

語の意味である対象の存在や、その観念や、一人ひとりの表象やイメージについて留保していたフレーゲの議論に比べて、大胆でシンプルなこの思想は大変分かりやすいものであった。そこで、その思想に共感したモーリッツ・シュリック（一八八二〜一九三六）を代表とするウィーン学団の思想家たちによって、「論理実証主義」という立場が形成されることになる。

もとよりかれらにはマッハの感覚主義、すなわちすべての科学的知識の源泉は、主観でも客観でもない「感覚」に依拠するという考え方があり、ウィトゲンシュタインの要素命題が指示する対象を感覚与件《センスデータ》とみなしていいとすれば、事物やその観念や表象を抜きに、すべての事象を論理的に証明することができると解されたのであった。

従来の実証主義が、対象の存在を問うことなく現象についての仮説的理論の正しさを実験や観察を通じて確認していくことであるとしたら、論理実証主義は、それに加え、理論の論理的整合性を通じてその正しさを確認していくことができるとする立場であった。

†英米系哲学

論理実証主義が一世を風靡したあと、英米圏においては、二つの思想的立場が生じた。

第一のものは、いわゆる「分析哲学」であり、哲学はまだ終わっておらず、また普遍的登記簿としての歴史に登記されるがままになるのに満足せず、フレーゲやラッセルのようなやり方の延長で、言語の分析を通じて従来の哲学的問題を解明していくことができるとする立場である。これが「言語論的転回」（ローティ）と呼ばれている――近代哲学が言語を主題にしていなかったわけではないが。

分析哲学は、ルネサンスのさらに以前の、中世の普遍論争のやりなおしのように見えなくもないが、ポストモダンとは思わせない近代の果てしない延長を試みながら、世界に刺激を与え続けているといえなくもない。W・ヴァン・O・クワイン（一九〇八～二〇〇〇）やドナルド・H・デイヴィッドソン（一九一七～二〇〇三）が、この分析哲学の思潮に大きな影響を与えた。

第二のものは、ウィトゲンシュタイン自身の思想的転回によるものであった。しばらくの期間を経て、かれは『論理哲学論考』の立場を自己批判し、「言語ゲーム」という概念を主張するようになった。日常会話では、言語表現は論理によってというより、使用によって成立するという考え方である。ある意味では、言語そのものを主題とする立場に移行したといえる。そうした発想から「日常言語学派」が出現してきた。その代表者であるジョン・L・オースティン（一九一一～一九六〇）は、言語はある種の行為であって、それにおいては、現実を変更することに意義があると主張している。

英米圏において成立した、以上のような「現代哲学」は、ひとからげにすることはできないにしても、科学と共存する道を選んだ哲学であるといえる。それでしばしばSF的状況が具体例として提示されたりもするのだが、知の一部を科学に委ねる哲学には違和感を禁じ得ない。とはいえ、英米圏には、従来どおりの哲学史研究もあるし、またフーコーやデリダのフランス哲学が流入し、プラグマティズムの伝統とあいまって多様な立場が出現している。

たとえば、A・O・ラヴジョイ（一八七三～一九六二）、アイザイア・バーリン（一九〇九～一九九七）、リチャード・ローティ（一九三一～二〇〇七）、イアン・ハッキング（一九三六～）、ベネディクト・アンダーソン（一九三六～二〇一五）、テリー・イーグルトン（一九四三～）など、観念の系譜を丹念に辿っていく思想。また、ルイス・マンフォード（一八九五～一九九〇）やヘルベルト・マルクーゼ（一八九八～一九七九）の技術文明論、マーシャル・マクルーハン（一九一一～一九八〇）やウォルター・J・オング（一九一二～二〇〇三）のメディア論、そして数多《あまた》のフェミニストたちの活発な議論がある。

また、言語については、A・N・チョムスキー（一九二八～）の「生成文法」という理論もある。デカルト主義的立場と称して、進化の過程によって脳に言語を司る仕組ができ、それが各国語に応じて文を生成するのだと主張している。各国語の違いを比較して、自動翻訳アプリを作成するのには有用な理論であろうが、「言語とは何か」という問題については棚あげしてしまうような議論に思われる。

4 構造主義

†歴史言語学派

言語学においても、心理学に依拠するのをやめて科学の一部門になろうとする指向は同様であった。科学としての言語学は、近代哲学にあったライプニッツなどの「普遍言語論」や、モーペルチュイやコンディヤックなどの「言語起源論」とは別に、民族学と入り混じったような形で生まれてきた。

一九世紀には、フンボルトの言語論に代表されるように、言語と民族と文化の関係が論じられるようになっていた。近代的な国民国家による帝国主義戦争がはじまっており、国民をその戦争に動員するイデオロギーとしての「民族」の概念を明確にする必要もあった。

「民族」という概念の本質は、血統にも国家にも宗教にも言語にも、あるといえばあるし、ないといえばない。一九世紀の言語学者ないし民族学者たちは、言語起源論が思弁的であるとしてアカデミーに禁止されたのを受けて、諸国語相互の比較をしたり、古語を探しだしたりしながら、各国語の歴史を比較研究するようになった。それを歴史言語学派と呼ぶ。

その作業は、ちょうど生物学で化石を掘りだすようなものであった。言語は生物と同様に歴史をもち、進化したり混血したり絶滅したりするものであり、その意味で、かれらはバベルの塔の神話（人間の傲慢さを戒めるために神が言語を通じあわなくしたという神話）以前の、普遍的ないし正統的な言語を探していたのでもあった。そしてその最大の成果として、印欧語族の系統樹を発見した。インド支配階層の言語と西欧の言語はおなじ起源をもつという説である。

かれらは、言語を論じる際に、諸国語（フランス語で「ラング」）を対象とし、文法や語彙や用法を調べ、文明進歩のイデオロギーにのっとって、思考やコミュニケーションの道具としての機能が高いか低いか、それらがどのような起源から今日にいたるまで進歩してきたかというように主題にした。とはいえ、かれらは、「国語」は当時、国民国家形成のために教育等によって成立しつつあった特殊な言葉だとは考えてはいなかった。

国語なるものは、英米では「イングリッシュ（英語）」と呼ぶのに、日本では「日本語」ではなく「国語」と表わされるところにも現われているように、人為的ないし政策的な言葉である。しかし、ひとびとは、母語に関するかぎり、文法書や辞書を使ってしゃべっているのではなく、いつのまにかしゃべれるようになったまましゃべり、しかも文法書や辞書からすると間違いだらけのしゃべり方をしている。しばしば新たな言葉づかいを好んで使い、それで正しいと思い込んでいる。文法書や辞書は外国語を学ぶときにしか必要ないし、実際に外国語をしゃべれるようになるときには、それらを忘れるくらいでなければならないであろう。文法書と辞書が言葉を規定しているのではなく、ましてそれらは、それに従わなければ言葉を使えないというようなものとしての「規範」ですらないのである。

ラングという、本来は母語《マザータン》（母の舌）である言葉は、語られるかぎりでしか存在せず、しかもたえず変遷していく。必ずより合理的、効率的なものへと進歩していくとはいえないし、一人ひとりが言語を改正しようとして、正しいしゃべり方を追究しているわけでもない。フェルディナン・ド・ソシュール（一八五七〜一九一三）は、歴史言語学派を改革しようとした少壮文法学派のひとりであったが、やがてその関心は、ラングの歴史をも説明することのできるような言語《ランゲージ》（フランス語では「ランガージュ」）の本質へと向かっていった。

かれによると、言語はひとびとの思惑とは無関係に、その無数の音声の組みあわせの内部にある独特の法則によって変遷してきたものである。かれは、政治的圧力や生理学的機構や経済的流行や世代交替や異文化流入など、他の要因によって規定されるラングの歴史ではなく、言語に内在的な歴史こそが言語《ランガージュ》の真の歴史であると考え、それを「通時態」と呼んだ。

言語学者は、変遷しつつある言語の現在の断面である「共時態」としてのラングをしか研究することができないが、それを研究することを通じて、通時態としてたえず変遷しつつある言語の総体がいかにして成りたつかをあきらかにすることができると、ソシュールは考えたのである。

†ソシュールの「差異の体系」

通常、言語は「音声」と「意味」との対応と考えられ、その結びつきが、神や古代において理由あってなされた必然的なものか、たまたま結びついただけの恣意的なものかというように問題にされてきた。アウグスティヌスのように「指さして名づけて記憶する」とか、聖書におけるアダムのように「事物に名まえを与える」とか、ソクラテスのように「名まえを通じて理解する」とか、そのほか「語に定義を与える」というようなさまざまな説がたてられてきた。

しばしばソシュールが、言葉と意味の「恣意性」を主張したという解説が見いだされるが、それはソシュールにかぎられたことではない。各国語でおなじような対象を違った音声で表現しているという実態からすれば、言葉と意味は恣意的であると考えられてしかるべきであろう。

言葉と意味とが恣意的であるとするとき、それらが結合される理由として、習慣や約束が考えられてきた。しかし、こうした捉え方は、いわば外国語を説明するようなものでしかない。

外国語を学ぶときの言語の理解は、すでに、（母語としての言葉の）意味を理解する能力、語る能力によって可能になっていることが忘れられている。習慣であれ約束であれ、すでに言語があるから可能なのであって、言語の意味する力によって言語の成りたちを説明しても、言語がどうしてそのようなことを可能にするかを説明したことにはならないのである。

とすれば、一体、どのようにして言語によって、言語について語ることができるのか。どのようにして、自分自身について語ることのできるようなものとして言語が成立しているのか。それゆえ、ソシュールにとっての真の問題は、音声と意味がどのようにして結合されるのかではなく、「言葉に意味があるとはどういうことか」でなければならなかった。

言語は、音楽や動物の鳴き声などの他の音響とは異なって、言語について語ることができ、辞書のように、ある語についての文章をその語に対応させることができる。しかもその語のイメージをいちいち思い浮かべる必要はないし、イメージのない語もいっぱいある。ある言葉が語られるときに、何らかのイメージを思い浮かべることができるということと、意味が分かるということとは別のことなのである。意味が分かるのは、――語るときと聞くときに存在するのは音声だけなのであるから――、何にも照合することなしにである。とすれば、音声があることと意味があることとは、経験においては切り離せない。音声で組みたてられたものには、それだけですでに意味が備わっているのである。

実証主義的な音声学においては、発声された音の物理的特性と、声帯と口蓋の構造の関係が研究されていた。音声の最小単位を「音韻」と呼ぶが、各人各様にさまざまな音響を発しているにもかかわらず、ひとはそれを言葉として聞き取り、意味を理解することができる。音韻と呼ばれてきたものは、物理的音響ではないのである。

他方で、はじめて聞いた知らない外国語の単語は、どんな音響だったか、まねして発音することすらできない。聞き取った音声の音韻を区別することができるのは、一個一個の音韻としてではなく、音韻から構成されたひとつの語であり、それを意味とともに理解できるときである。音の組みあわせとして語があるのではなく、逆に、その語の意味が分かるときにだけ、音韻に分解することができる。このようなものとしての音の単位を、ここではおなじフォネームであるが、「音素」と呼びかえておこう。

音素が聞き取れるのは、語を形成できるだけの数の音素があって、相互にほかの音素とどう異なるかを前提として知っているときだけである。ソシュールによると、音素の成りたちを決めるのは、声帯や口蓋の形ではなく、音素相互の対立なのである。

たとえば、「アイウエオ」が区別できるのは、「ア」と「イ」の違い、「ア」と「オ」の違いのように、その組みあわせすべての相互の対立が分かっているときである。これを、「差異の体系」と呼ぶ。英語ではもっとたくさんの母音があるが、それらが成立しているのは、日本語とは違う対立のなかにおいてである。イヌの「ワンワン」が英語では「バウワウ」であるように、動物の鳴き声が各国語によって違うのは、音素の差異の体系が違うからなのである。

語についても、同様である。ちょうど音素を区別できるように、語相互が区別されている。語が取りだして捉えられるのは、相互に対立があって意味がとれるからである。多数の語からなる総体があって、それらすべてがみな対立しているような、そうした一定量の語からなる「差異の体系」のなかで語られるからこそ、ひとはその都度、意味が分かったという経験、自分もおなじように語り得るという経験をもつことができるのである。

そのようなわけで、ソシュールは、音声とそれに対する意味という区別を捨てて、言語を記号から成るとし、記号（フランス語で「シーニュ」）とは「シニフィアン（意味するもの）」と「シニフィエ（意味されるもの）」の、一枚の紙の裏表のような、必然的で切り離されない関係がまずあって、それが他の諸記号からなる総体における対立しあう関係によって規定されていると考えた。

メルロ＝ポンティは、このことを「煉瓦で造られたドームのように、語が相互に支えあっている」という比喩で説明した。このようなものがのちに「構造」と呼ばれるようになったーー「体系」という語では、おそらく有機的な全体性が想像されたからかもしれない。

実際、アメリカではそのように誤解されたが、構造主義は、「個々の要素の集合を越えた統合がある」というような全体論《ホーリズム》的な理論ではなかった。ひとによって要素数は異なるし、意味は次第に変遷していく。ソシュールが述べていることは、あくまでも、言葉が意味をもつことが、なぜ不可能ではないかということである。それは、実証的に与えられる要素を個々に認知しているからではなく、差異があってその要素が経験できるようになるほどの、一人ひとりに差異の体系が備わっているからだということなのである。

統一した体系としての国語《ラング》は一瞬たりとも実在せず、すべてはそこで、大勢のだれかがまちまちにしゃべっているという「実存（現実存在）」に依拠している。共時態は、理想型（マックス・ウェーバーのいう理論的に想定されるだけの規範やモデル）にすぎない。すべての語は変遷する。歴史言語学を批判して、言語の本質としての差異をふまえ、その通時態としての変遷の法則性を見いだすべきだというのが、科学としての言語学をめざしたソシュールの思想であった。

†構造主義の出発

ここで、ソシュールの「シニフィエ」は、フレーゲのいう「意味」とどう異なるかと問われるかもしれない。両者とも、通常考えられている言葉の「意味」と区別して、言葉に内在的な意味を見いだしたといえる。フレーゲが、かれのいう「意味」に、論理的に規定される文脈的な働きを見たのに対し、ソシュールの「シニフィエ」の場合は、時間につれて展開する（線的特質の）語相互を繋ぐ統合関係と、潜在的に代替可能な語を出現させる連合関係（範列関係）が見いだされる。

観点のこの違いには、のちにロラン・バルトが強調したエクリチュール（書き言葉）とパロール（話し言葉）の区別が関わっているように思われる。フレーゲが主題にしている文と論理は、パロールを整えるものとしてのエクリチュールの働きにおいて現われるが、ソシュールにとってエクリチュールはパロールの写しでしかなく、会話におけるパロールこそが言語の本来のあり方なのであった。

それにしても、言語の本性について思考するとき、それを語る「メタ言語」（ヤーコブソン）は、それもまた言語である。ソシュール自身の思想は、言語学における革新をめざしてはいたが、そうした言語についての哲学的議論を新たな領域で語ろうとしたものではなかった。ただし、フランスの思想家たちにとっては、そこに後期ウィトゲンシュタインや後期ハイデガーも主題とした言語の語りがたい本性をあきらかにする突破口が開かれているように見受けられたのであった。

ソシュール言語学の対象は、「意味」がまずなければ成立しない他のもろもろの言葉の理論とは異なって、意味も同時に成立する言葉の理論であった。すなわち、シニフィエとシニフィアンを内在しているシーニュ相互の差異の体系は、音響のような物質的なものでもなければ、意味付与するような精神的なものでもない。それは、これまで知られていなかった第三の領域としての記号空間であり、それが人間科学的対象の真の領域、ないし基礎となる論理となるのではないかと考えられた。そのような観点から、ソシュール言語学が、構造主義思想へと展開していったのである。

この記号空間は、シニフィエが聞き取れるかぎりで成立するシニフィアンの空間である。たとえばときを告げるニワトリの鳴き声のような音響が「コケコッコー」と聴こえるのは、それで思考してニワトリの概念やイメージが喚起され得るようなシニフィエが聞き取れているからである。英語が母語のひとは「クックドゥードゥルドゥー」と実際にもそう聴こえるのであろうが、その違いこそが、音響とシニフィアンが根本的に違うものだということを示しており、われわれが物理的音響的空間以前に、シニフィエが知覚される記号空間のなかにいるということなのである――「コケコッコー」と聴いただけで、それはただのニワトリの自然な鳴き声以外の何ものでもないはずであるのに。

『一般言語学講義』という、学生による講義ノートという形でその思想の全体像があきらかになるのは一九〇〇年代初頭であるが、その独創的な思考がモーリス・メルロ＝ポンティ（一九〇八～一九六一）のような哲学者や、クロード・レヴィ＝ストロース（一九〇八～二〇〇九）のような文化人類学者や、ジャック・ラカン（一九〇一～一九八一）のような精神分析学者や、ルイ・

アルチュセール（一九一八〜一九九〇）のようなマルクス主義者や、ミシェル・フーコー（一九二六〜一九八四）のような科学哲学者や、ロラン・バルト（一九一五〜一九八〇）のような文芸批評家の眼を惹き、かれらの理論に取り込まれた。それらの思想を総称して、「構造主義」という。

†構造主義の三つの課題

構造主義は、二〇世紀なかばから後半にかけて、フランス思想界を文字どおり席巻した。そして、その影響はフランスにとどまらず、先進資本主義諸国に波及していった。ちょうど実存主義のブームのときに「実存」や「存在」や「不条理」という概念が多用されたように、今度は「差異」や「エクリチュール」や「シニフィアン」という概念が、よく理解されないままに多用されるようになった。

当時の構造主義を紹介する書物も、内容を列挙するばかりで、どんな意味で構造主義として括れるのかが分からないものが多かったが、いまやそのブームも去り、当時よりはずっと総括しやすくなっている。そうやって見返してみると、結局、構造主義が何だったかは、ソシュール言語学をどう捉えるかにかかっていたように思われる。

『一般言語学講義』を読むかぎりでは、ソシュールは、かれの一般言語学の研究において、予告しながらもやり残していたことが三つあった。それが、続く言語学者たちの課題となった。

第一には、記号学（シーニュの学）である。ソシュールは、言語は、より一般的な記号学の一部門であり、シーニュの全体をあきらかにすべきだと考えていた。言語をかれのいう「シーニュ」として捉えることは、言語のみならず人間文化の捉え方に対する大きな意義をもっていた。言語がシーニュの代表的な一例だとすれば、他のシーニュは、感覚や知覚や仕草や作品のどのあたりまでがシーニュと呼ばれ、それがどのように差異の体系として理解されることになるのであろうか。

第二には、通時態であった。ソシュールによると、共時態としてのラング（諸国語）の研究に対し、通時態としてのラングの変遷の論理を探究すべきだということであった。ラングは想定上にすぎない一瞬の秩序であり、一人ひとりが勝手にしゃべりながら、互いにしゃべり方がうつったり、相手の表現のまねをしたりするから、ひとびとのしゃべり方に応じて、語彙も文法も含めてラングはたえず変遷していく。政治や経済や教育など、言語に外的な条件も影響を与えるにしても、重要なことは言語に内的な変遷の仕方があるということである。それはどのような論理なのかということであった。

第三の課題は、ソシュール自身が明示したものではないが、記号がどのようにイメージや概念に結びつくのかということであった。それまでは、言語は「音声と意味」という対《つい》にされ、その関係をあきらかにすべきだとされていたのに対し、ソシュールによって、突如として、言語から意味に相当していたイメージや概念が切り離され、それらは言語の「意味」ではないということになってしまったのであった。

たとえば、樹木といわれれば樹木の姿など、問われると思い浮かべることのできるイメージがあり、「樹木とはどのようなものか」と言葉で問いただされたときには、それについて言葉で表現することのできる概念がある。概念は、言葉を語ったときにいちいち意識されるわけではないが、しかし意味は捉えられていて、指さしたり、いわれた通りにしたり、返事をしたりすることができる。ひとは、差異の体系をもとに言葉（シーニュ）を使ってコミュニケートするとき、すでにシニフィエを理解しており、そのうえで、それを通じて何かを知覚したり、行動を起こしたり、質問があればそれについて語ることができる。それは聞き取った言葉（シーニュ）のシニフィエに対して、どんな知覚、どんな行動なのであろうか。

この第三の課題こそ、さしあたって、言語学者にとっても、思想家たちにとっても主要なテーマとなった。概念や知覚や行動のどこにまで言語の差異の体系、言語と同様の差異の体系は浸透しているのか。文化人類学的概念、精神分析的概念、マルクス主義的概念、文芸批評的概念なども、言葉によってイメージされる。それらを差異の体系との連関で理解しなおすことができるのではないか――そうしたアプローチによって、言語学以外の領域の思想家たちが、それぞれに構造主義に参入したのであった。

†ロラン・バルトの「エクリチュール」

まずは、ソシュールの遺した第一の課題である記号学に取りくんだロラン・バルトの思想から紹介していこう。

ロラン・バルトは、一九五三年に、『零度のエクリチュール』という著書で、「エクリチュール」という新たな概念を提示した。エクリチュールとは「書き言葉」のことである。それは、言語の一部であるとともに、エクリチュールを構成する文字もまた、差異の体系のもとにある。たとえば、ひらがなの「わ」と「れ」と「ね」を比べてみてもらいたい。異なっているのは、右下部分をどちらにはねるか、丸めるかである。この差異によって三つの文字は異なっているが、書くひとがその差異を区別するかぎりにおいて、どんな字体であっても（下手な字であっても）ひとはそれを読むことができる。筆跡《スタイル》も音素と同様、ひとによってすべて異なっていながら、差異の体系によって読まれることができるのである。

ソシュールは、さきに述べたように、文字をパロール（話し言葉）の代理をするもので、音声を保存したり、伝達したりするための写しにすぎないと考えた。そのことは、のちにデリダが、文字はアルタミラの洞窟などにもあるような、ものに刻まれるもの一般という、パロールとは別の起源のものであるとして批判することになる。

確かに文字は、世界の数箇所で発明され、話し言葉とは別に伝播していったものであって、パロールと特別な関係に入りながら文明を形成してきたものである。ロラン・バルトが注目したのは、そのエクリチュールがパロールに影響し、それを改変してしまうという事実であった。文字を使いはじめた社会では、言葉のあり方が変質してしまう。それは、すでにルソーが『言語起源論』（一七八一年）において指摘していたことでもあった。たとえば、パロールであっても、公式の場においてしゃべるときの、また目上のひとに向かってしゃべるときの「正しい言葉づかい」とは、実はエクリチュールなのである。文章で準備して読みあげることもあるように、主語も接続詞もはっきりとしており、述語はしっかりと主語に結びついている。「わたしはうなぎです」などといういい方はしない——わたしは人間なのである。

とはいえ、「わたしはうなぎです」というのは、それでお店で注文ができる以上、正しいパロールではあるのである。「象は鼻が長い」という文が有名だが、「〜は〜である」という西欧流のエクリチュールが日本語に影響をもたらして、日本語には主語がないと騒然となったことがあったが、「〜は」は、主題の提示でもある。日本のエクリチュールが西欧のそれと異なるというだけのことであり、日本語が曖昧な言語だということなのではない。

どの国のラングであれ、書類や文書を作成するときは、パロールを規定する書式によって書かれる。それは、文法に従うこと、辞書を使ってかたい表現を採用することにすぎないのではないかと思われるかもしれないが、文法も辞書もエクリチュールによって作られていることを忘れてはならない。すでに述べたように、母語でしゃべっているひとは文法を知らないし、それにあてはめながら自分のしゃべり方を決めているわけでもなく、自分のしゃべり方は正しいと思い込んでいる。それでいて、公式の場でしゃべるときには文法や辞書を頼りにするわけだが、そこにエクリチュールが働くのである。

それは、いいかえると、われわれがしゃべるパロールには二種類あり、その一方だけが正式なものとされて文字で表現されるということである。エクリチュールは、文法ばかりでなく、行動一般を規制する条文として、法律も形成してきたし、そしてまた、キリスト教の聖書はいわば大文字のエクリチュールなのであった。

そのようなわけで、「エクリチュール」は、単に文字や書き言葉のことではなく、訳しようがないので、フランス語のままカタカナで表記するほかはない概念なのであった。ロラン・バルトは、エクリチュールという領域について思考することが可能であることを示したが、その思考によって、正しい言葉づかいの意味だけでなく、表現を通じて社会秩序がひとびとに押しつけられるあり方や、秩序についての思考の枠組が規定されるあり方を捉えさせようとしたのであった。

†構造主義的批評

エクリチュールは、古代から「書く」という営為の意味をふまえてなされてきた活動のことであり、その意味では、精神も法も制度も組織も、逆にそれに抵抗する主体も自由も、みなエクリチュールの秩序のなかにあるといっていい。文化とは何かを解明するためには、パロールに重ねられているように見えながらも、パロールの体系に別様の秩序を与えるエクリチュールを見いださなければならない。

とりわけ個人的な「書く」という営為が、近代以降、社会において重大な意味をもつようになったのだが、ひとはなぜ書くのか?、何を書くのか?——ロラン・バルトは、文芸批評家として、「書かれたもの」と「書かれる動機」の社会的なあり方から、従来は心理や制度から説明されがちであった個人的文体やラング（国語）や思想と呼ばれるものを、照らし返そうとした。

かれは、『零度のエクリチュール』において、ポストモダン文学の到来を告げるために、近代以降のエクリチュールの変遷を分析している。一九世紀なかばまでの小説は、バルザックやスタンダールなど、ブルジョワジーの単一の形式による単一のエクリチュールであったのが、それ以降、文学の意義が変わってきたというのである。その変化は、従来の文芸批評のいう諸作家のスタイル（文体）の変化ではなかったし、標準語が統合形成されていく過程での各国語（ラング）の変化でもなかった。それは、時代のエクリチュール（書くということの意義）に対する、各作家の引き受けや抵抗の変化なのであった。

かれによると、エクリチュールとは、いわば凝固した言葉である。その、夢のような秘密めいた語り口が政治や文学を特徴づけるようになり、そして、ついにはエクリチュールの零度としての「不在のスタイル（文体をなくすこと）」、いわば完全に客観的な事実描写のようなものが出現する。カミュの『異邦人』（一九四二年）が代表例であるが、その結果、作家は、歴史の継続する拘束と歴史の破壊の自由のあいだに引き裂かれてしまうようになったというのである。

『零度のエクリチュール』を書いた時点では歴史の真理に対する実存の自由を論じるなど、実存主義の影響も見られたが、かれはその後、ソシュールの残した課題としての記号学のために、モードや神話の研究を進めた。記号学は一時期はブームになったが、記号一般の理論を確立するにはいたらなかった。他方、エクリチュールという概念は、デリダやクリスティヴァによって、さらに探究されていった。

†フーコーの「エピステーメー」

さて、しばしば構造主義の代表者とされたのはフーコーである。かれは、一九六九年の『知の考古学』という書物で、従来の歴史学とは異なった方法論を提示した。それがソシュールの遺した第二の課題である通時態の論理、言語に内在的な歴史を具体化した理論であった。『知の考古学』というタイトルであるが、考古学とは、地層のなかから土器などの断片を掘りだして、そこにその時代のひとびとの生活を推論する学問である。それと同様にして、フーコーは、図書館にこもって、だれが書いたともつかない膨大な量の文書を、当時語られて、ひとびとが納得していた言説を示す資料とみなし、「だれがなぜそう語ったか」ではなく、「どのような条件のもとにそのようなことが語られ得たか」というように問題にした。いまとなっては奇妙な論拠やよく分からないレトリックのなかに「エピステーメー」、すなわちひとびとの思考の枠組と、それを支える生活のあり方を推察することができるというのである。

「だれがなぜそう語ったか」という問いにおいては、幾多の英雄や天才など、人間主体がいて、歴史に対して態度を決め、出来事を起こす、ないし出来事に参加する、それが原因となって出来事が展開していくと前提されている。原因と結果こそが重要である。歴史は、それに参加するひとの意識にとってと同様に、のちに歴史を書くひとにとっても、原因と結果が連鎖する連続性において捉えられ、そこに歴史の目的性や統一性が与えられる。

しかし、フーコーによると、歴史は主体、ないし人格や性格といった人称的なものによって作られるものではなく、むしろヒトの群れの構成の諸原理が発見される場なのである。固有名で示される意図や目的や制度は、近代の歴史観が描きだした虚妄である。そのような歴史観のもとで新たな意図や目的や制度を構想し、革命など、それを実現しようとする（英雄的と自覚する）人間たちの活動は、文明化と呼ばれる歴史のなかで構成されてきた統治の諸技法に対する単なる反動（反作用）にすぎなかったということになる。

「どのような条件のもとにそのようなことが語られ得たか」を問題にするフーコーによると、歴史は不連続なものであって、超越的な全体性や統一性をもった歴史は実在しない。そうした歴史を書くことは捏造なのである。歴史は運命でもなければ、偶然でもなく、多数のひとびとのちぐはぐな出来事のギクシャクした連鎖のなかで、何か偶発事が起こり得るその条件が整えられていくということにすぎないのである。

かれによると、歴史と呼ばれてきた過去を示す多種多様な資料（史料）には、出来事の統一性はないが、さまざまな系列をなして形成されてきた出来事の地層が見いだされる。また、それらの地層が切断されて断層をなし、境界を作り、勾配をもっている様子が見えてくる。それはちょうど、言語の変遷が、全体的にでもなければ項目単位にでもなく、部分的に、ある系列、ある塊においていくつもの要素が引きずられ、他の系列と分離しながらまとまった変遷を示すようなものである。それは、小川のなかにある石の並びによって、水の流れが断ち切られて方向を変えたり、渦を巻いたりするようなものである。ある系列の事件や言説が、他の系列の事件や言説を巻き込みながら、あるいは引き裂きながら、あとから見てあたらしいといわれる態度をひとびとに生みだしていく。

そうした様態を見いだすために、歴史学は、考古学と同様にして「書かれたもの」を発掘し、その断層を発見して、そして歴史家が実践的に参加している状況を理解させなければならない――そのことが重要だというのである。

この歴史家の実践という点に関しては、マルクス主義的構造主義者のアルチュセールの主張に通じるものがある。あとで詳しく述べるが(第4章)、かれによると、イデオロギーを暴露することは、ある科学を成立させるための動機のもとでのみ可能であるという。どんな科学もイデオロギー性を免れ得ないのだから、近代において想定されたような純粋な理論、真理の発見としての科学は不可能であるが、それでも学問と呼べる歴史の捉え方を工夫しなければならない。学問であることは、政治と無関係なことを誇るようなことではなく、政治論議やイデオロギー闘争やヘイトスピーチに対抗して、いやおうない「発見」の手続を発動することなのである。

今日のマルクス主義者のなかには、いまもまだ社会変革のための暴力的闘争をめざしているひとびともいる。そこには「歴史の真理」、ヘーゲル以来の、歴史が進歩して理想的な社会が実現するはずであるとする近代的価値が前提されている。アルチュセールの重要性は、その近代的価値のいき詰まりをふまえてなお、社会の理想をめざしている点にあった。

フーコーのエピステーメーであれ、アルチュセールのイデオロギーであれ、それらは、ヘーゲル的な絶対知へと向かうような知の捉え方からすると「相対主義」に見えるかもしれない。だが、それは知が、近代的価値としての「知識」ではなく、古来のソクラテス的「知恵」(誤謬を告知してくれるダイモーンの声)」であって、知のめざす真理の意味も、対象との合致ではなく、ギリシア語「アレーテイア」の元来の意味、——ハイデガーの存在論的解釈とは少し違ってであるが——、「ベールを剝ぐこと(暴露すること)」へと向かうということではないだろうか。

†構造主義的歴史

フーコーは西欧近代を主題にしていたが、その歴史観は、すでに述べたレヴィ＝ストロースの歴史観と通じるものがあった。レヴィ＝ストロースは、未開社会を研究して、西欧近代の思考の問題点を照らし返そうとしていた。

当時、サルトルは、歴史と個人を対置し、歴史を全体化する実践、個人が歴史の全体を捉え、そのなかに自己を見いだそうとする実践を強調していたが、それに対して、レヴィ＝ストロースは、『野生の思考』において、レンズの焦点を調節しながら多様な出来事の違った側面に焦点をあてることのできるような歴史について考えるべきだと反論している。それはちょうど、ひとが語るのに、新たな文法や語彙を作りだすために語るのではなく、まずは語るというパロールの実践において言語《ラング》があり、事後的にそれらの変化が発見されることしか前提されていないのとおなじことである。

フーコーやレヴィ＝ストロースの歴史観を、言語学的な対象に即していえば、つぎのような事例に相当する。

たとえば最近、「見られる」といういい方が「見れる」というように変化しつつあるが、この変化は「食べられる」が「食べれる」に変化するというように、他の語と連動している。だれかが提案したわけではなく、それぞれのひとが類推的に他の語も連動させて、そう使うようになりはじめている。

その変化は、「尊敬や受身と区別がつくように」など、心理学的なものではないし、「なるべく音韻を減らした方がしゃべるのが楽」といった生理学的なものでも、「文法が次第に淘汰されていく」といった進化論的なものでもない。まして、国語審議会によって決定された政治的なものでもないし、社会現象の変化とリンクして、一つひとつの単語がジャルゴン、仲間内でのみ通じ、それによって仲間を識別する言葉として普及していったのでもない。

この変化は、言葉の音素の一連の変化として、他の語を巻き込むようにして地滑り的に変遷していく現象であり、その結果として文法も表現様式も変化させてしまう重層的で地滑り的で断続的な、言語に内的な変化なのである。言語に外的なものが影響したとする説明は、すべてあとづけにすぎない。文法や表現様式の変化は、だれもそれを変えようとして語るわけではないのだから、あくまでも結果にほかならないのである。

そうした変化は、語るひとにとってはいつのまにかのことであって、言語学者が気にかかり、取りあげる語に応じてそれぞれの系列が見えてくる、そういった歴史である。構造主義的な歴史観とは、まさにこうしたことが、すべての歴史において本質的であるとする歴史観であった。

すでに紹介したように、近代にはベイルの歴史批判があって、合理的世界のもとの連続的な歴史観が確立され、それが文明進歩の思想と歴史哲学を生みだした。構造主義におけるこの新たな歴史批判は、歴史哲学を否定して、歴史のなかに、書かれたものと書くこと、書くことの動機を探し、エクリチュールの批判として、切断と非連続のなかに意味の生成を見いだして、権力の無意識を暴露しようとするものであった。

権力は、ひとびとの隷属の現象がまずあって、その裏返しとしてどこかに見いだされるものであるが、ひとが何に隷属しているかは、歴史の変化を見ることによってはじめて知ることができる。ひとびとの意識は、まったく自然的なものではない。歴史の意味は、意識が作りだして出来事に与えているのではなく、歴史によって懐胎されていた地層の変化や断層が言説において姿を現わすときに、はじめてひとに意識されるようになるのである。

†フーコー学

フーコーは、以上の構造主義的歴史観（構造主義史観）に基づいて、かれ自身、近代の心理学的人間像を批判することからはじめ、一八世紀末からの、精神においても身体においても、科学と称する知が権力と結びついていくさまざまな系列と断層を提示してみせた。

このような歴史観は、その後、歴史学をはじめとして、文化を研究するさまざまな分野に取り入れられた。フーコーの方法によって、どんな文化現象でも歴史の主役にすることができるようになったのである。いちいちは挙げないが、最近の歴史研究の著作に多く見られる、一時系列、一路線に事項が並べられていない輻輳《ふくそう》した論述がそれである。

この「フーコー学」とでも呼ぶべきものの特徴は、ひとつの概念が主体とされてその変遷が描かれるというヘーゲル的な歴史を廃し、いくつもの概念がその関係やそれぞれの意味を変えながらネットワークのように姿を変えていく様子を捉えようとするやり方である。歴史上のとるにたらないどんな事象でもいい、その扱いの変遷について、他の諸概念と照合しながら論じていけば、そこにひとつの論証が成立する。ある事象に注目して、ただひとつの歴史のうちには統合されない、歴史上の多様な支流を、しっかりとした考証のもとであきらかにするのであれば、それは学問であるといえるであろう。

これまで述べてきたように、現代の知の前提には、進化論以降、宇宙のすべてに拡張された普遍的登記簿としての「歴史」がある。だが、その登記簿自体はどこにあるのか——イデア界があるわけでもないし、ひとびとの心に共通して刻印されるようなものでもない。そのような平面《プラン》は、ひとびとが書き込もうとするいたるところにあり、しかし絶対的な意味では、どこにも存在してはいない。

それに対し、もしフーコーのように考えるならば、歴史とは、現在にある過去の無数の諸徴候、記号の総体（記号空間）でしかない。その総体のなかに、〈いま〉起こることとの類似性や同一性を捜し求め、そのシミュレーションをたえず現実の出来事に置き換えていくのが、今日の知の状況である。だが、歴史は人間主体によって担われるものではないのだから、そこには原因と結果や目的と手段という理性的で一元的な筋立てではない。今日の歴史家の仕事は、人間たちの行動の事実を追い求めるのではなく、自然と呼ばれてきた諸現象も含めて、その多様な地層と数多くの断層を精査して、われわれの生きている現在を理解させる系列を掘り起こしてみせることなのである。

5　象徴から言語へ

†メルロ＝ポンティの「生の歴史」

構造主義史観を準備していたのは、フーコーやレヴィ＝ストロースの以前から、いら早くソシュール言語学の意義を哲学的に理解していたメルロ＝ポンティであった。レヴィ＝ストロースの『野生の思考』は、早世したメルロ＝ポンティに捧げられ、その論敵であったサルトルを批判したものであった。

メルロ＝ポンティは、すでに見たように、当初、ベルクソンの哲学的直観には特権はないと批判し、同時にヘーゲルの歴史概念を美術館のようなものだと批判しながら、人間精神と哲学的真理の限定性を主張していた。哲学は歴史の全体を俯瞰するような神の立場に立つことはできず、歴史に内属しなければ歴史を捉えることはできないが、歴史のなかでこそ歴史を知ろうとする動機が意味をもつというのである。哲学は、そうした歴史のなかで、未来へと進もうとしてなされる歴史の運動にほかならないのである。

そのとき、歴史自身の論理によって、歴史には干満、すなわち意味ある出来事へと向かう緊張と、それがちぐはぐになる弛緩とがある。哲学が求める真理は、その干満と独立してあるのではなく、歴史が密かに満ちてくるなかではじめて意義をもつ。歴史が緊張したその瞬間に、たとえば「われわれは労働者だ」という言葉が、レーニンのような歴史の英雄によって叫ばれたとき、「歴史の真理」としての革命が起こるのだと、メルロ＝ポンティは考えていた――ルカーチに「歴史を神秘化している」と批判はされたけれども（『実存主義かマルクス主義か』）。

やがてメルロ＝ポンティは、そうした歴史観をソシュール言語学的に捉えなおし、「生の歴史」（『世界の散文』）として、複数の焦点や複数の次元で収束するものとして説明するようになる。このレヴィ＝ストロースにも見られる比喩は、反省を鏡の反射になぞらえたロックの伝統をふまえて、ギュイヨー、ベルクソンから引き継がれてきたものであるが、そこでは「歴史の英雄（ヒーロー）」は、もはや問題にはならない。

名まえをもった特定のひとが、だれが見てもはっきりとした出来事をまえにして決断を迫られるといった、英雄になれるかどうかといった実存主義的状況は、「おはなし」にすぎなかったのである。かれは、哲学それ自体もまた歴史のなかにあって、むしろ歴史の進んでいく側の面のことにほかならないと考えた。そこには、哲学者たちがそれぞれの深さに到達し、歴史を免れる普遍性をもつかのように引用したり、ヒントにしたりすることのできる歴史がある。そのような歴史は、もはやヘーゲル的な歴史ではなく、ポストモダン的な歴史であったかもしれない。

どの時代どの文化にも、それぞれの社会に住まう無数のひとびとの匿名の知覚と仕草のあいだで、それら相互の無数の取りあげなおしがいつも起こっている。その知覚や仕草が、過去のひとびとの企てや、いまいる他のひとびとの企てと出会って、コミュニケーションが成就するときに「歴史」が出現する。いいかえれば、歴史とは、差異の体系の変遷であり、完結してしまうことなく、たえず差異によって取りあげなおされ、捉えなおされる余白をもつことに本質をもつ、というのである。

†象徴と記号

メルロ＝ポンティは、なぜ歴史において、このように人間の意図的な行動よりも、無自覚的な知覚や仕草が重要になると考えるのであろうか。それは、構造主義における、「言語は記号（シーニュ）である」ということの意味が関わってくる。言語を何と捉えるかについての思想の流れを、簡単に振り返ってみよう。

一九世紀後半から二〇世紀前半にかけて、精神の存立基盤が疑われるようになって、生が主題になっていた当時、思想家たちは、思考とは切っても切り離せないものとして、言語の意義を重視しはじめた。そして、パースがした分類に見られるように、言語を象徴のひとつと考えるようになっていた。

象徴《シンボル》というのは、古代から商取引などで使用する「割符《さいふ》」に由来する概念である。板や紙に証文を書き、それを二つに切って、取引の証拠とするためのものであった。それは、人間社会の約束ごとによって成立するものであり、一対一に対応する片われのことであったが、そればかりでなく、それで全体を表現するもの、それを使ってさまざまな組織や制度を暗示することのできる特別な対象のことでもあった。水戸黄門の葵の御紋のついた印籠のようなものである。

言語が象徴であると考えられたわけは、記号とは異なって象徴は人間が作りだしたもの、人間だけが意味を解することのできるもので、そこに精神が自然から独立してなし得ることの特異性を証拠だてているとみなされたからであろう。パースだけでなく、マラルメ、フロイト、カッシーラー、ホワイトヘッド、ユング、ラカンにいたるまで、一九世紀後半から二〇世紀前半、いたるところで「象徴」という概念を主題とした思考が出現した。

しかしながら、メルロ＝ポンティは、「象徴機能」や「象徴能力」や「象徴界」という曖昧な表現で精神をいいかえたとしても、それで精神の説明にはならないと指摘している。従来、思考の対象は「観念」と呼ばれていたが、自然科学、生物学の発展によって、精神の存立が危うくなり、観念の実在性が疑われはじめたときに、それを「象徴」と呼び替え、自然の対象に対して意味付与されたものがあるとして、最後の砦のようにしてもち出された。とはいえ、その語で、あい変わらず観念のことを語っているにすぎないかもしれず、あるいは思考を世界の一事象にしてしまうことになるのかもしれず、かえって精神を曖昧なものにしてしまったのであった。

そのようなとき、マーティン・フォスが、『シンボルとメタファー』（一九四九年）という本を書き、象徴という概念の使用停止を提案した。かれによると、象徴とは全体を部分に還元することであるが、全体を知るものとされてきた精神が、部分をしか知らないときに、全体の統一性を見せかけのうえで保持しようとして、象徴という概念が使われたにすぎないというのである。実際、このころには、象徴ということで人間に独自の活動を説明する思想家は、すでに少なくなっていた。

他方、ソシュールが主張した「言語は記号である」というときのシーニュ（サイン）とは、もとより黒雲が雨を予想させるというような、自然と共通の「徴候」のことであった。ソシュールは、「言語は記号である」と主張することによって、言語は象徴ではないということ、そして（近代哲学が前提していた）自分の思考を語る理性的主体の存在がどうでもよいものであるということを示唆していた。

言語が記号であるということは、かつてデカルトやロックなど、近代哲学者たちの考えでもあった。だが、それは思考の徴候である「表現」として、人間によって作りだされたもののことであって、ソシュールのいうように、それ自身で成立する空間のことではなかった。ソシュールのいうようなものだとすると、記号としての言語が生みだす意味は、思考によってもたらされるのではなく、自然の徴候（サイン）とおなじようにして生じることになり、近代の哲学者たちの言語観とは真っ向からぶつかることになるであろう。

言語というものは、定義すら言語でなされるのだから、正確に定義されるような意味をもつものではなく、論理的にどこまで工夫しようとも言語を超えた意味を与えることはできない。むしろそれは、いわば声帯のうえで踊るダンスのようなもの、多様な創意工夫によってたえず変遷していく音素の連鎖であり、思考を通じて理解される概念といえども、みずからに折りたたみ、重ねあわせて関係づけることもできるような音素の連鎖にすぎない。

しかし、メルロ＝ポンティはこの空間的主題を深化させつつ、――死によってそれが断たれるわけではあるが――、後期の「肉の存在論」を展開しようとしていた。

ここで、肉という言葉は、植物の葉の厚みのようなものを考えればいいのであるが、かれは触れるものと触れられるもの、見えるものと見られるものが、ちょうど芽を出した植物の種が裂開し、二葉の葉が相互に向かい合いながらみずから分かれて伸びていくようにして、感覚が差異化して精妙な諸存在者の知覚にいたるという、生の歴史の存在論を構想していたのであった。メルロ＝ポンティは、哲学の伝統であったイデアに対して、自然はスタイルから成ると述べているが、それは、存在において差異の体系を見いだすことを意味していた。

†フーコーの「人間の終焉」

以上が、構造主義と呼ばれた思想の展開である。構造主義がブームであったころ、それを批判するひとは、しばしばラングの共時態をしか見ずに、科学的客観主義の立場として、「構造」という実在を根拠に（精神としての）人間主体の意義を否定したと理解した。

とはいえ、その場合の科学とは、法則を発見しようとする自然科学のことではなかった。構造主義は、人間主体を客観的世界と包括的歴史に対峙《たいじ》させて、そのなかでの実践を問題にするような西欧近代哲学の枠組を否定しただけであって、われわれの生きられた経験を、主観と客観に分離しないままに、世界と歴史の「意味」の場において捉えなおそうとしていた思考であった。

ただし、構造主義者と呼ばれた思想家たちが、そのおなじ原理を共有していたとはいいがたい。それはせいぜい旗頭のようなものであった。レヴィ＝ストロースに見られるように、最初はソシュール言語学の部分的適用でしかなく、ラカンに見られるように象徴という曖昧な観念への漠然とした依拠や、ロラン・バルトに見られるようにサルトル的実存思想の影響があった。だが、やがてフーコーの「人間の終焉」の宣言において、西欧近代的な人間性に対する告発へと進んでいった。

ヒューマニストであったサルトルの実存としての無が、「人間の終焉」へという弁証法的な、つまり自己否定がおのずから生じるような展開を示したというういい方をしてもいいかもしれない。レヴィ＝ストロースが見いだした野生人の肯定や、フーコーが見いだした人間《ヒューマン》の否定は、近代の普遍主義的な人間像に対して大きな変更を迫るものであった。

フッサールが西欧の同朋性について述べていたが、かれの前提したように人間は一種類ではなく、時代と文化と社会のなかで人間《ヒューマン》だったのであって、西欧近代的な「ヒューマン」は、世界のどの地域に住むひとびとをも説明するようなものではなかった。ましてそれは、これからの未来の一切のひとを説明するようなものではあり得なかった。

構造主義のブームは、西欧近代の思考の枠組に固執する多くの反動に直面して終わったが、取り消し得ない出来事として、現在のさまざまな思想のなかに生きている。とりわけ、ヒューマン抜きに思考する技法として、構造主義史観は、まさしくポストモダンにおける歴史のあり方に対応したものだったといっていいであろう。

第4章

情報

——ポストモダンと人間のゆくえ

1　ポストモダニズム

†建築のポストモダン

前章で今日の「歴史」としての普遍的登記簿について説明し、それに対応する構造主義的な歴史観をふまえたいま、いよいよ現代思想の最たるもの、ポストモダン思想について述べていくことにしよう。

「ポストモダン」という語を最初に使いだしたのは、建築家たちである。二〇世紀前半に、ル・コルビュジエを代表とする「モダニズム」という建築様式があったが、これはモダンとはいえ、「近代」というより、まさに一九世紀終わりに確立された「現代《モダン》」の生活に適った建築様式のことであった。だから、ポストモダンは、正確には「近代のあと」というわけではなかった。ポストモダンの「ポスト」とは「そのあと」という意味であるが、それは一九七〇年代、二〇世紀前半のモダニズム（現代風の様式）のそのあと、モダニズム建築の反動のようにして生まれてきた様式のことである。

モダニズム建築の代表はニューヨーク国連ビルであるが、コンクリートとガラスでできた直方体の建物である。十分に光が取り入れられた内部には、照明、ガス、電気、水道、電話など、機能的な装置がふんだんに配備してあり、そこで生活するひとびと、仕事をするひとびとにとっては、とても安全で便利なように見える。モダニズム建築の代表者、ル・コルビュジエは、建物とは住まうための「機械」であるとまでいいきっていた。

それまでの建築は、古代ギリシア・ローマ風の円柱をもった重々しいものなど、その文化の特徴的装飾と色あいをまとった優美なものであったが、西欧人たちは、一九世紀末になると、産業的な精神をもって過去から自立し、科学の時代に適した様式を求めるようになった。そのころコンクリートが発明され、ガラスも大量生産されるようになっていて、目的に即した機能的な建物こそ、その時代にふさわしいと考えられたのであった。

ところが、である。最近のマンションやホテルなどは、いつのまにかビザンチン様式風のゼブラ模様になっていたり、わざと斜めの稜線が入っていたり、ひし形の窓が組みあわされていたり、ゴシック建築の教会のようであったり、突然ギリシア風の円柱が入っていたりと、奇抜なものが多くなった。これらこそがポストモダニズム建築である。それはモダニズム以前の旧い様式を、パッチワークのように組みあわせた建築様式なのである。

なぜか。全国の鉄道の駅を見てもらえば分かるが、どの駅で降りても、駅前のロータリーの造りや、建物の並び、店の種類まで、識別するのが困難なほど画一化されている。住まいも、かつては「文化住宅」といわれたりしたが、蜂の巣のようにずらっとおなじ間取りの部屋が延々と並ぶなかに、似たような家族が似たような生活をするようにできている。モダニズム建築においては、人間はみな似たようなものであり、住まうことの便利さには標準があって、それにあわせて大量生産されたものが理想とされていたからである――これが「文明」であり、「近代化」であると理解されていた。

しかし、そこには無用の用とでもいうべき空間がなかった。必要不可欠な空間だけ、それも、それぞれに異なった使い方のできない空間だった。そうした場所は、本当に人間が住まう場所なのか？――ちょうど「価値観の多様化」という言葉が使われて、ひとそれぞれに異なった生活の仕方が重視されるようになったころのことである。モダニズム建築に溢れた都会的な風景は、「非人間的で窒息しそうだ」などといわれはじめた。

一般に、建物の様式が、地域によって、また時代によって異なってくるのは、単に素材と技術の違いだけによってではない。生活のなかに美や新奇なものを作りだそうとする意欲や、工夫や慣習や、いわばその地域のひとびとのくせによってである。建築には、その土地に住まうひとびとの「生」が反映されている。モダニズム建築にはそれが欠けていたのであろう。

ポストモダニズムは、必ずしもモダニズムの生活空間をひっくり返そうと意図したものではなかったが、素材を扱う技術が発達した結果、画一性を否定して、かつひとびとが納得する新奇な空間を作りだすこともできるようになり、いわば「心のゆとり」を組み込もうとしはじめたのかもしれない。とはいえ、そのようにして建てられた建築が、独創的でもなければ個性的でもなく、建築家固有のスタイルがあるということもなくて、過去のそれぞれの時代から、すでにあった多様な様式の面白い部分を「引用」するという、ただのパッチワークとなってしまったのはなぜなのであろうか。

近代的観点からすると俗物的、発想は貧困で、混乱しているだけにも見える。だが、重要なことは、ひとびとがそれを受け容れたということ、建築家はそれを生活可能な空間に作りあげることにプライドをもつようになったということ、そして奇抜さに何の恥じらいもなくなったということである。そうやって作られた建物は、様式なき様式、様式破壊、反様式ともいえるものであるが、それこそがポストモダニズム建築と呼ばれたのであった。

†メルロ＝ポンティの「スタイル」

様式という語とスタイルという語をいま使ったが、「様式」の原語は、「スタイル」とおなじである。日本ではこのように訳し分けて、意味の違うものとして通っているが、時代や文化に属するものとしての「様式」と、個人個人がもつ特異性としての「スタイル」が、西洋では連続した意味で理解されている。

もともと「スタイル」とは尖ったもの、つまりペン先から生まれる筆跡のことを指していた。手書の文字にはそれぞれに書いたひとの個性、味のようなものが出る。親の筆跡に似ていたりもして、自分で工夫して作るものでもないが、でも少しずつ自分流になっていく、あるいは上手なひとの文字に似せていくような独特のものである。

メルロ＝ポンティは、人間自身もこれとおなじ「スタイル的統一性」にあると述べている。今日のわたしはもはや昨日のわたしではなく、明日のわたしは今日のわたしではない。そこには、ロックのいうような同一性《アイデンティティ》はない。どんな言葉も表情や仕草も、毎回まったくおなじでなく、いつも何かあたらしく、少しずつ変わっていく。とはいえ、それにもかかわらず、何年経っても出会う友人は、「ああ、あのときのあの友人だ」と、すぐに分かるのである。

ひるがえって、メルロ＝ポンティは、セザンヌなどの現代絵画の意義についても、画家それぞれのスタイルであると述べている。現代芸術《モダンアート》の意義は、まさに芸術家のスタイルであって、芸術家が見たり触れたりするその独特の感性を、観るひとびとに教えることにあるのだという（『間接的言語と沈黙の声』）。

「様式」という意味でのスタイルは、それぞれの時代に多くの芸術家たちによって支えられ、剽窃《ひょうせつ》とか著作権とか問題にされずに使用された共通の技法のことであった。どんなジャンルの作品であれ、まったくのオリジナルなものはなく、大なり小なり先人たちのスタイルを模倣した部分をもつ。近代においては、それに少しずつ創造性《クリエイティヴィティ》が付け加えられ、全体的に様式が革新されていくといった風であった。それによって、ルネサンス以降、マニエリスムやバロック※……というように、つぎつぎに新たな様式が生まれてきたわけである。

もとより、工房で弟子たちに描かせていたルーベンスの歴史画など、いまでこそ、その描き方のスタイルとして、すぐにそれと分かるようになっているが、本人がそのスタイルをめざしていたわけではなかった。かれらは、写真《カメラ・オブスキユラ》にも匹敵する精密で迫力のある絵を描こうとしていただけで、結果として、オランダ風俗画風とか、ルーベンス風とか、コンスタブル風といった「スタイル」が生まれてきたのだった。

ところが二〇世紀になると、「一人ひとりがそれぞれにひとつのスタイル」ということがめざされるようになった。印象派と呼ばれる画家たち、モネやルノワールやゴッホやゴーギャンやセザンヌに、写真とは異なるという以外に、作品上のどのような共通点が見いだされるであろうか。それは、ひとによって違っていいし、ましてピカソのように、つぎつぎにスタイルを変えていった画家もいる。ピカソは、近代絵画の様式の変化を、自分のスタイルの変化として、ひとりでやってのけた画家であった。

印象派という「様式」は、ちょうどカメラが発明されたあとで、写実的に描くという画家の仕事がなくなったように見えたそのときに生まれた。カメラがある以上、画家たちは、ただ光景をありのままに描くのではなく、それぞれに独自の、自分が作品のかたすみにサインすることによってオリジナルとなるようなスタイルをめざさざるを得なくなったともいえる。「スタイル」が、一九世紀末からは、個人の作品の美的価値、および商品価値の源泉となったのである。

このようなことは、ポピュラー音楽の世界にも起こっていた。ジャズの様式は、黒人たちが仕事しながら歌ったワークソングからはじまり、デキシーランドジャズ、ブルース、モダンジャズへと展開していったが、一九六〇年代に、ニュージャズ、フリージャズという「様式」がはじまった。ほとんど雨だれの音のようにしか聞こえないセシル・テイラーやポール・ブレイのピアノ、伝説的なサックス奏者のコルトレーンや、「サークル」という実験的グループにおけるチック・コリアのピアノ。それまでもアドリブにおける演奏家たちのスタイルがかれらの名まえで呼ばれていたが、そのころ以来、それぞれがそれぞれの「スタイル」で演奏をしはじめたのであった。

†ベンヤミンの「アウラ」

しかし、スタイルの重視がポストモダンということではない。ポストモダニズムの芸術はというと、近代の様式がこのように現代芸術《モダンアート》の「スタイル」へと変化していったあとに生まれてきた。建築家にかぎらず、画家にとっても音楽家にとっても、様式とは、何らかの全体的統一性を支えるものとみなされ、そのジャンルのひとびとによってめざされてきたものであったが、二〇世紀になってからは、スタイルと呼ばれるようになり、著作権も認められて個人の所有物のようなものとされ、さらにそのあとで、そうした様式やスタイルの発想そのものを破壊するような奇妙な様式として、ポストモダニズムが出現してきたのであった。

今日では、芸術家が芸術家として認知されるためには、おなじパターンの作品を作り続ける必要があるという。それはもはやメルロ＝ポンティのいう芸術家の「スタイル」ではなく、「パターン」でしかないが、このようなことは、キャンベルスープの缶やマリリン・モンローの写真を作品にして、複製を平気で作ったアンディ・ウォーホルの作品群を、そのさきがけとしているのかもしれない。

そこでは、芸術家本人のスタイルの独創性《オリジナリティ》は、二義的なものになってしまう。アニメのキャラクターにすぎないように見える絵画が、近代的価値に基づくオークションにおいて大変な値段で取引されるが、作家がそのようなものを絵画作品として、世界中に認識させたということの方が重要なようである。

カメラやレコードが発明されて以来、複製が容易になり、それによって芸術本来の価値が損なわれつつあるということをつとに指摘していたのは、二〇世紀初頭のベンヤミンであった。かれは、優れた芸術作品をまえにするとだれもが感じる「唯一ここにしかないもの」という独特の空気のようなものを「アウラ（オーラ）」と呼び、複製作品の出現によってそれが消えるにつれ、芸術は衰退していくであろうと予言した。

このアウラが、いまや芸人や政治家についてしか語られなくなっているのは皮肉なことである。いまなお、スタイルを重視したモネの「睡蓮」やゴッホの「ひまわり」などが好きなひとも多いが、もしその何億円もする原画を買って金庫にいれ、複製を壁に飾るのであるならば、写真集からカラーコピーをとって額に入れて飾るのとどう異なるのであろうか。ネットから取ってきて、コンピュータ・ディスプレイの壁紙にするのとどう異なるのであろうか。「芸術のオーラなど、もうどうでもよい」という声も聞こえてくる。

†芸術のポストモダン

思い返すと、ポストモダニズムにずっと先立って、一九一七年のマルセル・デュシャンの『泉』という作品があった。その作品は、ただ逆さまにした男性用便器にすぎなかったが、デュシャンは、それで何を意味させようとしたのであろうか。

美術館に置かれたデュシャンの便器――それは、柳宗悦《むねよし》やバーナード・リーチのいうような、日常的な道具もまた芸術作品だという意味ではなかった。ジャクソン・ポロックがアクションペインティングと称して行ったパフォーマンスのようなものだったのであろうか、ひとを驚かせて生じる結果のあやが重要だったのであろうか。

それとも、その便器は、芸術作品が美術館という、動物園や博物館にも似た場所で、多くのひとが見たがるようなものになったことへの反発だったのだろうか。芸術作品は、かつて貴族やブルジョワたちの装飾物として制作されるものだったが、一九世紀になって大衆化し、美術館で蒐集され、入場料を取って鑑賞されるようになった。芸術作品が美術館で仰々しく展示され、それによって価値づけられるようになったことに対して、デュシャンは、それとは別の芸術の価値があると主張したかったのだろうか。

さまざまな解釈が可能だと思うが、ともかくも一九世紀末以降に芸術がめざすようになっていた個人的スタイルの価値すらも、かれは否定してしまっている。

音楽の世界でも、似たような出来事として、ジョン・ケージの『4分33秒』があった。一九五二年の発表であるが、これは、ピアノ演奏者が舞台に登場して、お辞儀をして鍵盤を開き、四分三三秒のあいだ何もしないで、またお辞儀をして帰っていくという作品であった——ＣＤも出されている！という。

ケージというひとも、実験的で変わった作品を数多く作ったひとだったが、それは、のちのヴァレーズやスティーヴ・ライヒのように、雑音を取り入れた音楽の一種だったのかもしれない。つまり、演奏会場で、それを聞きに来て動揺してしまったひとびとのたてる音と沈黙のあいだの関係を表現したかったのであろうか。

近代初頭には、食事のムードを作るためのターフェル・ムジークや、大衆向けの喜劇や聖歌を活気づける前奏曲にすぎなかった音楽が、いつしか「クラシック（古典）」と呼ばれるようになり、音楽ホールでの演奏会で、着飾ったひとたちが身じろぎもせずに聴き入るというようなものになった。ケージは、そのような状況を破壊したかったのであろうか。

いま、多くのひとが、スマホや携帯音楽プレイヤーで、ダウンロードしたポップ音楽を、通学途上で、または仕事をしながら聴く。クラシック音楽が敬遠されがちな理由は、身じまいを正して聴かなければならない、その雰囲気にもありそうである。とすれば、デュシャンにしてもケージにしても、まずは、美術館とか演奏会といったタイプの近代の芸術の場がもつ権威を破壊したかったのではないかと思う。

今日なお、芸術活動において重要なことは、個々の作品のできばえよりも、作品が評価される場であることに変わりない。かれらの作品は、そうした場を形成し、産業としても成立させた近代という時代に対する批判だったのであろうか。たえずつぎなる新たな様式というものに価値を見いだしてきた近代、「進歩する歴史」そのものに対する批判だったのかもしれないと思う。

†文学のポストモダン

文学についても述べておこう。バルザックのほか、スタンダールやトルストイの近代文学とは異なったタイプの文学作品が、少し以前から出現していた。

まず挙げておくべきは、メルヴィルの『白鯨』（一八五一年）である。主人公が巨大な鯨を捕まえようとする物語だが、単純にその冒険が展開するのではなく、鯨や海に関するエッセイのようなもの、調査や観察の報告が渾然一体となっていた。同様のものとして、ムージルの『特性のない男』（一九三〇年）、オーウェルの『象を撃つ』（一九三六年）、サン＝テグジュペリの『人間の土地』（一九三九年）などがある。物語を追いかけようとしたら退屈に思えるが、その散らばった記述のなかに、ひと捻りした言葉が含まれるような文学作品が書かれるようになっていた。

カフカやドストエーフスキーを好きなひとも多いと思うが、なるほど現代的《モダン》ではあるが、かれらの小説は、筋を追いかけていくことのできる面白いプロットをもっている。それに較べて、ブルトンなどのシュールレアリスム文学のあと、二〇世紀なかば、芸術や音楽と同様に、奇妙な小説が姿を現わしはじめた。「アンチ・ロマン（反小説）」とか「ヌーボー・ロマン（新小説）」

と呼ばれたが、フランスのビュトールやロブ＝グリエが、表現様式や細部の描写ばかりにこだわって、物語の筋としては面白いと到底いえないような小説を書いていた。たとえばサロートは、ドアの傷を修理するのにどうするかという主人公の思いを、延々と数十頁も書き続けたし、バースは、時代遅れとも思えるような歴史小説ばりの書き方のなかに、現代人の感性を出現させる奇妙な作品を書いた。

どれがポストモダニズムの小説かはいえないが、もしかすると村上春樹のような、小説としては軽いように思える物語も、そこがポストモダンなのかもしれない。その延長にケータイ小説があるのかもしれないと思ったりもする。

†近代文学

思い出しておこう。近代の文学作品は、フィクションではあれ、出来事の事例を通してこの宇宙、この世界、この社会、この文化が何であり、〈わたし〉そのものとは何かも含め、そこで生きている〈わたし〉に現われてくる諸問題、それがどんな問題なのかを展開し、具体的に体験させてくれるものであった。抽象的な概念を使って一般的に論証しようとする哲学よりも、容易にひとびとの心に響き、読んだあとにじわりと感じさせる意味の重さによって、さまざまな問題を考えていくことを勧めてくれるものだった。

今日でも、小説を読んだり映画を観たりしたあとに、それが良質なものであれば、ひとは簡単に忘れてしまうことなく、ものいえぬ情感とその余韻を味わうことができるだろう。そして、それらの登場人物の、状況に応じてなした振舞や言動の意味について、考え込まされずにはいられないだろう。自分がその登場人物のように感じることによって、平凡な日常の、とるにたらない諸事件が、カタストロフやハッピーエンドに向かっていく、ひとつの大きな物語の一場面のように思えてくる。

小説や映画というものは、単調なくり返しに見えるひとびとの生活も、歴史上の重要人物の、国家の行く末を決める政治的判断とまではいかなくても、それらの人物が生きた充実した生とおなじような生を、それぞれに応じた、小さいながらも歴史的な出来事のなかで体験しているということを教えてくれる。

たった一日、あるいは数週間のストーリーであれ、そこに生きる人物たちが、それぞれに生きている人生を背景にしてそこに遭遇しているわけで、それを読むひと、観るひともまた、そうしたものを背景として、平凡に見える日常の出来事のなかで、自分も人生を変えるほどの重大事に立ち会っているのかもしれないと思わせられる。それらの作品は、人生において、特別な出来事が連なってその流れを形成しているなかに、この一瞬一瞬があるということを教えようとしているのである。

いまのひとびとのなかには、ＳＦＸ中心のハリウッド映画やロールプレイングゲームの方が一般的で、それとどう違うのかと思うひともいるかもしれない。思い返してみれば、小説や映画の主人公は、美しかったり、考え深かったり、勇敢だったりするのに、その読者や観客は実際はそうではない。それなのに、平凡な自分の人生を、それらの主人公たちのように特異なものとして捉えようとするのは、俗物根性《スノッブ》ではないかと思うかもしれない。本物の人物というものは、みずからの物語を、全体を知らぬままに生きぬくであろう。それなのに、自分を大事件や、ちょっとした奇異な出来事の主要人物のように捉えるのは、あまりみっともよくないと思うかもしれない。

一九世紀以降の歴史上の人物たちは、過去の歴史のなかの英雄豪族たちとは違って、どこにでも生まれ、生活している等身大の一市民たちであった。家庭環境や何らかの巡りあわせによって社会で目立つ仕事をするようになっただけであった。だから、小説を読んだり映画を観たりしている一人ひとりも、だれもがその実際の歴史に関与するのは無理なのだが、場合によってはそういう立場に立ったかもしれないと思うことができた。そのようにして、近代の小説や古典的な映画は、一人ひとりの人生を、あたかも小説の一コマのように理解させ、どんな人物も、公式に記録される歴史の登場人物たちとは別の、それぞれの歴史のなかを歩み、そのなかで人生の意義や現在の意味を理解していたということを教えてくれていたのであった。

とはいえ、それはもはや近代の感受性にすぎないのであって、いまのひとびとには失われてしまったものなのかもしれない。近代文学は、いまここで起こっていることを歴史のなかで捉えなおし、それによって意味を付与するという、近代哲学とおなじ歴史哲学的思考が前提となっていたのだが、それゆえにこそ、今日、「文学」や「映画」もまた、終焉に向かいつつあるように見えるのである。

†映画のポストモダン

映画についてももっと具体的に述べておかなければならないが、あまりにも変化が激しくて、しかも、他の分野に比べると、あっというまに現われて、あっというまに消え去りつつあるジャンルである。ハリウッド映画のように、大勢のひとが映画館で観る娯楽映画の本質は、先進国ではすでに消滅しつつあるように見える。

それであるにしても、である。そのずっと以前、エイゼンシュテイン監督の『戦艦ポチョムキン』などの実験的な諸作品が、いかに映像表現の、いまやあたりまえになっている様式を、暗中模索しながら創作してきたかをチェックしてもらいたい。そしてつぎに、近代的価値を表現した映画、たとえばヒチコックのサスペンスや小津安二郎の人間関係の空気のようなもの、そしてつぎにはフェリーニやゴダールなど、監督の「スタイル」が前面に出てくる映画、だれの作品かが決定的に重要になってくる映画も観てもらいたい。

そして、今日の映画でも、ハリウッド映画に比べると、決定的に退屈な筋のないように見える作品や、たとえばフランク・ダラボン監督の『ミスト』（二〇〇八年）のように、サスペンスのあげくに観客の期待を放りだすバッドエンドの作品があるが、それははたして何であるのか、映画というジャンルにも、そういった変化を捉えていただきたい。

少なくともいえそうなことは、映画の世界では、最近、近代的価値感をもつ批評家たちに非難されないように、「オマージュ」という言葉を使って、――ポストモダン建築さながらに――、旧い作品から引用するのがあたりまえのことになっているということである。

押井守監督には、一九九五年の『攻殻機動隊』という優れた作品があるが、それに較べ、二〇〇四年の『イノセンス』は、別の映画の映像の模倣や、引用ばかりの主人公のせりふで、いわゆる「二作目の駄作」でしかないようにも見えた。しかし、そうしたパッチワークこそポストモダニズムであるのだとしたら、それはそれで記念碑的な作品なのかもしれないと思う。ポストモダンという語が使われはじめたのは、むしろそれに先立って近代を批判していた作品があって、それに呼応してであったといえるかもしれない。

ポストモダンという語は、結局、建築にとどまらず、芸術、文学、政治、思想などのさまざまな分野で使われるようになった。それはちょうど、一九世紀になって「ルネサンス」という語が、芸術様式のひとつとしての意味から、文化的な本質をもつひとつの「時代」に格上げされたようにしてであった。つまり、「ポストモダン」という語は、建築様式のひとつであったものから、二〇世紀の後半になって、文化的な本質をもつ新たな「時代」とみなされるようになっていったのである。

2 ポストモダン思想

†リオタールの「ポストモダンの条件」

やがて思想の世界でも、「ポストモダン」という語が使われはじめる。一九七〇年代から一九九〇年代にかけてである。しかし、建築や文学芸術におけるポストモダニズムとおなじものかどうかは、少し疑わしい。ここでは、ポストモダニズムとおなじ語の訳であるが、「ポストモダン思想」という言葉で区別しておこう。

ポストモダン思想の口火を切ったという点でも、いまだそれ以上に明確に論じられているものがないという点でも、代表となるのはジャン＝フランソワ・リオタール（一九二四〜一九九八）

の『ポスト・モダンの条件』（一九七九年）である。それは二〇世紀初頭のコジェーヴ以来、話題になってきたポストモダンを、政治との関わりで論じたものであった。

アレクサンドル・コジェーヴ（一九〇二〜一九六八）は、一九三〇年代に、フランスでヘーゲル哲学の紹介をしながら、「すでに歴史は終わっている」という講義をしていた（『ヘーゲル読解入門』）。ヘーゲルが正しいとすれば、ヘーゲルが現われて絶対知に到達し、これ以上に進歩すべきものは何も残されてはいない。コジェーヴは、ポスト歴史においては、人類は動物の一種のようなものになるといい、そして日本を訪問したあとには、人間は日本人のようになると述べたのであった。

動物ないしは日本人……一度も西欧近代的な「個人」になったこともなく、集団主義と批判されながらも、マンガ、アニメ、オタク、ケータイ、和食、絵文字と、世界へ発信し続ける「クールジャパン」は、ポストモダンの「巣窟」なのだろうか――歴史の終わったポストモダンに「最先端」はないけれども。

なお、リオタールの本のタイトルに「条件」とあるが、それは、コンディションという原語からすると、「事情」とか「状況」の方が分かりやすい。「ポストモダン病状」と訳せないこともないが、リオタールがそこまで悲観しているようには見えなかった。かれはその『ポストモダン状況』とも訳せる本のなかで、もはや「大きな物語がなくなってしまった」と述べたのだが、この言葉こそ、その後、ポストモダンを説明する最も適切な表現として、批評家たちからもてはやされた言葉であった。

†大きな物語

リオタールのいう「大きな物語」とは、啓蒙や民主主義や脱貧困や革命など、政治的ないし科学的言説を正統化してきた「おはなし」のことであった。「物語」は、近代になって「歴史」から分離されたが、それ以前からひとびとが共通して信じ、前提にする説明の筋道、「そのように話していくとみなが納得する」といったような会話の流れのことでもある。かれは、「大きな物語」という語を使うことによって、近代的歴史概念を否定しつつ、その意味でも、政治的な物語が力を失っている、それこそがポストモダンの特徴だと主張したのであった。

まず「啓蒙」であるが、それは一人ひとりには理性があって、学校やメディアなどで教えさえすれば、科学的で合理的なものの見方、考え方ができるようになるはずであり、そうした教育制度や大衆への訴えかけが重要だという「物語」であった。ルソーの『エミール』やヘッセの教養小説に描かれたように、子どもは感情と理性の発達とともに、社会的な生き方を身につけながら成長していかなければならないのである。今日風にいえば、親は子どもを大学にまで進学させ、世間の常識のみならず、学問と幅広い教養を身につけさせて、やっと子どもは立派な社会人になるという物語である。

しかし、今日において、本当に教養は必要なのか。オタクのように何かに詳しければ、それで生活していけるのではないか、分かりやすく面白い情報さえ知っていれば、また、そのようなものをネットで検索する能力さえもっていれば、それでこの世は渡っていけるのではないかと反論されたらどうであろうか。

たとえば、血液型の性格判断は、非科学的で不合理な判断である。しかしそのことを主張してひとびとのあいだにとげとげしい雰囲気を作りだすよりも、空気を読んで、その場のひとたちが語りあえる話題を提供することの方が大事かもしれないであろう。知識であれ風説であれ、ネットに書いてあるような噂話や蘊蓄《うんちく》を語る方が大事なことだといわれたらどうであろうか。しかも、血液型性格判断を信じているひとたちが、みずからが指定された性格を演じることで、その判断の正しさが「証明」されてしまったりする——そうしたプロセスが、生活のあらゆる領域ではじまっているのではないか。

確かに「啓蒙」や「教養」という物語は、力を失いつつあるように見える。教養がないといわれても、恥とは思わないひとが増えてきた。とすれば、文学であれ哲学であれ、従来は教養をもっているといわれていたひとが、オタクのように見えてくる。「オタクも立派だ」という捉え方をされるようになってきたから「それもいいか」ともいっていられない。真の知識を知ることよりも、上手なコミュニケーション能力や専門的技能を身につけることの方が重要とみなされるのだとすれば、知識や思考の必要性を訴えるひとは、虚空に向かって吠えているようなものである。

「民主主義」についても同様である。学校では、民主主義とは、国民の一人ひとりが国のゆくえを考えて、自分が正しいと思うひとに投票し、選ばれた議員が理性的に議論した結果として、国のゆくえが決まるということになっている。実際は、投票率が低い結果、組織されたひとたちの投票行動によって特定のひとが選ばれ、その組織や土地の有力者にとって有利な政策が決定されたりする。あるいは、国会議員たちがお手盛りで作った奇妙な選挙制度のもと、たいして得票率もなかった政党の党首が、一定期間の絶対権力を付託された王であるかのようにふるまって、自分の個人的な理想を追求したりする。

こうしたことはすでに多くのひとが知っていて、民主主義が間違っているとまではいわなくても、もはやあまり期待しなくなっている、政治そのものに無関心になっている、あるいは強い指導者の出現に期待して、人気投票のような行動に出ることすらある。これらの事情は、社会体制が民主主義的でなければならないという価値が、もはや共有されていないということを示しているのではないか。

教育に関してであれ選挙に関してであれ、従来は、国民一人ひとりのあり方が国家の運営にえるだろう。

密接に結びつけられるのだから、自分の知識を背景にして自分で思考しなければならない、それが当然だとされていた——そうした物語が省みられなくなってしまっているということはいえるだろう。

もはや今日、だれもが納得する物語、すなわち、議論していく際に共有されていて、照合して互いの正しさを検証するような物語が見あたらなくなり、迷惑をかけさえしなければ、それぞれが勝手なことをしていてよいといった、相対主義的で、議論を好まない生き方が一般化しているとはいえないだろうか。

†思想のポストモダン

リオタールは「大きな物語は終わった」と述べたあと、これからは情報をやりとりする「言語ゲーム」の時代だと論じ、未来の百科事典として、まさに「ウィキペディア（ネット上の書き込み自由の百科事典）」のようなものこそが、ポストモダンの人間にとっての自然なのだと喝破した。そこにこそ、かれの先見性も楽観性も現われていた。

かれによると、ポストモダン社会では、知識はもはや啓蒙や世論形成のためにあるのではなく、情報に翻訳されて、交換価値をもつ商品となる。交換価値という意味は、知識を使って自分の教養や能力を高めるのではなく、互いに情報としてやりとりすることから利益を引きだすのに役立つという意味である。哲学など、情報に翻訳できない種類の知識も多いが、それには価値が認められず、忘れ去られてしまうことになるが、それもいたし方ないというのである。

リオタールがウィトゲンシュタインの「言語ゲーム」という概念をもち出したのは、それが情報のやりとりのなかに多様な発明をして産業とするポストモダン社会の基礎だと考えたからである。その社会で重要なことは、相互に異なっていて、未決定であるようなものをもつことを前提するやりとりのなかで、それぞれのひとが、――野生人のブリコラージュのようなものであろうか――、街の発明家のようにして情報を生みだすことであるという。ニクラス・ルーマン（一九二七〜一九九八）の「システム論」や、ユルゲン・ハーバーマス（一九二九〜）の「討議倫理」といった、統一性、安定性、同一性を前提するような近代的発想があるが、そのようなものを捨てるべきだというのである。

もちろん、ハーバーマスのように知識のコンセンサスを重視する思想家は、それにはっきりと反対して、ポストモダン思想を相対主義、あるいは新保守主義《ネオコン》と同様なものだと批判した。新保守主義とは、単に伝統的なものを維持しようとするのではなく、自由や競争といった近代の伝統的価値を維持するために強引な手法をいとわない立場のことである。

ともあれ、リオタールの『ポスト・モダンの条件』という書物は、近代社会以来の知識と政治の関わりの変化について述べ、それが生じている現象の諸側面を原理論的に説明しようとしたとはいえる。かれに追随したひとびとは、二〇世紀後半の「思想」として、そこに何かあたらしい哲学のようなものを見ようとしていた。

†ポスト構造主義

リオタールのいうポストモダンには、デリダの「脱構築」など、差異の形而上学を根底に置く新たな哲学が背景にあると考えるひともいた。それが一九六〇年代のアメリカで、現代フランス思想を受けとめたひとびとの見解でもあった。それ以前に流行した構造主義を理解できなかったアメリカの知識人たちは、構造主義を批判したデリダの思想に、構造主義が終わったあとという意味で、「ポスト構造主義」という名まえを与えたのであった。

確かに「差異」という概念は、二〇世紀になってから、重大な意義をもちはじめた。最初に差異を精密に論じたのは一九世紀末のベルクソンであり、そしてその後、言語学の分野でソシュールが、言葉は「差異の体系」から成りたっていると主張して、それが構造主義の思想家たちに影響を与えた。そのほかにも、差異という概念を強調する例としては、ハイデガーの「存在論的差異」、メルロ＝ポンティのスタイル論、レヴィナスの他者論、デリダの「差延」、リオタールの「抗争」、ドゥルーズの「差異の哲学」等々がある。

しかしながら、そこで表現されている差異の概念は、それぞれの思想家においてあきらかに異なっており、かみ合わせることすら困難である。差異という概念は、流行語のようなところもあって、現代フランス思想は、すべてを「差異の戯れ」で片付けてしまったという苦情も聞こえてくる。

「ポスト構造主義」に期待したひとびとは、ポストモダンをあえて新たな「時代」と捉え、どの時代にも哲学があるはずだとの近代的な前提から、新たな「哲学」を探していたようにも見える。しかし、実態は、ローティが『哲学の脱構築』(一九八二年)において述べたように、ポストモダンでは哲学も終わってしまうのであって、「ポスト哲学」の状況になれば、哲学という名まえで語られるのは「文化批評」のことなのである――まさにシュペングラーが予言していたことであったが。

†デリダの「脱構築」

「文化批評」とローティがいうものは、あらゆる時代と社会と文化の言葉づかいが、相互にどのように関わり得るかをひたすら参照しながら、その堂々巡りをするパフォーマンスのことである。

具体的には、「カルチュラルスタディーズ」や「メディア論」という分野で行われているが、さまざまな哲学書や思想書を文学作品のようにして読み、そのパッチワークを作って面白い話に仕立てあげる作業のことである。なお、「文明批評」という分野もあるが、それはカーライルやオルテガなどを代表として、一九世紀から二〇世紀にかけて近代文明について論じたもので、それとは区別しておく必要がある。

文化批評の方法論としては、デリダのいいだした「脱構築」が重宝された。これは、デコンストラクションの訳語である。「コンストラクション」とは建築のことであるから、それを「デ（脱）」することである。建築のポストモダニズムは、過去の多様な様式を混ぜあわせることであった。哲学でコンストラクションというと「構築」と訳す。現象学では、意識はその自然なままに働くと意識にとって都合のよい理論を「構築」してしまうので、それをエポケー（一旦停止）し、意識に現われるがままに記述すべきとしていた。デリダは、構築されたものを「デ」しようとするが、そのことは、建築ならそれを破壊するのではないし、哲学ならそれを記述するのでもない。「デ」するということは、書かれたテキストとして築きあげられたものの、その建築（構築）のいきさつをあきらかにすることである。

もともと文芸批評は、作家の育ちや身辺を調べたり、作品相互のプロットや文体を比較をしたり、ということをしていたわけであるが、アメリカでは当時「新批評」といって、歴史的状況や作者の心理からテキストを解釈することを拒否し、テキストについてのみ読解するということをめざす運動があった。

そこにデリダの「脱構築」という概念が飛び込んできたのであった。それは新批評よりもさらにラディカルな方法論として、テキストそのもの、およびテキスト一般の成立、そこに書かれているものと書かれてはならなかったものとを暴露するような読解の技法、書かれたものが、そのように書かれ、そうでなく書かれなかった事情を説明しようとする技法であった。

「脱構築」をそのように受けとめたのは、ポール・ド・マン（一九一九〜一九八三）やハロルド・ブルーム（一九三〇〜）といったアメリカの文芸批評家たちで、かれらはイェール学派と呼ばれた。かれらの思想が正確にデリダの思想と合致していたかどうかというと、デリダにとっては不本意だったかもしれない。かれらの書き方自体は、建築や文学芸術のポストモダニズムに近いものであったが、しかし、かれらは方法論を求めていた。方法論は、学問に方法というものがあるとしたデカルト哲学の流れを汲むもので、だからその発想自体は近代的だったともいえる。

†ロゴス中心主義

デリダ自身の思想はどうかというと、かれは初期の著作、『グラマトロジーについて』（邦訳は『根源の彼方に』）において、プラトン以来の哲学的真理の「脱構築」をしようとしていた。かれによると、古代ギリシア以来、真理と呼ばれてきたものは、自分が語る声を自分の耳で聞くという閉じた回路のことだった。それは、自分でしゃべって自分で納得するようなものであって、そのようなものは真理ではないと、かれは主張した。

哲学とはフィロソフィア、元来は「知恵を愛する情念」なのであるが、デリダにいわせると、プラトンは知恵それ自身よりも自分のロゴスを愛していた。ロゴスというギリシア語の意味は「言葉」でもあり、「論理」でもあるが、そのような論理的な言葉づかいを愛していただけだというのである。デリダは、それを「ロゴス中心主義」と呼んだ。

現代哲学者のひとりであるホワイトヘッドは、「すべての哲学はプラトン哲学の脚注である」と述べていた。つまり、哲学者たちの思想は、プラトン哲学から派生し、それを説明しているにほかならないというのである。多くのひとがそれに賛同したが、しかし、デリダは、まさにその反対のことを主張したことになる。なぜデリダはプラトン以降の哲学は真理を捉えられないと主張したのか。それは、プラトン主義的伝統では、ロゴスである「言葉の効果」を考慮に入れていない点に問題があったからである。

古代ギリシアでは、外国人をバルバロイと呼んだ。バーバリアン（野蛮人）という語のもとであるが、その意味は「もごもごいうひと」だった。ギリシア語だけがロゴスをもって語ることができる（明晰な思考を可能にする）という、自国語中心主義的な発想だったのである。それは、バベルの塔の神話にもあるように、根本的にひとつの本物の言語があって、ほかはその派生物、ないし劣ったものだという発想であるが、一九世紀まで、多くの文化において継承されてきた臆見であった。

デリダは、これを批判する。かれによると、アウグスティヌス以来の、ひとは過去において成立した言葉の意味の記憶によって現在において聞く言葉を理解するという伝統的な言語観があって、言葉はその記憶によって明晰だとされるのであるが、いま何事かが語られた瞬間に、その言葉の意味として、過去のその言葉の起源が捏造されているにすぎないのだという。何か言葉を聞いて意味が分かる、その意味を説明するために、捏造された過去の起源がもち出されるとき、プラトン以来、たえず偽物の真理が作りだされ、ひとびとがそれに納得してきただけなのだというのである。

言葉によっていま出現する意味は、最初にそれが生みだされたときの意味や、自分が過去に覚えた意味とは違う。しかし、まったく違うものであれば、いまの言葉の意味も理解できない。シェイクスピアの『マクベス』のなかの魔女たちが、「よいは悪い、悪いはよい」という不気味な予言をするが、それと同様にして、言葉においては、「違うはおなじ、おなじは違う」ということが起こる。デリダ特有の用語、「差延」は、そうしたことを説明しようとしていた。

†デリダ＝サール論争

一九七〇年代になって「脱構築」という語がアメリカに広く受け容れられたため、デリダは、初期からのかれの考えを、この語を通じて表明するようになった。そうしたなか、「デリダ＝サール論争」が起こった。デリダは、サールとの論争において、オースティンが述べた、言葉の真の行為と演劇などでの「ふり」の行為の区別を問題にした（『有限責任会社』）。

デリダによると、真の行為とふりの行為の区別は、言語のコミュニケーション機能として、主体どうしの「意図」のやりとりを前提するからなされる。その区別をすることによって、ひとは不まじめな言説を摘発する警察的解釈を導入するとかれはいう。言葉を発する行為は、本気であるか見せかけであるかは相対的であり、広く解釈されなければならないのに、二者択一にされてしまうというのである。

言葉の意味、ないしテキストの解釈は、そこに述べられた意図を理解するコミュニケーションの働きによるのではない。それについて引用され得る無数の表現があって、それらの表現は、その言葉やテキストに対し、おなじものとして引用されるのだが、つねにそれぞれだけ異なってもいる。すなわち「差延」がある。そうした「おなじは違い、違うはおなじ」を提示する「反復可能性」をこそ、そこに読みとらなければならないのである。

「警察的解釈」という言葉づかいから窺えるのは、テキストを解釈することは、知の問題ではなく政治的実践の問題だという考えである。デリダは、そのころから政治に対する発言を強めていった。民主主義においては、たとえば伝統的な「代表制」や、ハーバーマスが主張したような「討議倫理」や、ロックが主張した「宗教的寛容」などが重要とみなされるが、デリダによると、それらの考え方が成立する可能性は、逆にその不可能性によって定義される。

実際、だれも完全には国民を代表することなどできないし、討議が理性的に行われて合意にいたることもないし、他人の攻撃的弁舌に対して穏やかでいることもできない。公的に承認された思考には、前提としての「秘められたもの」があって、そうした思考を成立させてもいれば、同時にそれを完全には成立しないようにもしている。デリダは、これを暴露することによって、政治に関わるあらゆる言説を批判すべきだと考えた。

とりわけ民主主義は、アメリカ人たちがイデオロギーのようにして諸国家の文化水準を決めるものさしにしてきた。「民主主義は正しく、公正な選挙によって保証される」として、そうでない地域のひとたちなら爆撃しても構わないとするのは、言葉とは何かを考えたことのないナイーヴなひとたちであろう。そうしたマジョリティの傲慢さを暴露する「脱構築」という方法は、マイノリティのひとたち、とりわけフェミニストたちのプロテストに、大いに活用されることになったのであった。

†前衛とポストモダニスト

なぜポストモダン思想は、リオタールであれデリダであれ、以上のように、政治の議論に向かっていったのであろうか。リンダ・ハッチオンの『ポストモダニズムの政治思想』（一九八九年）という本を読むと、その理由が見えてくる。

彼女は、現代の芸術家たちが、とりわけおしゃべりになっているという事情を指摘する。もとより近代の作家や芸術家、まして建築家たちは、自分の作品や製作手法については、あまり語ろうとはしてこなかった。

近代の作家、芸術家は、「ジーニアス」とか「デモーニッシュ」と形容されてきた。ジーニアスの「ジェニー」、デモーニッシュの「デーモン」は、霊ないし守護神という意味であり、そう形容することは、かれらに天才的なひらめきがあることを含んでいる。かれらは、神から与えられた「ギフト（才能）」によって作品を制作していると考えられていたのである。

ところが、ダ・ヴィンチやモーツァルトのような天才の出現は、一九世紀でおしまいになる。なぜか。それは、高名な批評家たちやそれを媒介するメディアによって、天才と呼ばれる人物が「制作」されるようになったから、そのあげく、今日では天才について語ることすら陳腐に感じられるようになってしまったからである。ハッチオンによると、ポストモダニズムというのは、それまで天才を作っていた批評家たち自身が、建築家、芸術家、文学者になってしまったという状況、すなわち、みずからを天才にする言葉の使い手になったという状況のことなのである。

そのことはまた、高級芸術と大衆娯楽との区別が消えたということでもあった。高級芸術とされてきたものは、投機の対象でしかなくなった。無数の作品が大量生産される大衆消費の時代、文学芸術も資本主義的商品生産の流通に組み込まれたからだともいえる。だが、それだけでは不十分である。重要なことは、芸術の価値そのものが消滅しつつあるということである。

二〇世紀に入って、前衛芸術と呼ばれるものがつぎつぎに現われた。前衛という語は「アヴァンギャルド」というフランス語に由来するが、大衆にはよく分からないし、どこがいいか分からないが、芸術家と呼ばれるひとたちが発表して、批評家たちがもち上げていた作品群であった。それは新たな時代の到来を前提し、これからの時代ではこうした新たな美的価値が受け容れられるという意図と目的をもって制作されたものであった。

実際、定規で描けるようなカンディンスキーの絵、単なる色の配置にすぎないようなミロの絵を見たとき、写実的な絵画に慣れていたひとたちは激しく訝しく思ったものであったが、どうであろう、それらは現代のデザインのなかで、包装や装飾のなかに、ごくあたりまえに見いだされる。ストラヴィンスキーや武満徹の、奇抜とされたクラシック現代音楽も、テレビドラマのテーマ曲などに、ありふれたものとなっている。

しかしながら、ハッチオンは、以上の前衛芸術とポストモダニズムの芸術は決定的に別のものであり、その区別が重要だと主張する。前衛芸術は実験的なもので、パリコレなどで奇抜な服が披露されるのと同様に、またモーターショーでコンセプトカーが披露されるのと同様に、あたらしいデザインの多様な工夫、発明にほかならない。それらが普及品の服飾や自動車に漸次適用されていくのである。前衛芸術家たちは、リオタールのいっていた「発明家」なのであって、それはまさに近代のさき、「つぎの時代」を模索している。

つぎの時代を模索しているということは、単純に近代ではないわけだが、だからといってポストモダンであるということではない。前衛芸術家たちの作品には、産業界において使えるという効能もあって光があたるが、おなじころ、社会全体で受け容れられている文化に対して、「サブカルチャー」と呼ばれ、社会から排除される傾向のひとびとが集まって作りだす独特の異端の文化も注目されるようになっていた。フラワーチルドレンとかヒッピーとかの生活スタイル、映画でいえば「ニューシネマ」と呼ばれた作風が表現していたものである。

それはまた、一方では学園紛争が各国で起こって、若者たちの権利主張が強まったり、アメリカでは公民権運動が盛んになり、女性や同性愛者や障害者たちの置かれている立場が次第に社会的に認知されるようになっていくのとおなじ時代の流れにあった。これらは、芸術と産業と政治が一体となった、まさに近代の延長にある前衛的運動なのであった。

このように考えてくると、つぎの時代を模索するひとたち、つまり近代をより一層推し進めようとして政治的な実践をする前衛たちと、時代そのものが終わっているとするポストモダニストたちが、似たようなことをしていたので区別がつかなかったという事情が見えてくる。本人たちも、自分が前衛なのかポストモダンなのか、区別できなかったのではないだろうか。

昔サブカルチャーと呼ばれていたものが、いまはサブカルチャーだらけ、ないし「オタク文化」しかなくなっていると見るならば、サブカルチャーはポストモダンのさきがけであったが、それらのサブカルチャーのなかには「カウンターカルチャー（対抗文化）」といって、政治的な「前衛」だったものも多い。サブカルチャーを解明しようとする思想家たちは、サブカルチャーのうちの前衛的な運動に共通していた政治的主張に注目する傾向があったが、ハッチオンによると、そうした前衛的な、つまりモダンの延長にあるような政治的主張は、結局のところ、後期モダニズムなのであって、ポストモダニズムではなかったのである。

†状況なるもの

思うに、リオタールなど、「ポストモダンの状況（条件）」を主題にした思想家たちにとって、「状況（情況）」という概念には、不可避的に政治的ニュアンスが含まれていた。

「状況がどうなっているか」と聞く場合、災害や事件や流行や戦争、何事かが起こりそうな意味で「状況」という言葉が使われている。しかし、そうしたときの時間のスパンをどの程度に取るべきか。状況という語で一〇年、二〇年先までは考えられるかもしれないが、それは政治的に解決するまでの、少なくともその展望の最大限がせいぜい一〇年、二〇年だからではないだろうか。

概して、「政治的問題」と呼ばれているものは、解決できるし、解決すべき問題としてしか扱われない。「解決する」ということ自体が、そもそも政治的なことなのである。社会全体の人間のあり方を規定するのが政治である。二人いれば、規則や交渉や強制や圧力や追従がはじまるが、それが政治の原点であり、それを解消することが政治なのだからである。それは、お金で解決できないものの流れの、ある種の無慈悲な分配であって、利益を得るひとと損害を被るひとを作りだすことをもって「解決」と呼ぶことなのである。

そういうわけで、ひとは、「状況」という言葉で、政治的問題を指すと思い込んでしまうのだが、これこそ近代における状況の捉え方なのだった。だからこそ、ポストモダンを論じるひとたちが政治の話ばかりしているのに、逆に、ポストモダン状況にあるひとびとが、それほど政治に関心をもたなくなっているということが起こる。現在の一人ひとりの置かれた状況は、それがポストモダン状況であるならば、なおさら政治状況を説明して、それで理解されるものではないのである。

したがって、もし個人の考え方や生活の仕方と個人の集合体としての社会体制との関係に変化が生じたと考えるならば、そのような思考は、ホッブズ以来の西欧近代哲学の伝統のなかにある。そうとすると、「ポストモダン思想」そのものは、近代の延長にある思想だったといえる。それは、ポストモダン状況についてのモダンな思想にすぎなかったのである。

リオタールが、政治と知識の関係に関する社会現象の説明として、ポストモダンという新たな状況が生まれていることをはっきりさせたのは価値があった。しかし、「大きな物語」の終焉が、ポストモダン社会の定義として適切だったかどうかは、検討する余地がある。すでに「生命政治」について述べたように、いまは生命が大きな物語になっているともいえるからである。

しかし、リオタールの議論のより大きな問題点は、かれが、「大きな物語が消えた」という大きな物語をしていたということである。自分自身の定義によって、まさにかれ自身が政治的だったということである。そのことは、かれが、『文の争異』（一九八四年）という書物で、論争における文の相互関係を論じているところからも窺い知れる。

それはデリダについてもいえることで、かれは西欧哲学伝統のロゴスに対して、さらに過剰にロゴスを適用した自家中毒的な政治的言説をふるったというように、かれ自身が「脱構築」

されても仕方ない。デリダの思想自体も前衛的、「モダン（現代）」だった。デリダは独特の文体を使って、盛んに多くの思想家に込み入った論争を挑んだが、それはかれの「最後のモダニスト」としてのもがきであったようにも感じられる。

†ポストモダン思想のその後

二〇世紀後半のポストモダン思想は、現代思想のひとつとして受けとめられたが、ポストモダンの時代にはそれにふさわしい哲学が出現するというように誤解されていたからかもしれない。

いまはブームも去り、それらが新たな哲学とされるほどの有力な思想ではなかったと考えられるようになった。その思想の流行現象自体が、まさにポストモダンの現象であって、こま切れにされた思想のパッチワークのようなものが、商業的に流通したということだった。

さきに、ローティの、哲学が終わって文化批評が哲学と呼ばれるようになるという考えを紹介したが、リオタールやデリダの思想は、実際にも文芸批評家たちにしか受け容れられなかった。この二人の思想家が、思想のポストモダニズムといっていい多数の批評家たちを生みだしたことは確かである。仏文学者や英文学者たちによって、かれらの名まえとその晦渋《かいじゅう》な表現がいたるところで使いまわされた。しかし、「ポストモダン状況」というかれらの捉え方は、いまだ近代的なものにとどまっていた。

かれらは、実際、ポストモダニストではなく、思想の前衛にすぎなかった。モダンから脱けだしてはいなかった。かれらは、ほかの近代的発想の哲学者たちに向かって論争を挑んでいただけであり、ポストモダニズムであるような思考の営みを行ったわけではなかった。

とはいえ、一九七〇年代、芸術文学においてであれ思想においてであれ、文明のつぎのステージを求めてすべてを解体・再構築しようとしていた若者たちにとって、近代のつぎにくる時代がポストモダンであって時代の終焉であるということは、予想されにくいことであった。かれらそれぞれが、単なる前衛にすぎなかったかポストモダンにすでに足を踏み入れていたかは、その後の結果だけが教えてくれたが、リオタールやデリダの思想は、少なくとも、かれらにそのことを意識させてくれたのであった。

以上のことをふまえ、ここで、「近代」と「モダン」と「ポストモダン」との違いを、明確にしておこう。すなわち、ポストモダンは近代のあと、もはや近代ではないものであるが、二〇世紀なかばから、そのなかに、近代の延長で、むしろ近代を超えてさらに進歩しようとする「前衛的」な思想や生き方をするひとたちがいた。そのようなひとを「モダニスト」と呼ぶことにしよう——「昭和モダン」などといういい方も可能であるようにである。

「近代主義者」といわれてきたのは、近代において、特に科学技術を推進して生活や社会を改革しようとしてきたひとたちのことである。それと区別して、いまなお多くいる近代的発想のひと、すなわち自由で平等な個人として理性的主体である「人間」を前提するひと、およびその前衛としてのモダニストは、人権を尊重しつつ自由と平等の価値を信じ、歴史の発展段階を想定し、起こる出来事のそれぞれを「政治状況」として理解しようとするひとたちである。それに対して、ポストモダニストならば、歴史を自在に引用し、現在の話と混ぜあわせてしまうだろう。ポストモダニストにとっては、政治状況は考慮に入ってこず、歴史はデータの収蔵庫のようなものにすぎず、単なる連想や想像で取りだしてくることのできるものなのである。

したがって、つぎのような分類が可能である。①近代的価値のままに生きている近代的発想のひとと、②近代の延長上に新たな時代を開こうとして過去の様式を否定する「前衛」としてのモダニストと、③近代そのものを否定してポストモダン状況をはっきりさせようとした「ポストモダン思想家」であるモダニストと、④ポストモダンを準備するような作品を試みて「ポストモダニスト」と呼ばれた建築家や芸術家と、⑤モダニストに戻ってそれを意図的に制作する建築家や芸術家と、⑥ポストモダン状況を当然としてパッチワークを作っているもはやモダニストではないが別にポストモダン思想家でもないひとがいる、という次第である。

ポストモダンの社会には、ポストモダン固有のものがあるというよりは、近代も含む他の多くの時代の諸要素が残存し、多くの近代的発想や近代的現象が見いだされる。今日の社会状況を見て、真にポストモダンになっているかどうか見極めるには、ポストモダンをどのように定義するかが重要である――とはいえ、このように問うこと自体は、モダンの終焉としてであれ、時代を決めようとしているわけであるから、（わたしも）モダンな発想によるものなのではあるが。

当時、多くのひとびとが、衰退しつつあったマルクス主義の影響を埋めあわせるためか、ポストモダン思想を、政治に関する新たな有力な議論だと考えた。ポストモダン思想を、近代において個人や啓蒙の思想が民主主義的体制の前提になったのと同様に、政治上の新たな体制の前提になるという構図で捉えようとしていたのであるが、そのようなひとびとは、ただ近代的発想のひとつなのであった。

それにしても、リオタールとデリダのあとに出てきた思想家たちの書物、アガンベンの『ホモ・サケル』（一九九五年）にせよ、ナンシーの『無為の共同体』（一九九九年）にせよ、ネグリとハートの『〈帝国〉』（二〇〇〇年）にせよ、扱っているのはあい変わらず政治の話題であって、それらの書物からは、個人が集まって社会を作るとき、その社会が規整されるのはどのようにしてかという、ホッブズ以来の問いのこだましか聞こえてこないように思われるのはどうしてであろうか。

3　情報化社会論

†ダニエル・ベルの「イデオロギーの終焉」

マルクス主義が衰退したということは、何を意味していたのであろうか。一九九一年のソヴィエト連邦の崩壊に関しては、詳しいいきさつの説明は必要ないであろう。第二次大戦以降の国際情勢に暗い影を落としていた東西冷戦は、一九八九年にベルリンの壁が壊されて東西ドイツが統一されたあと、ついにその終わりがやってきたのであった。

ひとびとは、西側自由主義の勝利、東側マルクス主義の敗北と捉えたが、ことはそれほど単純ではなかった。むしろ共産主義革命の影におびえた西側諸国のさまざまな国内政策が、資本主義を支える諸制度に介入して、その結果、西側社会の方が大きな変貌を遂げつつあったともいえる。そうした変貌を、単なる技術と産業の発展の結果とみなすわけにはいかないであろう。

この事態をいち早く指摘したのは、アメリカの社会学者、ダニエル・ベル（一九一九〜二〇一一）の『イデオロギーの終焉』（一九六〇年）、そして『ポスト工業社会の到来』（一九七三年）であった。かれは、東西冷戦がもし熱くなればただちに第三次世界大戦となって地球上の大多数のひとが死んでしまうかもしれないと思い込まされていた状況が、その当時に、すでに終わっていると論じたのであった。リオタールの、近代とポストモダンを対比するというラディカルな捉え方に比べると、もう少し淡々とした表現で、社会の決定的な変化を見させようとしていたのである。

ところで、終焉したといわれる「イデオロギー」とは、そもそも何であろう。それは、もとはイデア（観念ないし理念でドイツ語では「イデー」）のロゴス（論理）であり、一九世紀初頭のド・トラシーらによる観念の歴史的展開を探究しようとする学説のことであった。それがマルクス主義において、ひとびとが信奉しているだけの虚偽の思考、あるいは物質の秩序に規定されている社会的関係を、人間の意識が別のように意識したものという意味で使われるようになった。

マルクスとエンゲルスに、「時代に支配的な思想とは支配階級の思想である」（『ドイツ・イデオロギー』）という有名な言葉がある。マルクス主義は、史的唯物論というように、生産力が発展していくことで歴史が決定されるとする立場であった。だが、生産力に応じて社会体制が変化していくわけではなく、それぞれの時代のひとびとの思考は、社会体制の変化に抵抗する。たとえば、資本家に搾取されている労働者が、革命の意識に目覚めるべきところ、資本家を尊敬しておなじ思想をもっているとか、社会的に隷属状態に追いやられている経済的弱者たちが、愛国心に熱狂するとかいうことがある。そのように、マルクス主義からすると、自分の立場をわきまえない不合理な思考を「イデオロギー」と呼ぶのである。（ヘーゲルの「理性の狡智」のように）それぞれが思考するイデア（観念）には、その時代から与えられるロゴス（論理）があるが、マルクス主義者たちは、イデオロギーをただ夢のようなもの、労働者が惑わされてもつ思考であるとみなしたのである。

†アルチュセールの「国家イデオロギー装置」

イデオロギーは、教養もなく、理性の乏しい労働者たちの単なる誤った思考なのであろうか。すでに少し紹介しておいたが（第3章）、構造主義的マルクス主義者のアルチュセールは、支配階級の思想を労働者たちに浸透させる「国家イデオロギー装置」なるものが、いつの時代、どの社会にもあると考えた。

かれによると、イデオロギーとは、人類が普遍的に抱く思考様式であり、儀式を通じて成立する信念である。生物として生まれてきた人間が、精神として社会のなかで生きていくために、学校をはじめとする多様な場で行われる儀式を通じて刷り込まれていく信念なのである。国家があるところでは、イデア（観念）の内容は異なるものの、それぞれの国家イデオロギー装置によって、子どもに植えつけられるイデオロギーがある。

それは、互いが互いに対してふるまうマナーのようなものであると、かれはいう。自分のマナーは正しいか、相手のマナーは間違っていないかとチェックしあい、それによって相互にその社会の「正しい主体」としてふるまうようにと呼びかけあう思考様式である。「主体である」ということは、その呼びかけに答えて従属を受け容れ、自分もまた他人にそれを要請するようになるということなのである。

そうしたイデオロギーを通じて、時代の支配階級が、自分たちの支配に都合のよい社会秩序を維持してきた。アルチュセールによると、ひとがどんなに自由に独自に思考したと思っていても、その思考はイデオロギーのなかでしか意味をもたないのだから、真に自由な独自の思考はあり得ない。その思考の根拠や思考の正しさを与えるものは、その社会のイデオロギーでしかないのである。

とすれば、イデオロギーのない社会はなく、どんな思想もイデオロギーを超えることはできず、したがって時代や社会を超えた普遍的な思考は不可能であるということになる。しかし、アルチュセールは、マルクス主義の理論だけは、実践を通じて、各自がすでに抱いているブルジョワイデオロギーをのり超えるかぎりにおいて、時代のイデオロギーを批判し得ると主張した。マルクス主義もひとつのイデオロギーなのではあるが、ブルジョワイデオロギーを批判するときだけ、共産主義革命を実践することのできる特別なイデオロギーだというのである。

アルチュセールの議論は、マルクス主義だけが真理であるとする冷戦時代の熱気を押さえつつ、構造主義的に「人間」を主体の位置からはずし、そのかぎりでの思考を貫こうとする努力に満ちていた。ところで、もっとあとになって、やはりマルクス主義者であるイーグルトンが『イデオロギーとは何か』（一九九一年）という本を書くが、そこでのイデオロギー概念の軽さ、力の抜け方が尋常でないのには驚かされる。かれ自身はポストモダン思想には批判的なのであるが、わたしには、この本がポストモダニズムそのものでもあったように感じられる。

話を戻すと、ベルのイデオロギー終焉の主張は、イデオロギーをどのように今日の状況にあわせて定義しなおそうと、イデオロギーはもはや東西対立の真の根拠にはなっていないということであった。自由主義かマルクス主義かということよりも、サービス業や知識産業が中心の、あたらしい社会になりつつあることを見るべきだというのである。

自由主義とは、市場で自由に経済競争をさせようとする立場であるが、ベルは、社会がそれとは異なった新たな体制（「ポスト工業社会」）へと向かっていると考えた。そのような体制は、「情報化社会」とも呼ばれる。わが国の学界からの発信も大きな影響を与えたようであるが、一九六〇年代には、世間では、知識や情報が中心となる社会が到来するという議論でにぎわっていた。

ベルの議論をこのように要約すると、リオタールの「大きな物語は終わった」という主張は、情報化社会論の、よりラディカルな焼きなおしであったことが見えてくる。マルクス主義はもちろん、自由主義、ひいては近代の啓蒙主義や民主主義もイデオロギーにすぎないとみなされるようになったのがポストモダンだということなのである。

†トフラーの「未来学」

社会の変貌については、もっと以前から、未来学者たちが多く参加する楽観的なムードに包まれた議論がなされていた時期があった。アルビン・トフラー（一九二八〜）の『未来の衝撃』（一九七〇年）が代表であるが、人間身体の可能性を拡張する多くの機械技術が出現したあとに、今度は人間知性の可能性を拡張する機械が生まれ、いよいよ便利で豊かな社会になるというムードであった。

たとえば、カーナビの操作法を覚えておけば、何と楽で安全なことであろうか。それ以前には、前日から地図を頭に入れ、行ったことのない交差点でどちらに曲がるかを覚えておいて、助手席においた地図をちらちらと見ながら運転したものだった。同様に、語の冒頭を入力しただけで、さっと目当ての単語の意味が分かる電子辞書は、重くて分厚い辞書をぱらぱらめくりながら単語を探していく手間に比べ、何と手軽なことであろうか。

「未来学」は、一九四〇年代からつくば科学万博（一九八五年）あたりまで盛んだった現代思想のひとつである。外挿法というが、過去から現在への変化を調べ、その変化が延長されると未来はどのようなものになっているかを研究するサイエンスフィクションのような「学問《サイエンス》」であった。

科学万博ではカーナビや液晶テレビのプロトタイプが展示されていたので、予測のあたっている部分もあったのだが、しかし環境破壊を問題にした一九七二年のローマクラブ報告「成長の限界」以降、未来はそんなに気楽なものではないと考えられるようになっていった。しかも、未来学のように思弁的に未来を予見するよりも、実証的な数値を入力して未来予測をするスーパーコンピュータのシミュレーションの方が、ずっと説得力をもつようになった。それで、「未来学」という名まえは、もはや使われなくなった。

むしろ、その当時から見た「未来」としての現在は、未来学の当時よりも、もっとずっと未来学的になっているともいえる。当時の未来概念はもう旧いのであって、今日のひとは、あたりまえのように未来学的に思考する。したがって、未来学がなくなったというよりも、特別に切り離されているような未来を思考する「未来学」という学問的発想がなくなったというだけのことかもしれない。

今日では、コンピュータシミュレーションによって、関心ある現象にまつわる諸要素の数値を少しずつずらしてやれば、蓋然的な見込みを、だれから見ても明確なプレゼンテーションにすることができるようになっている。天気予報や気候変動であれ、遺伝子解析やゲノム編集であれ、現実になるまえにディスプレイに描きだされたそのリアルなイメージを見てとり掛かるのが普通のことになりつつある。それにつれて、ひとびとの思考も、不可解なもの、得体の知れないものを探究することから、予想された結果のなかから選択することへと変わりつつあるのである。

†ボードリヤールの「シミュラークル」

未来学的な状況に対して、ジャン・ボードリヤール（一九二九～二〇〇七）は、一連の著作において、「シミュレーションによるハイパーリアル社会」という暗黒社会が到来したと述べている（『完全犯罪』）。かれがいいたいのは、本来は実在するものや事実と呼ばれるものがあり、その反映としてさまざまな表現があったのに、いまは表現がさきにあって、それがだれも知らない実在や事実を反映しているとされるということである。

そこからかれは、「すべてはシミュラークルにすぎない」と主張する。ここで「シミュラークル」とは、ルクレーティウスのいう、物体から剥離浮遊する視覚的模像（『物の本質について』）、あるいはプラトンがイデア（真実在）の現われとそうでないものとを区別するが、その後者の、イデアとは関わらない見かけ上のもののことである。ボードリヤールによると、今日、ひとびととはそのようなものをばかり生産し、享受する。それはニヒリズムの極致なのであり、そこでは夢と現実との区別が消えてしまい、外観だけがあって、現実を構成するはずの「意味」が破壊されてしまっているというのである。

このような情報化社会批判は、ほかにも、イヴァン・イリイチ（一九二六〜二〇〇二）が『コンヴィヴィアリティのための道具』（一九七三年）において「人間の些末化」として、またポール・ヴィリリオ（一九三二〜）が『情報エネルギー化社会』（一九九三年）において「絶対速度による身体と他者の喪失」として論じている。

なるほど情報化の大きな波が社会を襲い、知性の代わりをしてくれる便利な機械に取り巻かれて、ちょっと操作するだけで何でも教えてもらえるようになっているが、しかし自分の生活指針において、何かが変わってしまっている、しかもそれは自分ひとりの問題ではないということに、かれらは気づかせようとしているのであろう。

とはいえ、情報化は、今日ではさらに進行している。コンピュータおよびインターネットの普及のあと、IT革命が起こり、SNS（ソーシャル・ネットワーキング・システム）が一般化し、さらにはIoT（事物のインターネット）が推進されている。

1と0ないしオンとオフの膨大な列が、データとして、また（プログラム）コードとして、世界中の有線、無線の経路によって、瞬時に伝達される社会である。これによって、これまで人間知性がなしてきた作業のルーティンが代替され、人間よりも優秀な無数の秘書機械たちや職人機械たちが、――背後ですべて繋がっていて秘密裏に緊密に連絡を取りあっているのは薄気味悪いが――、われわれの生活と労働の環境を支えるようになり、何ごとも便利で容易にしてくれるばかりでなく、高速で大規模な計算によって可能になるまったくあたらしい産業形態が日々生まれつつある。

その結果、たとえば地下鉄に乗るならば、手元の四角い板のうえに目的地を入力するだけで、どこに行けばいいか案内され、それを改札台のマークにタッチさせるだけで、料金が支払われる。地下鉄路線の知識や、料金計算の知識や、プラットホーム位置の経験的知識など、かつてはそれを披瀝するのは都会人のスノビズムだと誤解されていたものだったが、一切必要がなくなったのである――自分も覚えていない利用データが略取され、活用されるようになってしもいるのだが。

「知識」とは一体何だったのか。それは、日常経験のなかで恒常的に生起することの記憶であったり、書物にある一般に生起することの適用法であったり、要するに、日常生活を工大することからはじまった人類の伝統であった。学問とまでいかずとも、ひとびとは知識を獲得することを当然のようにみなし、それぞれに知識の多いことを誇っていた。ひとは、知識によって真か偽か、善か悪か、美か醜かといった価値判断を確かなものにすることができたのである。

それに対し、「情報」とは、もとより「敵情報告」という軍事用語や、機械の入出力におけるデータの同一性という技術用語に由来する語であって、真か偽かよりも、早いか遅いか、使えるか否かが重要な、暫定的判断の材料にすぎないものであった。もう少しいえば、事実かどうかはどうでもいい、むしろひとよりも先んじているかどうか、ひとびとが何をどう思っているか、それを好きか嫌いかといったことが優先されるものなのである。リオタールの予言していた「ウィキペディア」は、情報の、剽窃《ひょうせつ》ないし噂の山で、うそも本当もいっぱいのガラクタ箱であって、みんなが参照していれば真理もうそもなくなり、間違うことの恥の感情もなくなってしまうといった世界であった。

一挙に絶対的に獲得されるようなデカルト主義的「知識」が疑われはじめたのは一八世紀のことである。それはコンディヤックの、歴史の少しずつ暴露されるような真理観にとって代わられ、やがてヘーゲルによって「理性の巧智」として、普遍的な知識（絶対知）に向かう歴史の各段階における真理として定義される。それがマルクス主義においてはイデオロギーにすぎないとされるのだが、その違いは、イデオロギーが単なる幻であり、欺かれるものだという点にある。そして、フーコーのいう「エピステーメー」となると、それ自身はもはや知識ではなく、相対主義的な、各社会、各文化の、何かを理解するための準拠枠のようなものとされるのである。

それはともかく、今日の社会では、知識はひとびとの生活においてさほど重要ではなくなりつつある。それと同時に、価値についての判断も争われなくなりつつあり、アマルティア・セン（一九三三〜）が情報一元論として問題視していたように、何であれ数値によって一元化されつつあるといえよう。

†道徳と芸術のゆくえ

道徳的価値の現状についても述べておこう。だいぶ以前になるが、ある高校生が「なぜひとを殺してはいけないのか」とテレビで発言して、その場にいたパネリストたちが絶句するという事件が起こった。善悪を深刻に考えるひとは少なくなり、それに基準を与えようとしても、カント主義ないし宗教的な古めかしいことをいいだすくらいのことしかできなくなっているように見える。

むしろ、こういってみてはどうか。善とは法律に従うことである。悪とは結局人間どうしのトラブルのことなのだから、そういうことがないように法律が整備されていればいい。細かいことまでは法律では決められないとすれば、一人ひとりは他人に迷惑をかけないように、その場その場の空気を読むようにしなければならない。それができないひとはどうなのかというと、悪というよりは、そのようなひとは病気なのだから、医師の意見を聞くことが必要である——

そうひとびとは考えるようになっている。

他人とのトラブルは、今日ではセクハラ、パワハラ、アカハラと、ハラスメントの分類として現われる。以前は互いのパーソナリティを理解しあう長いつきあいのひとコマで、本当に嫌な人物かどうかを見極めるべきとされていたのだが、いまではある瞬間に、だれがだれに何をしたかだけが問題にされる。それがセクシャルなものか、パワー（地位）によるものか、アカデミックなものか、ともかくそうした行動の種類とその解決の手続に還元されてしまうようになった。

奇抜な行動や変態的な行動が以前よりもずっと放置されているのに、他人との関係に少しでも障ると、ストーカーかクレーマーかというように、人間どうしのつきあいの問題としてではなく、機械の操作マニュアルに記載された異常作動のようなものとしてしか扱われなくなっている。ひとびとにとって重大なことは、生活の切片としての瞬間瞬間に空気を読む、すなわち、どう他人とトラブルをひき起こさずにふるまうか、その切片からどのような快楽を得るか、そのためのどんな情報をもっているか、ということのようである。

空気を読みながらみんなとおなじことをしようとするのは、日本の文化的伝統ではなかったか、と思うひともいるであろう。確かにわが国では、もとより善悪の規範意識は乏しかったし、曖昧な言語表現も好まれてきたかもしれない。しかし、そうであるとしても、コジェーヴの予言が正しかったとしたら、このグローバル化された世界においては、それとおなじものが世界を覆いつつあるようにも見えるのである。

芸術的価値についてはどうか。美とは何かを真剣に考えるひとは少なくなった。芸術作品の価値とは、いまやオークションで値がつくことである。ケインズのいう美人投票の逸話では、ひとは自分が美しいと思うひとに投票するのではなく、ひとびとが美人だと思いそうなひとに投票し、結果としてだれも特に美人とは思わないひとが優勝する、そういった状況になっている。

表現しがたいものをあえて表現しようとする辛苦の努力や、そうやって制作された作品のもつ情動的効果を、ひとはそれほどは感じなくなりつつある。「感じがよい」、「人気がある」ということの方が重要で、そこでは芸術と商業デザインとは区別がつかない。論文であれテンプレムであれ、どこかでだれかが作ったものをネットで検索し、それをヒントにして、ひとびとがいいと思いそうなものへと整形すればよい——美とは自分が好きというよりも、多くのひとが好きそうなもののこと、そしてあっというまにオリジナルと見分けられないコピーができあがるのだから、それは無料配布されるべき、だれでも享受できるようになればいいと考えるひとが増えているように見受けられる。

†価値の相対化

情報化社会論においては、価値観が「多様化」しているということが、いい意味で語られていた。ニーチェならば、むしろ価値そのものが消失したというであろう。しかし、正確には価値が相対化し、時間とともにたえず変遷するようになったということだと思われる。

価値とはひとが決断したり行動したりするときにめざされるもののことであるが、それが完全に消えてしまったわけではない。ひとはいまでも何かを決め、何かを行動する。ただし、客観的なものとしてすべてのひとがめざすようなものがなくなっており、また、一人ひとりが主観的に自分の基準として固執するものもなくなっている。ひとびとがめざすものが、波のように、ときとともに、たまたまその場に遭遇したすべてのひとびとのあいだに拡がっては消えていく――そうした事態になっているのではないだろうか。

要は、一切が流行現象になったのである。流行現象が無原則に一般化されたといってもいい。だがその流行も、従来のようにそれをリードする基準がない。ちょっとしたきっかけさえあればいい。ひとびとは、何らかの絶対的な価値のもとで生きようとはせず、ひとが求めるものを追いかける。生活を豊かにしようとする欲望は消え、ひとはただ、ひとの「いいね」を欲望するばかりである。

かれらにとっての快楽は、自分自身の独特の感性や、すでにもっている教養から追求するものではなく、どうやってひとが快楽とするものを自分も経験するかである。ネット上の情動的な言説の織りなす陶酔的なパターン、ベストセラーなど多数派の選好を発見しようとするたえざる視線の移動こそが、現代人の生を特徴づけているように見える。

以前は重視されていた「個性」、それぞれのひとの多様性や独自性を特徴づけるクリエイティヴィティ、オリジナリティの価値も、いまやネット上では消滅寸前である。ひとびとは自分のキャラクターを他のひとと重複しないように作るというが、それは個性の従来の意味においてではない。個性とは、いまや用意された選択可能なものから、どれを選ぶかといつも選択肢をつきつけられる、その際の選び方のことである。選択肢になりにくい、そのひとならではの価値観や趣味の善し悪しは問われなくなりつつある。ひとびとの問いは、「自分はこの場にうまくあっているだろうか」、「つぎにみんなが追いかけるものは何だろうか」である。

その結果、たいした根拠もなく出来事が起こり、それはいつも意外な展開でありながら、あとからすると予測可能だったはずの散漫な結末を示す。かつて出来事は、そのなかで一人ひとりが自分の価値を追求するという目的のもとで、最大限に努力した振舞の交錯によって、悲劇であれ喜劇であれ、それぞれにいやおうなく現われてくる「現実」をもたらすものであった。その劇的《ドラマチック》と従来呼ばれてきた「出来事」が消えてしまいつつある。

価値観が多様化したのではない。ひとびとが個性的になったのでもない。どの方向が正しいということがなくなって、変化したひとやものがあれば、口々に「進化したね」と声かけあいながら、競合したもの相互のただの残存物、生き残りとして、たまたまみんなが追いかけてきた方向が結果論的に正しかったとされるだけ、というようになっているのではないだろうか。

こうした状況で、一人ひとりが向かうべきとされているのは、過去の膨大なデータである。膨大すぎて、全体像を捉えるのがむずかしいほどである。しかし、そのデータのなかに、ひとが向かうべき材料はいっぱいある。だからでたらめに掘ってみて、ちょっと面白いものを見つけたら、大きな声で取りあげてみればいい、人生の深刻な問題にぶつかったときにも、そこから何らかの解決情報を見つけて選べばよいのである。

書店の店頭をざっと見わたしても、書くことの意義も、読むことの教養も廃れつつあることが分かる。新書というジャンルがあるが、従来は学問のエッセンスを一般のひとに安い値段で提供していたシリーズだったのが、いまではさっと手に取ってもらうためには書名が一番大事だというし、飛行機のなかで読み終えられる程度の啓発書、薀蓄本が売れるのだという。職場の人間関係や個人の健康や血液型性格占いに類する書物がベストセラーの地位を占め、個人の凡庸な出来事をステレオタイプに綴っただけのケータイ小説や電子ブックが量産される。人生を考えるための小説ではなく、それぞれのひとにとって、人生はもはや諸断片のとりとめもない散乱で構わないということのようなのである。

ひとびとは、調和し、統一した生活を実現する個性的な存在であることや、理性的主体として自己の言動に対して責任をとる主体であることや、それらができる大人へと成長するために、教養を身につけた個人になることを大切な課題だとは考えない。そこにいるのは、ロックのいっていたような、時間を通じてアイデンティティを保つ「人格」としての人間ではなく、といって〈わたし〉というものがないのでもなく、〈わたし〉とは、むしろ〈わたし〉という、だれにとってもあるような一般的経験の諸瞬間のことなのである。

†マンフォードの「ポスト歴史的人間」

インターネットやスマホの普及が、幾何学的空間も直線的時間ものり超えさせ、国際関係や経済情勢、ひとびとの生活や人間関係を、確実に変化させつつあるように見える。それらは、何色かに国境で色分けされた地図のような、地理的物理的空間性をとるにたらないものとさせ、各人が、かつてはすべてのひとが従うべきであった時計の客観的時間からはずれたばらばらの時間を生きることのできるようにし、また、圧倒的な量の匿名の声を通じて、従来のメディアや組織にあった権威や名声などの社会的文化的ヒエラルキーを破壊しつつある。

とはいえ、自由に歩きまわれる地理的空間にいても、ひとは、無数の監視カメラ、ケータイやスマホのGPS機能で、つねに窮屈な情報空間にピンで留められており、たえず報告し、即座に反応することを義務づけられているという点では、到底自由であるなどとはいっていられない。それは、時計からは解放されたにせよ、時間からも空間からも疎外され、どんな場にあっても、何かあればただちに「われに還る」ように支配されているということでもある。

それは、プライバシーの不可能な、ひとのすべてが相互に見て見られる「パノプティコン社会」である。そこでは昔は変態と呼ばれたようなひとたちの多様な趣味が許容され、オタクやメイド喫茶が普通のこの社会で、社会のなかの一定の範囲にあれば、ひとに迷惑をかけないかぎり、どうであっても許される、しかし一旦そこから抜け出ようとすれば、その途端に隔離され収容される、そうした社会になっている。

それは、イワシの群れのようなものである。数十万匹のイワシの群れがイルカに襲われたときの海中の様子を、テレビで見たことのあるひともいるであろう。渦巻きのようにまとまったかと思うと、雲のようにちりぢりになる。自分が食べられることのないようにと、それぞれが群れの中央に向かって飛び込んでいき、その無数のジャンプによって、群れは踊るように変幻する巨大な渦巻きを作るのである。

これとおなじようにして、群れの情念に巻き込まれたひとびとは、自分の価値判断を表現するのに「好きか嫌いか」としかいわず、さらにはどちらの意味ももつ「やばい」といった程度のことしかいえないまま、ひとびとの中心に向かってジャンプする。それがいいことか悪いことか、それもいうことができない。というのも、それを決める価値自体が、どこかへと行ってしまったからである。

情報化のプロセスで起こっていることについて、マルクーゼやハーバーマスのように、「技術が人間性を変えた」というのはたやすいことである。だが、そうした技術が普及した社会基盤をふまえずに、そのようなことをいうのは危うい。技術によって実現された新たな環境が人間性そのものに変質を迫るということもあるが、それでも、インターネットやスマホは、ひとびとの生活指針の変更を追いかけながら出現してきた機械である。二〇世紀を通じて、それらの機械が普及するようになった社会基盤が形成されてきたことが、もっと重要なことなのである。

わたしは、ポストモダンという語が使われはじめた当時、これまで紹介してきたさまざまな議論とは、少し違う観点をもっていた。政治と知識に関する新たな連関の出現や、まったくあたらしい哲学の出現ではなく、それは、人間性が変化しつつあるという問題ではないかと思った。

この「人間性の変化」という指摘の早さという点では、マンフォードの『変貌する人間』という書物を挙げておかなければならない。一九五六年という時期に、かれは「ポスト歴史的人間」という表現を用いて、歴史が終わって多数の機械に取り囲まれただけの、何の価値ももたず、欲望もしない人間が現われつつあると主張した。かれによると、人間は、サミュエル・バトラーの『エレホン』（一八七二年）という小説で描かれていたような、「機械を作る道具」になりつつある。

これは、人間が機械に隷属することへの警鐘として撮られたルネ・クレール監督の『自由を我等に』（一九三一年）、チャップリン監督の『モダン・タイムス』（一九三六年）や、その原点となるマルクスの思想よりも、もっと立ち入った指摘であった。機械が主人公であって、人間は機械によってその意義が与えられるようになるというのである。マンフォードにも危機という意識はあったようだが、歴史のやむを得ざる結果として、「ポスト歴史」において人間は消滅してしまうというのである――チャップリンもマルクスもまだヒューマニストだったのである。

そのあとにフーコーの「人間の終焉」という表現が、一九六六年の『言葉と物』において現われる。思考が産業に取り込まれ、思想は旗を振ることと同義となり、人間がその人間性を全面的に開花させるという理想のもとで一切を思考しようとした「人文学《ヒューマニズム》」が意味をなさなくなってしまった。ルネサンスにはじまった人間《ヒューマン》は、「波打ち際の砂浜に作った壮大なお城のように」消滅してしまうとフーコーは述べた。

人間と呼ばれてきた現象は、歴史的産物にすぎないのである。人文学《ヒューマニズム》というときの「人間」

は、ルネサンスのころ、「古代ローマ人のように立派なひと」という意味であったものが、近代において、社会に住まうすべてのひとに適用されたものであった。フーコーは、そうした「立派なひと（徳のあるひと）」のイメージ、あるいは実存主義者たちが述べた「人間の本来性」ということが、現代ではめざされなくなったという意味で、そう述べたのであった。

4　世界と人間とメディア

†ルネサンス

今日出現した新たな状況においては、個人の成長としての啓蒙や教養も、社会の未来としてのユートピアやイデオロギーも見失われている。これは政治が悪いからでも、「大きな物語」がなくなったからでもない。人間がいなくなって人間を説明する歴史も終わり、人間とか主体とかと呼ばれてきたものが別様なものになり、これまで道具と考えられてきた諸機械に組み込まれつつあるからなのである。ポストモダンとはそのような状況のことなのではないか——そのことを確認するために、時代をさかのぼって、ルネサンスにおける「世界と人間の発見」からふり返っていきたい。

ブルクハルトによると、西欧近代は、ルネサンスにおける「世界と人間の発見」からはじまった。それ以前には、それぞれの地域にはそれぞれの神話があって、神話には、自分たちの住まっている土地がどのようなものかが語られていた。混沌であったり、卵であったり、そうした状態から宇宙、すなわちその土地のうえでのひとびとの生活の場が生成してくると語られていた。

先史時代、ひとびとが経験していたのは、狭い地域のことでしかなかったであろうから、いまでいう世界という概念は、文明がはじまり、広大な文明圏を作りだした中国やペルシアにおいて考えられることである。そこでは、世界は中華と辺境という同心円状の広がりをもっていて、周辺部は漠然とした領域であったろう。中華と呼ばれる都市部は繁栄を極め、豊かな作物のほか、便利で美しい道具や、文字で書かれた思想や文芸で満ちていた。そこに、辺境地域の変わった格好をしたひとびとが、珍しい粗野な物品を携えて訪れてくる。そうした、野蛮人とみなされたひとたちが住む地域は、『西遊記』に描かれているように、中華とは違って不安定な場所で、奇妙な動植物が生息し、妖怪たちが怪しい術を使って人間を襲ってくるような地域であった。そこを通過して、そこからさらに遠方まで旅していくと、やがてカオスや砂漠、滝となって流れ落ちる海などの「死の世界」に到達するのである。

それぞれの文明の中心では、いかにして文明という極が発生したかの伝説が、物語として残されている。逆にいえば、そうしたものしか残っていないのだが、しかし、中華と辺境という対比で捉えられる世界は、所詮それぞれの地域の村で、それぞれの自分たちの村の由来を物語る神話の、先祖が氏神となってきたことの拡大版にすぎなかったのかもしれない。

†世界の発見

ルネサンスにおいて発見された「世界」は、それとはまったく異なったものであった。それは、中華と辺境のような質的な偏りがなく、どこにもおなじ論理の自然があって、おなじ人間が住んでいて、それぞれに多様な文化を形成してきた世界のことであった。

そうした世界像の形成に影響を与えたのは地動説であったが、これは宮廷占星術師としてのコペルニクスそのひとよりも、ブルーノというイタリアの哲学者がその重大な意義を発見し、喧伝したものである。

ブルーノは、地球はひとつの星にすぎず、宇宙には無数の星があって、それぞれの星には人類とおなじような生物が知的生活を営んでいるに違いないと明言した。このことは、宇宙の中心に地球を置き、そこに神に似せて特別に人間が創られたとしていたユダヤ・キリスト教の教義に、真っ向から対立することであった。宇宙がどんな場所であって、人間の歴史にどんな意味があるかは、まさに「神の意志」なのであったが、ブルーノは、知られざるそれぞれの場所に、神には関心のない多数の可能世界が存在すると主張したのである。

まさにこの哲学者の指摘によって、ひとびとは、それぞれの土地は必ずしも世界の中心ではない、それぞれが中心として理解されているにすぎないと気づいたのであった。のちに、「無限の空間の永遠の沈黙は怖ろしい」とパスカルが述べることになるが、ブルーノは、当時のひとびとにとって、世界をひっくり返すような怖ろしい話をふれまわった哲学者なのであった。それでかれは火刑に処せられてしまったのであるが、ソクラテスに並ぶ哲学の殉教者だったといっていい。

当時の西欧人たちにとって、文明とはイスラム圏のことであり、中国のことであり、自分たちは古代ギリシア・ローマの文明の廃墟のうえに住んでいたわけであるから、そこからすると、自分たちが辺境人であることを知らないわけではなかった。それに対して、「世界の発見」は、中華と辺境という質的な差異のない、均一で等質的な空間のもとにあるひとつの全体、「宇宙の斉一性」を発見するということであった。世界はひとつだと考えられはじめ、そのような世界像が生まれたとき、西欧は世界の一地方であることを自覚し、真の意味で世界の中心になろうと決意したのであった。

†人間の発見

では、「世界と人間の発見」のもうひとつ、「人間」とは何のことだったのか。現代でも、常識的な人間観として「自由で平等な個人」とか「理性的な主体」というが、それがルネサンス以降、一七世紀から一八世紀にかけて確立された人間観であった。その具体的内容を明確にしたのはロックである。

ロックは、『人間知性論』（一六八九年）において、物体と植物と動物のアイデンティティ、すなわち、その対象がそのような対象であり続ける理由としての同一性《アイデンティティ》を、物体に関しては素材の同一性で、植物に関しては形態の同一性で、動物に関しては行動における同一性で論じ、そのあとに、動物としての人間《マン》と区別して、人格の同一性《パーソナル・アイデンティティ》について述べている。

かれによると、「人格」とは、肉体とは別の魂のような実体が肉体に入ったり出たりすることによって成立するものではない。人格とは自己の同一性である。自己の同一性は、意識によって支えられている。第3章でも少しふれたが、意識とは、気づいていること、すなわち知覚しつつあるときに、それを知覚していると知覚することである。その意味での意識が、過去における知覚や行動と、現在における知覚や行動とを同様に捉えるが、そのことによって過去の自己を現在の自己と同一のものとふまえることができる。これが、ロックのいうパーソナル・

アイデンティティであった。

ロックによると、意識は、時間とともに多様な知覚と行動を経験しながら変化していく自分の心を時間を超えて知覚するわけであるが、しかし、どのようにしてそのようなことができるのか。実は、意識という概念は、もとは「良心」に由来する概念である。良心とは、神の声を聞いて神に応答するものとして、神によって授けられているものである。キリスト教の神は、啓示（呼びかけ）の神である。だから、神の声に気づくようにして、過去の自分の知覚と行動とを、現在の自分がレスポンス（応答＝責任）すべきものとして自分を捉える、それが意識と呼ばれるようになったのである。

すでに説明したように、意識は、一九世紀末から二〇世紀にかけての現代哲学、フッサールやベルクソンやジェイムズにおいて、重大な主題として取りあげなおされた。そこで、「時間とは何か」が大きな問題として考えられるようになったということであった。ロックも、時間のなかで知覚と行動を捉えるものとして意識を考えていたが、それがどのようにしてかは論じてはいなかった。

†時計の発明

実は、ロック的人間観の形成には、一三世紀の時計の発明が大きな役割を果たしていた。当時ベネディクト修道院では、定期的に礼拝をしたいと考えた修道士たちが、時計を設計して機械工たちに作らせた。それは定時法といって、一日を正確に二四等分して一時間の間隔を決めるといった、いまと同様の時間の測り方であった。古今東西では、不定時法といって、一日を適当な数で割って一時間を決めるというような時間の測り方をしていた。それでは冬では短く夏では長くと、季節ごとに時間の長さが変わってしまう。そのような制度に対し、西欧では、時計が発明されて以降、季節の違いや、日の出、日の入りに変わらずに時間を計る定時法が普及していった。

古いイタリアの諸都市には、中心部に広場があり、その一角に高い塔が建っていて、その壁面に大きな時計が取りつけられている。ひとびとは、そのころからずっと、時計を見ながら仕事をし、食事をしたり、集会に出たりしていた。時計は町のシンボルであり、生活の中心であった。農業牧畜に関していえば、本当は太陽の位置、天候や生物たちの活動に呼応して仕事をする不定時法の方が理に適っているかもしれないが、一旦時計が設置されると、自然に適った時間感覚は否定され、共通の時計によって行動する生き方が強制されるようになったのである。

現代では、一人ひとりの感じる時間感覚は「心理学的時間」と呼ばれ、機械によって計測される客観的時間に対して、個人の錯覚であるようにいわれている。一人ひとりは、焦ったり面白かったりして時間が早く進んだり、待っていたり退屈であって時間が遅く進んだりするが、それは錯覚だというのである。いいかえると、定時法の普及というのは、機械によって規定される客観的時間という基準が設定され、それぞれのひとが自分の感じていた時間感覚を、主観的で偏った時間として経験させられるようになったということである。時計に従って行動することが全員に要求され、それに反すると罰せられる。こうした経験こそ、孤立した主観として個人であることの経験であり、ロックのいう「意識」の概念を生みだしたとはいえないであろうか。

定時法の普及と並行して、それに対応する自然科学的世界像が設立されていった。哲学者たちは、人間が星の運行にならって発明した時計を見ながら、宇宙は時計のようなものだ、巨大な機械なのだと考えるようになる。まったく転倒しているとしかいいようがないが、そこからひとびとは、ガリレイのいったように、「自然は数学的記号で書かれている」と考えはじめたのであった。

主観的な意識に対し、知は客観的である。客観性がいかにして絶対的なものになるかは、デカルトが悪霊の仮説などを使って論じたことであったが、しかしその絶対性は、デカルト的コギト（「わたしは考える」）という孤立した主観にとって、神の創った自然における「ひとつの世界」への信仰から生じたものであった。それはまた、客観的な時間にしたがってひとびとを行動させる政治と権力とが生じたということでもあった。

一九世紀後半にもなると、それぞれが時計を身につけ、その指令に従うことによって、その個人が属する組織や集団や社会や世界のスケジュールに取りもたれるようになっていた。個人とは、ロックによって意識をもとにしたアイデンティティだとされたが、それは要するに、時計の時間を意識した生き方のことでもある。群れとして生きていた人間たちは、時計によってすべての個人《インディヴィジュアル》(これ以上分割できないもの)に分割され、その個人が時間の統一された基準によって調整された生活をするようになった——こうした時計による近代的秩序が、現代のポストモダン状況ではスマホとネットによって崩壊しつつあるのだが。

†大衆の出現とマスメディア

現代人が生まれてくるまでの、一七世紀から進んできたこうした近代化のプロセス——主観的な意識としての個人であれ、時計で測れるような客観的なひとつの世界であれ、一部のひとびとの捉え方が、じわじわと社会のすべてのひとを巻き込んでいき、一般化されていった。そして近代が完成し、現代のもとができたのが一九世紀末だった。

そこで起こったことは、ひとびとが資本主義的経済体制に組み込まれて、社会の生産性が高まった結果、社会の変動に影響力をもつ「大衆」が出現したということだった。そしてまた、この大衆を社会全体に取り結ぶ「マスメディア」が出現したということだった。一九世紀初頭に、ヘーゲルは、毎朝ひとは新聞を読むのが礼拝のようになっていると述べている。

ヘーゲルが確立したのは、ひとつの世界におけるひとつの絶対的な歴史という歴史観であった。ひとは生まれて、それぞれが培っていく教養に応じて世界史の階段を昇っていく。ひとも社会も、その各現在において文明の階段を昇っていて、その一員となるべく努力する。こうしてひとびとは、いつも過去から未来へと進んでいく現在であるような不思議な歴史の一瞬を、各自で経験するようになったわけである。とはいえ一人ひとりの経験は狭いので、社会がどうなっているかについての知識は、それを伝え知らせるメディアをチェックする習慣によって得るほかはなかった。

もとより、社会という語は「ソサエティ（社交界）」である。貴族やブルジョワたちの集まりであり、それぞれがそこにデビューして知りあいとなり、社会全体の政治や経済や学問や芸術をリードする特別なひとたちの集まりであった。一八世紀のアダム・スミスが、すでに流行現象について言及しているが、それは庶民が社交界の人物のゴシップを耳にしながら、そのまねをすることによって成立した。

しかし、やがて政治は民主主義体制となって、高額納税者ばかりでなく一般男性による選挙が行われるようになる。新興企業家や高給取りが出現し、それら庶民が、学問と芸術を推進するようになりはじめた。かれらは着飾って散歩をしたり、レストランに行ったりし、のちに映画に引き継がれるオペラの隆盛も、かれらの楽しみのためであった。

そうして社交界《ソサエティ》と似た集まりとして社会が捉えられるようになったわけであるが、そうといえども、大多数のひとびとはやはり無名の「大衆」にすぎなかった。社会のリーダーたちと会話して、政策や景気や外交の指針を決めることもできないかれらは、新聞や雑誌やパンフレットを通じて、それぞれの仲間うちで意見を交換し、選挙を通じてその意見を反映させるほかはなかった。

一七世紀ころから、すでにジャーナリストという職業が生じていた。社交界のゴシップ、どこのだれにどんなスキャンダルがあるかみたいなことばかりでなく、政治や文化の動向を正確に読者に伝えようとする職業人である。しばしば、革命や独立運動において、ひとびとに状況を知らせる大きな役割も果たしてきた。ジャーナリズムは、個人と社会を取り結ぶ、民主主義を支えるための必要不可欠な仕組だったのである。

ところで、今日の民主主義は、古代ギリシアの民主制とは少し異なっている。古代ギリシアでは地域《デモス》代表制とでもいうべきもので、参加するのは男性市民だけ、奴隷と女性は含まれていなかった。無条件によい体制とはされず、戦闘に破れた将軍を憤激から死刑にするなど、衆愚制ないしポピュリズム（大衆迎合）とも評されてきた。プラトンやアリストテレスは、むしろ君主制や貴族制を推奨していたのである。

それに対し、近代西欧の哲学者たちが、人間には理性があるのだから、一人ひとりが教育・啓蒙によって正しい意見をもつようになってそれが政治に反映されるのがよいという観点から、「民主主義」という思想を生みだしたのであった。こうした発想は、二〇世紀後半のフロムやハーバーマスやアーレントにまで引き継がれることになる。

†大衆社会論

メディアは、二〇世紀になると、「マスコミ（マスコミュニケーション）」と呼ばれるようになるまで発展する。マスコミの「マス（塊）」というのは、ここでは大衆のことである。大衆というのは、フランス革命など、ブルジョワ革命を担った「市民」として、産業資本家に連なるひとたちだけではなく、社会に含まれるすべてのひとびとという意味である。普通選挙法がマスデモクラシー（大衆民主主義）を確立するころ、マスコミという一大産業が発展し、それによって社会のすべてのひとに向かって一斉に、一方向的に、情報が伝達されるようになったのである。

そのころは、政治と哲学も結びついていた。ハイデガーとナチズムの関係ばかりでなく、サルトルやラッセルは、ベトナム戦争への反対運動を主導していたものである。大衆が歴史の主役になっていた時期、政治家は大衆の動向を操作しようとしていたので、哲学者の発言も大きな意味をもっていた。とはいえ、マスコミの報道は、不偏不党というわけでもなく、学問を頼りに客観的で公正な報道をするということもなく、ヒトラーがしたように、しばしば大衆を扇動したり、操作したりするのに使われた。

メディアは、当初は権力に対する理性的な批判の立場として、一部の階層による政治の独占を排除し、社会の変化の方向に目途をつけるものと考えられていた。しかし、二〇世紀になると、国家政策に奉仕して、国家に都合のよいことばかり報道するようになり、いまでは、そこから産業的利益を引きだすために大衆に迎合して、興味をもたれそうなことばかりを報道するようになっている。

こうした状況をふまえて、カール・マンハイム（一八九三〜一九四七）やホセ・オルテガ・イ・ガセット（一八八三〜一九五五）やデイヴィッド・リースマン（一九〇九〜二〇〇二）といった社会学者たちが、「大衆社会論」という主張を展開した。エリートがいなくなり、大衆の受動的で流されやすい動向が、社会のあり方を不安定にするという議論であった。

今日の、情報が氾濫しているといわれる状況でも、気づかれないままにだれかが統制していると考えるひともいる。なるほど、政治における情報統制は、多量の情報を流す一方で、少数者の意見を封殺し、個人的な感じ方を黙殺し、熱狂を利用して情報の多様性を失わせる。しかし、お金をかけ、多数を頼んでいろんなところに露出させ、プロデュースしてブームを作ろうとしても、その結果は市場に左右される。その場合は、統制というより投資ないしギャンブルである。砂浜に打ち寄せる波も統制が取れているように見えるが、それを波打ち際に何かを打ちあげるためとか、砂を運び去るためと解すべきではないであろう。

むしろ、問題があるとすれば、ひとびとの嗜好が横並びになってしまっていることであり、流言蜚語がネットで迅速広範に伝わるようになっていることであろう。ちょうどアリのような昆虫のそれぞれが、全体の動きを決定する指令なしにただ隣のアリの動きにならって動きはじめ、それが積み重なって全体の動きが決まってくるといったようなことが起こるのである。

†マクルーハンの「メディアはメッセージである」

民主主義は、近代の理念からすると、ジャーナリズムを通じて正確な知識を得たひとがそれぞれに正しい意見をもち寄って行われる政治であった。だが、大衆社会論を論じたひとたちは、無知な大衆の、あやふやな情報に惑わされた情動的な意見によって、社会がおかしな方向に向かうと考えた。かれらは、近代の啓蒙主義を前提として、悲観的にそう述べたのであった。

おそらく、大衆をそのように捉える観点も批判されるようになって、マスコミという語に代わって、「メディア」という語が用いられるようになったのではないだろうか。それもあって、現代では、「ジャーナリズム」はもはや死語に近くなりつつある。

メディアは、単純に「媒体」という意味である。もともと中間や媒介を意味するミディウムという語の複数形である。活字媒体だけではなく、ラジオ、テレビといった媒体も含めて捉えられるようになったということもあるだろうが、とりわけ、このメディアという言葉には、二〇世紀中ごろ、マクルーハンによって「メディアはメッセージである」という大変有名な定義が与えられた。

　マクルーハンは、新聞であれテレビであれ、ひとびとが社会の情報に接するとき、実はその内容としてのメッセージを理解しているのではなくて、そういうメディアに接することで生活のスタイルを作っているのだと述べる。「メディアはマッサージである」という表現もあるが、たとえば何をするにもイヤホンで携帯音楽プレイヤーのポップ音楽を聴いているひとびとや、最近ではスマホなど携帯情報ツールをたえず使うひとびとの生活スタイルなど、このようにいわれると、現代人にとってのメディアの意義が分かりやすい。つまり、情報を知ることより、それに揺さぶられる快感をめざしているということである。マクルーハンは、「メディア論」という学問的ジャンルを拓いたのだが、メディアについて論じることで、大衆社会論のような大衆批判とはちょっと違った社会の状況を抉《えぐ》り出してみせた「クール」な思想家であった。いまの用語法とは少し違うが、メディアの種類に応じて、ホットとクールという分類をしはじめたのものかれであった。

　今日、グローバリゼーションとともに、国境を越えて諸個人が情報をやりとりするネットワークが成立している。その結果、情報の独占が崩れ、マスコミは、正統な解釈者としての地位を失って衰退しつつある。匿名の声のようなネットでの意見の趨勢を考慮しなければ、政府も官僚も企業も何事も決定し得なくなりつつあるのである。

†文明進歩の地理空間

地球上のいたるところに生じてきた、以上のような世界を準備したのは、どのようなプロセスだったのであろうか。

ルネサンス以降、西欧人たちは、世界の文明の中心になるために、哲学と科学の探究を続けていた。世界はひとつであってどこでもおなじ条件にあるのなら、中華と辺境はない。かつて辺境とされたフロンティアは、哲学と科学の知識をもてば、どこまでもおそれを知らずに進んでいけるあたらしい土地にすぎない。では、世界の中心とはどこなのか。それは、産業的条件や軍事的条件によって決まるのではなく、文明的価値によって決まるのである。

価値とは何かというと、これもまた一九世紀の概念だが、（ヴィンデルバントの述べた真善美の価値のように）結局それは全知全能の神の知恵にどこまで近づいているかということである。ユニヴァース（宇宙）とは、「普遍」であるとともに「ひとつの方向」という意味でもあって、神へと向かうさきのことでもあった。西欧はそれによって、ひとつの世界のなかで、「中華」とは異なるあたらしい中心になろうとしていたのである。

その裏返しとして、西欧人たちは、世界中をフロンティアとみなして、いたるところに出かけていき、その知識、およびそれを支える科学と制度と民主主義を広めようとしたのであった。大航海時代のスペイン人たちが、単にその土地の文明を滅ぼして、金銀を略奪したのとは異なって、植民地《コロニー》を作りはじめた。

アングロサクソンによる北アメリカ西部への進行は、フロンティア開拓と呼ばれたが、それは、ネイティヴアメリカンの、土地所有をせず、バッファローなどの自然の恵みにつれて移動生活をしていたひとたちを、西欧文明の所有権と契約概念を使いながら追い払い、コロニー（居留地）に閉じ込め、土地所有の観念を植えつけながら、西欧の科学と制度を教育することだった。このようなことは、オーストラリアなどいたるところで、そしてわが国でも北海道で起こったことである。

西欧人たちの、こうした物理的地理的空間における世界進出は、一九世紀になって、文明が進歩するという近代的歴史観に対応するものであることがあきらかになってくる。

すなわち、西欧人たちは、歴史の、その先端にみずからを位置づけることによって、世界の中心の地位を獲得しようとしたのである。未開人から西欧人まで、文明が順次高度化していく階段があるとみなし、自分たちがその一番上にいて、異文化のひとびとがそれぞれにその階梯《かいてい》の途上にあると位置づけたが、これは単なる中華思想ではなかった。日本が先進国の仲間入りをしたとき、かれらはかれらの文明観が破綻したと考えたのではなく、ただアジアが遅れていて、自分たちに追いつく国が出てきたと理解して、かれらの文明進歩の歴史観をいよいよ正統なものだと考えたのであった。

また、アメリカでは、特に新ラマルク説の支持者が多かったが、ラマルクの進化論のようにして、出発点の遅れによって未開人たちがいて、遅れて階段を昇ってきているのだから、アフリカ人は奴隷にされても仕方ないのだし、ヒューマニストを自認する文明人なら、未開人を指導して文明へと引っ張りあげてやる任務があるとでも考えたのであろう。

†帝国とグローバリゼーション

多くの文化が循環史観（歴史はくり返すという見方）、衰退史観（最善の時代から堕落してきているという見方）のもとで近隣地域において完結していたのに対し、西欧近代の進歩史観は、その図式そのものを他の文化に押しつけ、それによって世界中の他の文化を植民地化することを正当化した。西欧人たちは、古代王朝のように単に征服し、支配して、財と奴隷とを獲得したのではなく、同時に西欧人の優位性を承認させ、人種主義と差別を受け容れさせながら、自国の資本主義的経済体制に組み込んでいった。そして、その結果として起こったのが、帝国主義であった。

ウラジーミル・I・レーニン（一八七〇〜一九二四）が一九一六年に『帝国主義論』という本を書いているが、そこでかれは資本主義が高度化して世界市場が生まれ、その行き着くさきが、植民地を奪いあう世界戦争であると述べている。この帝国主義が、やがて第二次世界大戦をひき起こす。アジアで一〇〇〇万人、日本人も三〇〇万人が死んだこの戦争のトラウマは現在まで続いている。

いま、ソヴィエト連邦が崩壊し、自由主義国とマルクス主義国との対立も少なくなり、むしろ先進国と途上国の対立が目立ちはじめた。なるほど、先進国に遅れをとった新興諸国が、いままさに「近代化」の真最中であり、強力かつ怨念のこもったナショナリズムでもって、二〇世紀の先進諸国とおなじ大殺戮へと向かっていきつつあるのかもしれない。もし近代化が、必然的にその終局として帝国主義にいたるという歴史の公式があるのであれば、わが国もそれに巻き込まれないではいないであろう。

あるいは、もっといにしえの帝国の記憶が、グローバリゼーションに抵抗して、場所を選ばずひき起こす防ぎがたいものとしてのテロもある。マルクス主義が衰えたあと、つぎには資本主義とイスラム主義とのイデオロギー対立がはじまるのであろうか。

「グローバリゼーション」とは、英語とIT技術、およびアメリカ型の政治と経済と文化の世界的普及のことである。今後、EUやTPPのように、経済のために国境の敷居を少しずつ低くした地域が拡がっていき、やがては国家間対立すらも事務的な処理によって解決されるようになるかもしれない。われわれは、アメリカが西欧文明の延長のグローバリゼーションによって文化的に世界を統一するのか、それとも中国やイスラム圏という古代帝国とのあいだで世界帝国の覇権を争って、第三次世界大戦になるのかと考えてしまう。

フランシス・Y・フクヤマ（一九五二〜）の『歴史の終わり』やサミュエル・P・ハンチントン（一九二七〜二〇〇八）の『文明の衝突』（一九九六年）という書物が、冷戦以降の世界秩序について論じて話題を集めたが、いずれもアメリカから見て、今後の世界戦略の基本図式をどう捉えるかということでしかなかった。もう少しいえば、東西冷戦に対するアメリカの勝利を謳うものだった。

それとは逆に、ジョン・トムリンソンなど、一九九〇年代から、世界がアメリカ化していくことの行き過ぎを批判する『文化帝国主義』（一九九一年）論がポピュラーになりつつあった。そして、二〇〇〇年に、フーコーの影響を受けた、アントニオ・ネグリ（一九三三〜）とマイケル・ハート（一九六〇〜）が『〈帝国〉』という書物を書いて、グローバル化した世界を、国家を超えた権力が世界化した新たな管理社会として読み解こうとしている。

†管理社会論

二〇世紀前半には、民主主義の社会であっても、一人ひとりの意見が国政に反映されず、国家の未来を決めていくというようにはなっていないことが問題視されるようになっていた。選挙によってリーダーを決めるという制度はあっても、それが機能せず、あるいは別様に機能して、従来とは異なった社会体制が生まれている。そう分析したのが、マックス・ツェーバー（一八六四〜一九二〇）のいう「官僚制社会論」であり、カール・マンハイム（一八九三〜一九四七）のいう「大衆社会論」であり、マイケル・ヤング（一九一五〜二〇〇二）のいう「メリトクラシー（エリート支配）論」であり、だれのということはできないが、今日よくいわれる「管理社会論」であった。

管理社会は、おもにSFでアンチユートピア（ディストピア）として描かれているが、ザミャーチンの『われら』（一九二〇年）、ハクスリーの『すばらしい新世界』（一九三二年）、オーウェルの『一九八四年』（一九四九年）、ブラッドベリの『華氏四五一度』（一九五三年）などを読むとイメージすることができる。

そこではさまざまな舞台装置のもとで、出生や感性や思考や人生の意味までが与えられて、各人が何の不安もなく生きていく世界が描きだされている。文学者たちは、その繊細な感件において、西欧近代の理念としての自由への侵犯が密かに心のなかへと忍び込んでくるさまを教えようとしたのであった。どのようにして実際にそのような社会になっていくかのプロセスが不明なので、リアリティがあるともないともいえるのだが、文学作品という形式で、象徴的ないし誇張的に現代社会の政治体制の一側面を告発していた。

現実にも、今後、たとえば出生前診断と遺伝子操作とクローンと人工子宮の諸技術が結びついて、任意に設計された人間が工場で出産させられ、家族とは異なった組織で育てられるようになる時代や、増大した高齢者が社会保障費の合理的配分という理由のもとで大規模施設に入れられ、機械化された介護のもとにただ生存しているようになる時代が、新たな憲法解釈によるちょっとした法制改革の積み重ねから訪れないともいえないであろう。

なるほど近代的な形態の国家支配は終わって、グローバリゼーション、すなわち英語とネットという手段によるアメリカ型文化の世界標準化の結果、ユニヴァーサルなもの、つまりひとつの方向と価値の階梯をもった文明が、もっとおぞましいやり方で続くと考えることはできる。

しかし、こうも考えられないであろうか。グローバルとは球の形になっているということである。「グローバリゼーション」とは、近代の価値を担ったユニヴァーサルなもの、ひとつの世界、ひとつの究極的文明へと向かうような概念ではなく、球状になっているということであれば、どこが中心か分からず、ただ中心が移行していくという捉え方を表現しているのではないだろうか。それならば、たえず世界の中心の移動や分散化が行われていることを認めるという点で、ポストモダンの世界についての自覚が反映されているのかもしれない。「ユニヴァーサリゼーション」とはいわず、「グローバリゼーション」といったひとたちは、密かにそのことを感じとっていたのかもしれない。

5 マルクス主義と進歩の終わり

†文明の終わり

一四世紀から二〇世紀まで、ルネサンスにはじまる世界と人間の発見が、西欧近代でどう展開してきたかを大急ぎで見てきたわけであるが、これでようやくポストモダンを論じる意味について語ることができるようになった。それは、マルクス主義がもっていると称した「歴史の真理」がどうなったのか、近代資本主義社会のあとにくる社会をどう捉えるかという問題であった。

ソヴィエト連邦が崩壊し、東西冷戦が終わったあと、しかし統一帝国も出現していなければ、世界政府もできてはいない。それは「まだ」ということであって、われわれは近代の延長として、文明の階段を昇り続けているのか、それとも根本的に近代とは異なったポストモダンに入ってしまったのか。いいかえると、ルネサンスから継続している世界と人間のあり方は本質的に変わっていなくて、それを前提にさらに進歩し続けているのか、それとも二〇世紀後半にしばしばいわれたように、何かが決定的に変わってしまい、近代の価値がもはや通用しなくなってしまっているのか。

一八世紀にフランスのケネーやコンディヤックやエルヴェシウスのもと、文明進歩の観念が生まれ、一九世紀にドイツのヘーゲル、フランスのコント、イギリスのスペンサーによって「進歩する歴史」という歴史観がそれぞれに体系化されたが、しかし同時に、科学や芸術や政治の進歩が無限に続き得るのかという問いが生まれてきた。

通りにはガスライトがつき、馬車に混じって自転車や自動車が走りはじめ、レールが敷設されて機関車によって遠くまで出かけていくことができるようになってきたそのころ、貴族やブルジョワにだけ許されていた食事や衣類や芸術が庶民にも手が届くようになってきたそのようなときに、そういう便利な生活の延長に、ベンタムの「最大多数の最大幸福」のような、もっと多くのひとをもっと豊かで便利にというスローガンのもとで、しかし一部の知識人のあいだでは、このようなことが続くはずはないという思考が生まれていた。

文明の進歩によってよくないことが起こっているとはっきり述べたのは、一八世紀のルソーであり、その最初の徴候をかぎとったのは、『ユートピア』（一五一六年）という書物を書いた一六世紀のトマス・モアであった。かれは、「羊が人間を喰う」という有名な言葉で、ひとびとが資本主義的な社会に組み込まれるにつれ、悲惨な状況に追いやられつつあると指摘した。ルソーは、ひとびとが真の自由や他者に対する愛を失い、ひとを出し抜こうとして、ひとの足の引っ張りあいばかりをする嫉妬と野心の渦巻く邪悪な社会が生まれていると主張した。

しかし、ここでの問題はそれではない。文明の進歩が無限に続くのか、むしろ進歩には終わりがくるのではないかということである。この問題を明るく受けとめるべきであろうか、深刻に受けとめるべきであろうか。

明るく受けとめたのはヘーゲル、および理想社会が到来するとしたサン＝シモンやフーリエといった思想家たち、のちにマルクスから空想的社会主義者と呼ばれた思想家たちであった。深刻に受けとめて、理想社会を実現するための具体的で現実的な方途を考えたのがマルクスであった——衰退したとされるマルクス主義であるが、その思想について知っておかなければ、現代思想を理解することはできないであろう。

†マルクスの「共産主義革命」

カール・マルクス（一八一八〜一八八三）とフリードリッヒ・エンゲルス（一八二〇〜一八九五）は、近代社会を資本主義社会として分析し、進歩の最終段階には共産主義社会があって、そこへ移行する過程で革命が起こると考えていた。しかし、そのかれらも、おそらくはいまは、文明の未来を明るく受けとめた方の思想家に入ってしまうかもしれない。かれらの考えた理想社会である「共産主義社会」は、まさに近代の理想、自由な人間として一人ひとりが自分にとって意義のある仕事をし、平等な人間として必要なものは何でも得られるようになっているはずの社会であった。

マルクスは、ルートヴィヒ・A・フォイエルバッハ（一八〇四〜一八七二）とともにヘーゲル左派に属するとされる。ヘーゲル左派とは、ヘーゲルの文明進歩の思想は認めるが、唯物論的立場に立とうとした学派である。フォイエルバッハは、神をはっきりと否定して、神はむしろ人間の似姿として人間が作ったと明確に述べた唯物論者であった。

唯物論といっても、原子や素粒子を研究するという科学的物質論のことではない。科学は実証主義なので、何が真に存在するかといった問題は不問にする。唯物論とは、哲学上のひとつの立場であって、すべては目的なく運動する物質の秩序のもとに機械論的に生起しており、そこには何らの目的も精神も、とりわけ神が関与していないとする立場である。

そのような観点から、マルクスは、ヘーゲルを「逆立ちして歩いている」と揶揄《やゆ》している。歴史は頭、すなわち思想で進んできたのではなく、足、すなわち生産（生の産出）において進んできたのだというのである。精神が段々と自己否定しながら総合しなおすことによって自己を確認していき、絶対知にいたるのではなく、物質の秩序において生産力が段々と増大していく歴史があるというのである。

生産力とは、人間にとっては農耕牧畜など食糧生産が増大し、自然を加工したさまざまな生産手段が開発されて生産の効率があがり、活動の範囲が拡がっていく水準のことである。マルクスは、人間を自然に働きかけ、自然から養われるようなものだと考えたので、ある意味では、かれも「生の哲学」に属するといっていいかもしれない。

かれによると、人間は、他の生物と同様に食べて成長し、大人になって子どもを作り、社会は人口が増えていくにつれて生産効率もよくなっていく。そうした、人間も含む自然的社会的要因によって生産力が高まっていくという歴史がある。そうした生産力が、自然においては連続的に発展していくのに対して、社会の歴史は、社会的分業や分配や生産手段の所有のルールが妨げとなって、階段状になってしまう。生産力が高まって古い制度や組織を変えようとすると、既得権益をもつひとびとのあいだに軋轢《あつれき》が生じる。生産力の水準に適切ではないルールが維持されようとするのである。

マルクスとエンゲルスは、人類は、最初は「原始共産制」という、だれも何も所有せず、みな平等に生産して分配する社会からはじまり、それがその後のいくつかの段階を経て、近代社会になったと考えた。かれらは、近代というひとつの段階が、それまでは自由で平等な個人の集まりとして「市民社会（ブルジョワ社会）」と呼ばれていたのに対し、それを「資本主義社会」として定義しなおして、この社会は歴史のつぎの段階、最終段階の共産主義社会に移行すると考えたのであった。

†資本主義社会

資本主義社会とは、人間が中心であるのは見かけだけで、実質的には資本が中心になっている社会である。資本というのは、商品と交換するためだけのお金ではなく、利子がついて増殖していく大きなお金のことである。利子がつくのは、投資されることによって革新的な技術による大規模な生産が可能になり、生産性があがることによって、より大きな利益が生みだされるからである。

マルクスは、投資されて豊かな水準になった生産力の果実（生産物）を、その生産設備を所有している資本家だけが受けとり、その他のひとびと（労働者）は、自分の労働を売って生活するしかないようになって、家畜のように扱われていると考えた。しかし、資本家たちが贅沢をしているということでもない。資本家たちもつねに競争しており、負けると労働者階級に落ちてしまうわけであるから、儲けたお金をさらに投資にまわし、企業をさらに大きくしようとする。そうやって、やはり人間としてはふさわしくない「お金の奴隷」になっているというのである。そのことを指摘する点では、マルクスはヒューマニストでもあった。

資本家どうしも競争して、いよいよ少数になった資本家たちは、植民地の争奪戦をはじめ、ひとびとに国家どうしの戦争をさせようとした。労働者階級のひとびとにとっては、そんな騙され、煽られたナショナリズムの戦争で死ぬよりも、そのくらいなら、資本家が生産力の成果を独占する根拠としての「所有」という制度を否定して、国を超えて連帯し、資本家に対する戦争をした方が合理的（理性的）なはずである。

というわけで、マルクスとエンゲルスは、「万国の労働者よ立ちあがれ」と呼びかけたのであった（『共産党宣言』）。これが共産主義革命である。この思想は資本家たちを戦慄させ、結果的に労働者の労働条件の改善に譲歩させることになる。その結果、現在の資本主義は、マルクスとエンゲルスが見た剝きだしの資本主義ではなく、労働者の権利が守られるように修正された資本主義、いいかえれば革命にいたらないほどに、労働者に過酷でなくされた資本主義になっている。

しかし、マルクスの思想において革命よりももっと重要なことは、人間はもとより自然的な存在者であり、労働を本質とするということであった。労働とは、衣食住など、生活する際に必要な物資、とりわけ食欲を中心とした人間活動の条件となる物質の生産のことである。労働は、今日では「いやいやながら働く」といった意味になってしまっているが、それは資本主義において、自分のためでなく、企業のために身体を使って給料を受けとるということから生じた捉え方による。「仕事」といった方が通じると思うが、本来は自然に働きかけて、その恵みとして、その果実と達成感とを受けとるということを指していたのである。

†共産主義社会

革命後の共産主義社会では、それぞれが自分の好きなように働いていて、高い生産力による豊かな果実が必要なだけ、だれにでも配分されるはずであった。国民国家というものは、近代西欧にはじまる特殊なものだとまえに述べたが、かれらは、そうした国家が廃絶され、ジョン・レノンが『イマジン』で歌ったように、国境がなくなり、宗教も戦争もなくなる、そのような理想社会を描いたのであった。

だが、そこへと向かうために避けて通れない革命戦争——ひとびとにどうやって資本家になる夢、アメリカンドリームのようなものを捨てさせ、所有することの価値観を否定させて、革命のための戦争をしようとする意識を生じさせることができるのか、そこにマルクス主義の最大の課題があった。

ロシア革命以降、レフ・D・トロツキー（一八七九〜一九四〇）が、その延長で世界中に革命を推進しようとしたのに対し、レーニンが方針変更をして「共産党独裁」という一国社会主義がはじまった。共産主義社会を実現するための準備段階とされた社会である。こちらが共産主義のイメージになってしまうのであるが、ソヴィエト連邦は、本当は「共産主義社会」ではなかったのである。共産主義社会は、一度もどこにも成立したことがなく、その意味では、まだ失敗したこともない。共産主義は、実現可能性はともかくとして、思想としては、現代社会の諸問題をあらためて考えさせてくれる力をまだもち続けている。

いまもマルクス主義者は世界中にいて、マルクスの思想をどう読みなおせば適切かと模索している。共産党独裁を認めるにしても、そこにおいて、自由と経済（豊かさ）を求める民衆をどう納得させるかが課題となる。民主主義か独裁か、「ヘゲモニー（支配権）」のあり方を巡って、アントニオ・グラムシ（一八九一〜一九三七）や、最近のエルネスト・ラクラウ（一九三五〜二〇一四）とシャンタル・ムフ（一九四三〜）の議論がある（『民主主義の革命』）。

しかし、この問題については、つぎの第5章で紹介する。というのも、ポストモダンという語で理解されることは、ただ歴史が終わってしまうということである。それは、宴のあとのようにして何も、つまりよいものも悪いものも現われず、ただ進歩が止まってしまう社会のことなのだからである。そこでは近代のように、生産力と、権力と民衆の関係を論じるだけでは、何も解決できないであろう。

†歴史の過剰と欠如

マルクス主義イデオロギーは衰退して、同時に近代の進歩は終わりを告げた。ひとは、どうしてそのようなことが起こったのかと問うことだろう。しかし、そのような問いもまた、近代的発想の問いである。

歴史が姿を変えていくのは、神や英雄や精神を原因としてではない。生産力を原因としてでもない。フーコーのいうように、その内在的な事情から、地崩れのようにして起こる。最も深い思考といえども、歴史についての思考は、歴史の内部でのそのときどきの前提と枠組と限界とを受けとってしまっているのだから、できることはせいぜいその包絡線を描きだすくらいのことでしかない。

とはいえ、少なくともいえることは、現代のひとは歴史を知りすぎている。現代においては、歴史は自然に沈殿していって、あとで人間によって発見されるのを待っているのではなく、その気になればいつでも調べられる膨大なデータとして収蔵されている。いわば歴史のインフレーション――歴史だらけになって、歴史的諸事実が自然的諸事実とともに単なる情報に化してしまっている。いま何か出来事が起こりそうだということになると、ひとびとは、まずどのようなことが歴史に記録されることになるかを想定し、すでに歴史として知られている過去を引用するような形で、その出来事を実現していく。

思い出されるのは、かつて渋谷の温泉施設が爆発事故を起こしたとき、その近所の監視カメラに、爆発の瞬間が映像として残されていたということである。タイムマシンに乗って現場を見に行ったようにして、ひとびとはその映像をニュースで見ることができた。ひとびとは、死者も出たこうした現実の悲劇をも、ハリウッド映画のようにして目撃することができたのである。タイムマシンは、直線状の時間のうえを行ったり来たりするという、きわめて近代的な時間観のもとでの発想であったが、現代の地上には、――大地のしたや宇宙空間と同様に――、過去を覗く無数のマシンが設置されていて、ひとは自由に現在という時点を移動して、それを見ることができるようになっている。

お分かりであろう。現代の「歴史」は、従来の歴史とはもはや異なった歴史である。時間軸をふみはずし、時間をいったりきたりする奇妙な歴史。未来は、さきに進むという点で未来なのに、その未来が必ずしも「いまだ存在しないもの」ではなく、それは歴史の過去から引用され得るいつかどこかの出来事である。はじめて起こることがすでに記録されている、そうした点では「反歴史（アンチ歴史）」といってもいい。歴史に記された先後関係が無視されていて、その意味で従来の歴史の出来事のあり方に反している。

しかし、そうした歴史とされるものが、自由自在に引用されるという点では「汎歴史（パン歴史）」であるともいえる。「どこにもある」、「何にでも使える」という意味での汎用の歴史である。あまりにも歴史が前提され、活用されるあまりに、過去から未来へと向かう矢印としての歴史、未来には何が起こるか分からなくて待ち構えられている歴史というものが、理解されなくなってしまっている。

とすれば、ポストモダンとは、そうした普遍的登記簿がひとびとの思考の前提にされることによって、現代における各瞬間が、たえず歴史的に相対化され、時代が進むよりも早く歴史のなかで折り返されるようになっていて、その結果、あたらしいことが何も起こらなくなっている状況だといえるのではないだろうか。

ポストモダンにおいては文明進歩の理念が消え、哲学をするような個人の教養も、諸個人が共通して追究しようとする哲学的問題も見えなくなり、すべての知が情報として交換されるだけになる。科学も哲学も現代思想も含め、人類が知りえたものの総体として普遍的登記簿に書き込まれることが知の規準となったとすれば、いま起こることがかつて起こったことのヴァリエーションでしかなく、未来はいま起こることのシミュレーションでしかない。

そのようなものが、マンフォードのいっていた「ポスト歴史」、直線的に発展していくような歴史が終わって各時代の意義が失われ、その順序や、新しさや古さの差異が無視されるようになった歴史である。いまや創造的行為とされるものですら、過去のパッチワークのことでしかなく、だれもがいわばデジャヴュ（既視感）の世界、すでにどこかで体験したような世界を生きる状況が到来した。それは、大衆とメディアの関係を説明するだけではすまない「デジタルメディアの世界」である。

†人間の脱人間化と世界の脱中心化

人間は今日、生まれてまもなく、自然と機械の区別なく、ネットワーク化されたデジタルメディア環境に取り巻かれる。機械のネットワークはメディアのネットワークや人間のネットワークと区別されず、すべてはかれを抱懐して、みずからの意図よりも早く、優しく反応する。自動車が、追突しそうになったら勝手にブレーキをかけてくれるようなものである。その結果、「自然」と従来呼ばれてきたものの残酷さや不気味さが姿を消していく。

ヤコペッティ監督の『世界残酷物語』（一九六二年）という映画があって、世界の諸文化の理解不可能な奇妙な風習が描かれていたが、その題名につけられた残酷さとおなじ意味での残酷さが出現しつつあるように思われる。

どんなに奇妙な風習でも、その風習のなかで育つなら自然である。そうしたデジタルメディアの自然が、生まれてくる子どもの心に受け容れられていく。歴史は、個人の精神や努力によってではなく、進化と同様に世代交替によって与えられていく。機械とともにあるのが自然なポストモダン状況において、世代から世代へと引き継がれるにつれ、これからは子どもに近代とは異なる新たな生活指針が植えつけられていくに違いない。

しかし、それは平和で豊かな、――マルクスが思い描いたような――、牧歌的な未来が到来するということではない。そうした「自然」のなかにおいても、意図するよりもさきに反応する機械の調子狂いや、あるいはアンドロイド的になっている他人たちが、機械と違う反応をすることがある。そのとき、人間は激しく狂いはじめることであろう。ストーカーやクレーマーや、さらには無差別殺人を試みるひとたち。ちょっとしたことがきっかけになって、機械の自然としてのネットワークから解除されたと感じ、絶望的な感情を抱くのである。ディック原作でリドリー・スコット監督の『ブレードランナー』(一九八二年)や、庵野《あんの》秀明監督のアニメ『新世紀エヴァンゲリオン』(一九九五年)が思い出される。

こうしたポストモダンの現象を「人間の脱人間化」と呼んでいいであろう。とすると他方、世界の中心が分散化して、それぞれが多様な方向へと異なる速度で動いていくようになることが「世界の脱中心化」である。世界史という近代的歴史観の、まだない新たな未来への階段が消えてしまえば、近代の諸帝国がめざしていた「ひとつの世界」の観念は消える。

かつて金融危機をひき起こした超国家的金融ファンドどうしの駆け引きがあり、他方でインターネット空間の非物理的で非地理的な現実領域、ヴァーチャル・リアリティ（VR＝仮想現実）やオーグメント・リアリティ（AR＝拡張現実）が出現してきている。その非国家的性格は、国家の実在性や世界の斉一性を揺るがしている。ルネサンスにおいて発見された人間と世界は、このようにしてポストモダン状況のなかで溶解しつつあるのである。

われわれは、いまや文明発展段階を前提しない歴史、もっといえば、歴史なき歴史のなかで多種多様な模索をしている諸文化の、どの方向が真の未来なのか、実現すべき未来なのかをいえなくなってきている。それぞれの地域が向かう方向のどれがメジャーになるかという意味での「未来」が不明であって、どこよりも早いことがどこよりも遅いことで、互いが周回遅れのトップランナーのようである――これは地獄なのだろうか、それともこれがマルクスの共産主義思想がはからずも描きだした理想社会ということなのだろうか。

†サルトルの「自由の刑」

バブル期以降の日本の社会は、もしかすると、マルクスのいう共産主義社会のようなものだったかもしれない。唐突に終わってしまった高度成長のあと、しばらくは自由平等で平和な社会のように見えたし、若者たちは自己実現できるような仕事を探してさまよっていた。最近になってそのつけが現われはじめて「格差社会」といわれるようになり、不本意非正規社員が問題視されるようになっているのは、逆にマルクス主義再来のようでもある。

とはいえ、学問や道徳や芸術といった、近代の価値をめざすひとたちが減ってしまっているままであるし、資本家や経営者になろうと努力するひとたちも多くはない。若者たちは、あまり意見をいわず、現状維持の生活をのみ望んでいるようである。自由平等は乏しくなりつつあるようなのだが、それでいて「まあそれでいいじゃないか」と思考できる、そうした社会になっているのかもしれない。

近代的発想のひとびとは、かれらには、どうしてそのような思考ができるのか、それとも、ポストモダンとして、もはやだれも自由を求めず、思考もしなくなったということなのだろうかと、そういう思いに胸をふさがれるのではないだろうか――自由も思考も近代的価値のひとつにすぎないのであるのならば。

一九六三年に、画家のシャガールが、ひとが鎖を解き放たれて自由になればなるほど群集のなかで孤独であり、運命に翻弄されると感じるようになったと述べている。近代の価値であった自由は、一人ひとりの自立を生みだしてきたわけではなかったのである。

現代の若者たちは、サルトルの「自由の刑」という語を聞いて、「みずから選択するほかはない」という意味だとは解さず、「社会から与えられた自由は重荷である」という意味であると想像する。人間は自由だという信念を吹き込まれて自分探しをしていた若者たちが、いま壮年期になってフリーターである自分を見いだして、その状態を自由《フリー》だと思うことはできないであろう。

近代人が信奉した自由は、もはや現代の価値ではない。一時期は大衆社会、管理社会といわれ、ひとびとは情報操作され、洗脳されているといわれていた。人間が自由な存在であるとすれば困った状況なのであるが、そのような捉え方は、自由を人間の生きる基準とした近代的な問題意識に由来する。このような状況を憂いて、「人間はどこから来てどこへ行くのか」と重々しく問うひともいるが、それも近代的な問いのたて方でしかない。

それはコジェーヴのいうように、哲学が完成した結果なのかもしれないし、あるいはホルクハイマーのいうように、近代哲学自身に含まれていた矛盾が出現したのかもしれないし、あるいはフーコーのいうように、科学的知が権力に組み込まれたということかもしれない。

近代科学は、自然法則という真理を発見するとして、対象を要素に分解しその因果関係を探求してきたが、その対象領域を人間諸科学（社会科学と人文科学）へと拡げていく過程で、社会や人間に適用できるかできないかが問題になった。フーコーは、その文脈で、自然科学そのものが政治と権力に繫がっていき、単なる真理の探究ではなくなっていることをあきらかにしたのであった。「真理」というのも近代的価値のひとつである。「コピペしてはいけない」など、「科学倫理」という（あたりまえすぎて）驚くべき概念が出現するように、もはや真理という学問的価値を純粋に考えるひとは少なくなった。

いまなお、多くのひとは科学に信頼を寄せている。自然科学は、反復する現象を自然のなかに見いだして、それを要素に分解しながら、それら相互のあいだに因果法則を発見してきた。とはいえ、今日では、そのような科学も、シミュレーション科学に席を譲りつつある。温暖化予測はこれまで起こったことのない急激なCO_2の増大がもたらす気候の変化をシミュレーションしたものであるが、地球は寒冷化のサイクルにあるとする地球物理学者たちの反発にもかかわらず、いまや既定の事実として政治家たちが対処すべき「事実」とされている。シミュレーション科学には、知恵、すなわち真理を知ることとそれ自体の価値は求められていない。そこには、政治と経済と産業の駆け引きに使われる相対的なデータしか求められていないのである。

†哲学のゆくえ

近代とポストモダンの関係は、後者が単に前者のつぎの時代になるということではない。普遍的登記簿としての歴史を準備しながら、歴史の最後の一段階として記された近代という時代に対して、歴史が消滅し、時代そのものが終わってしまったあとの世界がそこにある。ポストモダンでは、理性による合理主義的科学よりも、コンピュータに頼るシミュレーション科学によって、この状況がいよいよ鮮明化する。歴史が消え、機械と人間の区別が曖昧になり、近代の諸価値が見失われたのがポストモダンである。

この、近代的諸価値の衰退に対し、近代哲学の延長で現代のポストモダン状況を考察しようとしてもがいているひともいれば、近代の学問の歴史を「情報」として切り売りするというようにして、ポストモダンに適応している「近代的発想のひと」もいる。とはいえ、歴史は、その歴史のなかの近代に出現したものである。現代といわれるものもまた、その歴史のなかにある。こうしたメビウスの帯のような歴史の観念のなかで、はじめて近代や現代やポストモダンを理解することができるようになる。

ポストモダンというものは、「いつでも、どこでも、だれにでも成りたつ」といった種類の近代的な普遍性を許さないが、しかしその状況のなかには、その普遍性をめざして哲学をする近代的発想のひとたちが含まれ続けている。としても、哲学はポストモダンでは文化批評となり、過去の哲学のなかに自分の人生の比喩を探すだけか、そこに残存する近代的発想としてはオタク文化になってしまう——哲学はそうした迷路から抜け出す途を発見できるのであろうか。

一九世紀において、哲学とは、歴史のなかにあって、歴史を超えようとする思考のことであった。哲学は、それ自身も歴史のなかにあることを免れ得ないが、理性的思考によって得られる知識は、歴史を超えていつでもどこでも成りたつはずのものであり、そうした普遍性が、個人においても社会においても順次顕現していくはずであった。あるいは、のちにトレルチのいうように、少なくとも各時代と文化において固有の価値を生みだすはずであった。

しかし、歴史が普遍的な登記簿として調《ととの》えられていくにつれ、哲学も含め、すべては歴史のなかにあるとみなされるようになった。歴史を普遍的登記簿にしようとする勢いが、メディアの発達と情報化技術の革新を促した。そして、いつか歴史が歴史を凌駕してしまったのであった。歴史として書かれたものが歴史を支配するようになり、思考することの、だれもが逃れがたい基盤となって今日にいたる……。

哲学本来の「〜とは何か?」という本質への問いに対して、一九世紀的思考では「どのようにして?」という歴史の問いが主流となった。だが、やがて哲学もその問いのなかに含まれてしまい、そして消えていった。「どのようにして?」という問いに対して答え続けていった結果、哲学、文学、芸術の「偉大な思考」の時代が終わりを告げた。

哲学は、デカルト以来の「真理を語るもの」でも、ディルタイのいう「世界を解釈するもの」でも、マルクスのいう「世界を変革するもの」でもなくなってしまった。重要なことは、哲学が、「人間の思考」として、いつでもどこでも少し考えれば生まれてくるようなものであるとはいえないことである。近代の問いを蒸し返しながら、ポストモダンがよいか悪いかの結論を出すことよりも、哲学自身が情報化のこの波のなかに飲み込まれてしまっていることをどう考えるか、なのである。

いま「思考する」ということは、すでに書かれた歴史のなかにさらに書き込もうとする仕草のようなものにすぎなくなっている。歴史を書く特権が思想家たちからは奪われて、文化批評にならったネットユーザーたちの誇大妄想的、ないし虚栄のレトリックによる根拠も証拠もない思いなしがはばを効かせる。情報過多のなかで、クリエイティビティやオリジナリティの手も足も奪われてしまっているように思われる。

一九世紀に作られた歴史観によって、われわれは、どうしても歴史の全体についての意識をもつようになっているのだが、もし近代が終わってポストモダンになっているのだとしたら、こうした歴史観も同時に意味を変える。もしマルクス以来の「歴史の真理」という理念を捨て、かつ普遍的登記簿に書き込むことを断念するということが可能ならば、そのとき、真のポストモダンの姿が見えてくることであろう。

第5章

暴力

——マルクス主義から普遍的機械主義へ

1　革命の無意識

†五月革命

社会は理性的な個人が集まって形成されており、そのなかで一人ひとりがいろいろ感じたり考えたりしているだけ――そうみなしているひともいるだろう。しかし、少しものを考えるひとにとっては、ことはそれほど単純ではない。いまの社会、いまの人間をもっとうまく説明してくれる理論はないのだろうか。

そのような理論が待望されているにせよ、しかし、とりあえずマルクスやフロイトの思想を批判的に検討するというところから出発するほかはなさそうである。だからといって、マルクスのように社会を捉え、フロイトのように心を捉えるのも、本当らしくはないと思われるかもしれない。

ともあれ、この章で、マルクスとフロイトをあわせて思考した、一九六八年から一九八〇年にいたるドゥルーズとガタリに耳を傾けてみよう。話は、フランス五月革命からはじまる。

「マルクス主義はまだ生きているのか、あるいはいつ死んだのか？」——一九六八年、フランスで起こった五月革命は、革命前夜の様相を呈していた。このとき、ラカンのゼミナールが行われていた教室に、「構造は街なかを行進しない」と書かれたことが、あとで大変話題になった。少なくともいえることは、ラカンが構造主義の代表的思想家だと考えられていたということと、そして学生たちがラカンを拒否してライヒを選んだということである。

当時、スチューデント・パワーと呼ばれ、ドイツ、アメリカ、日本などで、学園紛争が拡がっていた。大学生が教室の椅子や机を廊下や入口に積みあげて大学構内を封鎖し、教授陣と教育方針や授業料について団体交渉したり、ヘルメットをかぶり、政治的スローガンを掲げて街をデモ行進したりしていた。

最後には、機動隊という警察組織による放水や逮捕によって鎮静化され、浅間山荘事件など、過激派のテロに行き着いて終わったのだが、これらの事件がはたして何を意味していたのか、はっきりとした歴史的評価が出ているわけではない——小熊英二『〈民主〉と〈愛国〉』（二〇〇二年）を参照してもらいたい。

フランス五月革命の場合も、はじめは他国の学園紛争と似ていた。だが、労働者を巻き込んでゼネストにいたったという点で、それは最も過激なものだった。五月六日にはカルチェラタンを二万人の学生がデモ行進した。そのデモの行列には、ライヒをはじめ、マルクーゼや毛沢東やチェ・ゲバラの大きな写真が掲げられていたそうである。共産主義革命運動の象徴的人物たちの写真である。

その後、五月一〇日には「バリケードの夜」と呼ばれた学生と機動隊との激しい衝突が起きてパリ市内は修羅場となり、五月二〇日には全国八〇〇万人の労働者が参加するゼネストとなった。商店街は店を閉じ、全国の鉄道、航空の交通網はマヒし、ひとびとは大統領ド・ゴールの退陣を叫んで、新しい国家の設立を求めた。

しかし、ド・ゴールは、共産党を含む野党各党を抱きこみ、政府のもつ多様な権限を駆使して対抗措置をとった。それが功を奏し、五月三〇日の国民への演説をきっかけにして、革命運動は次第に終息していった。何より革命を指導するはずのフランス共産党が、組織を使ってゼネストを妨害する側にまわったという。修正資本主義の、革命を阻止するために工夫された秩序が、組織労働者をある種の貴族階級に格上げし、マルクスのいう階級闘争を不可能にさせてしまっていたのかもしれない。

先進資本主義国で起こるとされていた真の共産主義革命がはじめてフランスで成立するのかと、全世界がかたずを飲んで見つめていた五月革命であったが、政府に所属するひとびとも、労働者組織に所属するひとびとも、最終的には現状維持を望んだのだった。

革命に期待していた多くの知識人たちが深い失望に襲われた。そのなかに、ジル・ドゥルーズ（一九二五〜一九九五）とフェリックス・ガタリ（一九三〇〜一九九二）もいた。

この五月革命の少しあと、一九七二年に、かれらの共著『アンチ・オイディプス──資本主義と分裂症Ⅰ』が出版されて、ベストセラーになる。ひとびとはそれを五月革命の決算書として受けとめた。ラカン派のなかにあって異端であった精神分析医のガタリが、五月革命の破綻を深刻に受けとめた哲学者ドゥルーズに出会って、触発しあいながら生みだされた書物である。『アンチ・オイディプス』は、精神分析とマルクス主義を結びつけた思想の書物であるが、そのような思想には、ウィルヘルム・ライヒ（一八九七〜一九五七）のほか、ヘルベルト・マルクーゼ（一八九八〜一九七九）、エーリッヒ・フロム（一九〇〇〜一九八〇）といったフランクフルト学派の系譜があった。『アンチ・オイディプス』は、その系譜を超えて新たな思想を展開したわけであるが、その内容を紹介するのはあとにまわして、まずはライヒの思想から紹介していこう。

†ライヒの「性革命」

ライヒは、マルクス主義をフロイトの精神分析に結びつけようとした思想家である。一九三三年の『ファシズムの大衆心理』という本におけるライヒの問いは、つぎのようなものであった。

――もしマルクスの理論が正しいとしたら、ひとびとが理性的であればあるほど革命の意義を理解し、連帯して立ちあがるはずである。それなのに、なぜ労働者たちはただちに共産主義革命を起こさないのか。むしろ、かれらがヒトラーの国家社会主義を推進する方向に向かったのはなぜか。その理由は、マルクスが人間理性を信頼しすぎ、性エネルギー経済を考慮していなかったからではないか、というものであった。

「性エネルギー経済」とは、社会の一人ひとりの自我がフロイトのいう性エネルギー（リビドー）によってどのように規定されているかということである。マルクスが人間の本質を労働としたとき、そこには性欲が含まれていなかった。ライヒは、人間の本質には、労働における自分の仕事の達成感と同様に、性交渉への欲望があって、資本主義社会はそうした性衝動の抑圧を行い、その代替物として、宗教と神秘主義を活用してカリスマ的指導者にひとびとを服従させてきたと述べる。

生産力が増大して、大衆が社会の向かう方向を決定するようになったとき、大衆は自由で平等な個人として理性的であろうとするわけでもなく、権威に従属することによって不安を抑えようとした。革命に向かおうとはしない。それゆえ、大衆の理性に呼びかけるのでは不十分であり、大衆の性格構造を変えなければならない。だが、それに成功したのはナチス政権やソヴィエト連邦のようなファシズム、国家社会主義だった。その権威主義的な一党独裁体制だったというのである。

ではどうすればいいか、ということであるが、ライヒは、性に関する道徳的抑圧が民族性の高揚や国家秩序の維持という代償に向けられているのだから、それを打ち消さなければならないと考えた。すなわち、食糧や睡眠と同様に、性欲や性交渉について自由に語れる場を作って、その平等性や、禁止される理由のないことを訴えて、連帯を作りだすべきだというのである。

確かに性衝動は、近代哲学も黙殺してきたものである。ライヒは、性に関するそれまでの社会常識を公然と否定して、マルクス主義が、性衝動をも抱えている普通の人間の意識にとって何を意味しているかを探究した。このようなライヒの思考が、やがて、フランクフルト学派やドゥルーズとガタリが論じた今日的なマルクス＝フロイト主義の源泉となるのである。

ライヒは、性欲に基づく一切の行動を自由にすべきだと主張したわけではなく、性について理性的に語りあえる場を作ろうとしただけであった。だがこの主張によって、かれは「性革命」の主導者にして道徳の破壊者であるという非難を一身に集め、精神に異常をきたして獄死するという悲惨な末路を辿ることになる。

その後、今日にいたるまでに、性に関わる考え方も随分と変化して、もはやライヒの主張は驚くべきものではなくなっている。アメリカでも、「性科学」という名まえのもと、一九五〇年ころのキンゼイ報告を境にして性のタブーが排除されるようになった。性についてのひとびとの態度も、ある程度ライヒのいうようになってきた。

だがそのことについては、マルクーゼが、性欲までもが社会で提供されるようになったといい、ボードリヤールが、性までもが商品になってしまったと嘆いている。フーコーは、キンゼイ報告のような、性を抑圧していたと自己告発する言説が、余計に性と権力とを結びつけ、性を罪として捉えさせてきたと語っている。

ともあれ、今日、性の情報は氾濫し、メディアがこぞって取りあげるし、ひとびとは多様な性的経験をするようになった。クィアないしレズやゲイといったマイノリティのひとたち（LGBT）の権利要求も盛んである。とはいえ、一切の性衝動が肯定されているわけではなく、セクハラや児童ポルノの禁止に見られるように、それに関わる行為の境界が、いたるところに出現する。

性革命は、個々人それぞれの実存的行為（その場で試されるような行為）とメディアを介した噂によって、漠然と遂行された社会変革であったが、だからといって、それで何かが解決したというよりは、新たなトラブルや課題が現われてきているようにも思われる。

†精神分析

それでもなお、ライヒの主張は、一九六八年ころの先進国の若者にとって、切実な問題状況が何であるかを適切に教え、かつその解決への糸口を示していた。

というのも、共産主義革命には、ひとつのパラドックスがあった。というのも、もしそれが歴史の必然的真理ならば、ひとびとはただそれを待っていればいいのだし、もし各人が革命への意識をもち、武器を取って立ちあがらなければならないとしたら、それは共産主義社会が歴史的必然ではないからである。革命は、戦闘において死ぬ危険が伴う。もし未来の共産主義社会への確証がないとすれば、ひとびとは日々の欲望のまま、体制側に立って考えてしまうであろう。

このパラドックスを超えるためには、ひとびとの理性に対して、革命的意識をもつように訴えるだけではすまないであろう。当時、精神分析は、資本主義社会のなかで精神に異常をきたしたひとを治療するという意味で、ブルジョワ思想とみなされていたが、革命をするためにも、精神分析のいう、欲望の論理としての「無意識」をふまえなければならないと考えられるようになっていった。

二〇世紀初頭、無意識という概念にあたらしい意味を与えたのは、——ピエール・ジャネ（一八五九〜一九四七）という先行者がいたが——、ジグムント・フロイト（一八五六〜一九三九）である。それは心理学が、論理学からも言語学からも切り離されて、科学となるために心理現象を行動や認知に限定しようとする道を歩みはじめたころであった。

フロイトは、顕微鏡で対象を捉えるタイプの生理学的研究に棹さすのをやめ、といって従来の内観心理学に回帰したわけではなく、精神の理論的構造の機械論的解明へと向かった。そしてその後、乳児が成人になるまでの精神の歴史を記述する登記簿を構想するにいたった。それは、法則から歴史へという時代の流れでもあった。

かれの理論、「サイコアナリシス」は、精神分析という訳で通っている。だが、精神はスピリットの訳語であることが多く、「サイコ」はギリシア語のプシュケー（心や魂）に由来するのだから、「心の分析」と訳してもいい語である。

心とは何かという主題に関しては、一九世紀前半までは哲学者たちの独壇場であった。コンディヤックもヒュームもカントも、自我や自己や主体や内面という諸概念と連関させながら、当然のように心がどのようなものかを説明し、自然の認識の可能性について探究していた。心理学のはじまりは、ロックやライプニッツの哲学だったのだが、その意味で、フロイトの精神分析も、現代心理学のひとつというよりは、その延長で位置づけられる方が理解しやすい。

†フロイトの「無意識」

フロイトがテーマにしたのは、ヒステリーなど、異常な精神状態とされてきたものを一括して治療しようとする臨床医学的な心理学であった。かれは、最初はコカインの脳への影響などを調べていたが、その後、患者を長いすに寝かせ、その後方に座って夢の話をしゃべらせたり、自由な連想をさせたりして、その言葉（言説）を通じて病因を探究することにした。

そこでかれが発見したのは、患者が避けたがる問いや、話をそらせようとする主題があるということであった。かれは、そうしたためらいは、むずかしい問題を避けるという精神の弱さによるのではなく、無意識の検閲があるからだと考えた。「抑圧」というが、患者があえて意識しないようにしていることがあって、意識させようとすると、患者が自分も知らないままに抵抗すると考えたのであった。

常識的な意味での意識とは、それぞれのひとにおいて大なり小なり持続している覚醒状態の水準のことである。事故にあったひとに名まえを聞いたり曜日を聞いたりするが、それは、意識がどの程度にしっかりしているかを確認しているわけである。互いにひとの意識を覗きあったりもできないのだから、そう聞いてみるほかはないであろう。

裁判では心神耗弱《こうじゃく》の場合など、あるいは生命倫理では植物状態の場合など、責任や権利がどこまでそのひとにあるかに関してしばしば問題にされる。ひとは酔っぱらったり疲れたりもするものだし、すべてを記憶し続けることは困難である。それだからこそ、ロックの考えたような意識が、パーソナル・アイデンティティの保証として、現代でも人間の基準とされるのである。逆にいえば、意識ということを基準にして、責任をどこまで取らせられるかは本当はむずかしい。動物や植物にも意識はあるのではないか、物質にも意識はないとはいえないのではないかとは、ライプニッツが論じたことであった。

したがって、無意識とは、ライプニッツ以来、単に明晰な意識ではないことなのである。ぼんやりしていること、習慣化していること、眠っていることなのである。とはいえ、眠っているときですら物音で目覚めたりするように、完全に無意識というわけではない。それゆえ、ライプニッツは、すべての物体＝身体《ボディ》には大なり小なり意識があると考えた。今日でも、物質や植物の意識についてはともかく、日常語としてはそのような用法で語られている。

それに対し、フロイトのいう無意識は、そのひとの心の一部でありながら、本人が意識しないようにしていて、しかし言動のはしばしにその内容が窺われるようなもののことであった。たとえば「本当は〜したいのではないか」と聞くと、本人は強く否定するのに、どう見てもそうした動機で行動しているように見えるような場合がある。フロイトのいう無意識は、意識と相対的なものではなく、意識とは異なり、対立し、むしろ意識もその産物とするようなものであった。

無意識的なものは、意識されることを避けながらも、そのひとの行動を規定している。フロイトは、そうした、無意識的に隠されているものを、生物としての人間の本能であると考えた。意識とは別に、そうした生の主体が存在するというのである。かれはそれをエス（ドイツ語で

「それ」と呼んだ。意識上の〈わたし〉は、それに比べると、それに操られ、任意の意識内容を与えられる第二の主体にすぎないのである。

わたしのしたに、わたしも知らない真の主体がいる――このことを、どう理解すべきであろうか。中世の魔術の「隠れた力《オカルト》」のようなものにも思えるが、確かに、しばしば理性的に思考して決めたことがうまく実行できないとか、逆に、ぼんやりしていたのにふとしたことで探していたものにたどり着いたといったことは起こる。

フロイトは、そうしたことは、多くの場合、性欲（性の本能）によると考えた。ひとびとは、性をプライバシーとみなして公然とは語らないようにしているが、言動のはしばしにその欲望に由来し、本人も気づいていない意味が出現している。すべてが性欲の現われとして解釈できるという意味での「汎性欲論」ではない。抑圧され、変形された性欲が、多くの言動に影響をもたらしているというのである。

そこでフロイトは、すでに物理学で一般化していたエネルギー概念を使って、性衝動を「リビドーエネルギー」と名づけ、それが「エス」から流出して、現実的状況に即した意識をもつ「自我」や、さらには意識をコントロールする「超自我」を形成していると考えた。かれは生、にそうした流体力学的な機械論的モデルを構想したのであった。

エネルギーとは、高い位置にあるものが転がると運動となり、高いところへ昇ると静止するように、形態が変化しつつ同一にとどまるような量である。性衝動も、意識に対しては形態を変えて現われたり、まったく現われなかったりするが、同一量のままで消えてしまうことはないとされたわけである。

†エディプス・コンプレックス

フロイトによると、生まれてきた幼児は、リビドーのままに行動しておっぱいを飲んだり排泄をしたりと、快楽を得ようとする。だが、しばしば失敗して苦痛を味わい、やがてその失敗をくり返さないための調整機関として「自我」を形成する。自我とは、リビドーの一部から成るリビドーの流れ方の制御装置である。

そこは動物とおなじなのであるが、フロイトは、人間が動物のように本能によって群れを作るのではないとしたら、社会を形成する理性がそこからどうやって生まれてくるのかを説明しなければならないと考えた。それが「エディプス・コンプレックス」という概念である。「コンプレックス」はブロイアーの用語で、いくつかの観念が複合したもののことである。

エディプス・コンプレックスは、古代ギリシアのソフォクレスの『オイディプス王悲劇』の物語、すなわち父を殺し母と結婚してしまった男がそのことに気づいて自分を罰するという物語に由来する概念である。この物語は、アリストテレスが『詩学』のなかで最も「劇的」であると称揚したものでもあった。フロイトは無意識を、一方では機械的なものとして、抑圧や投射などのメカニズム（防衛機制）で説明しながら、他方ではオイディプスという文学的な物語で説明しようとしたのであった。

ホッブズやロックなど、近代の哲学者たちは、社会の形成を理性的なひとびとの意識的な合意や契約によるとしてきた。だがフロイトは、それはひとが生まれてくるたびにオイディプスの物語がやりなおされることによると考えた。人間には動物のように交尾期はないが、他方、近親相姦のタブーがある。それが社会形成を可能にする。フロイトは、人間が社会を形成するプロセスにおいて、理性が社会を作るのではなく、近親相姦のタブーを通じて理性が生じてきたのだと考えた。文化人類学もそうであったが、進化論のあとでは、理性はこのように歴史的由来によって説明されるようになる。

フロイトは、近親相姦が禁じられている以上、幼児は自分の母親と性交渉したいという願望をもっていたはずだと考えた。もっていたはずなのに、そんな願望はなかったと信じ込んでいる。それはなぜか。

かれは、つぎのように考えた。すなわち、自分よりも圧倒的に力の強い父親が、母親との性交渉を許すはずがない。そこで幼児は父親が自分を去勢という手段によって罰しようとすると「空想」し、さらにはそういう願望や出来事があったということまで忘れてしまおうとしたというのである。これが抑圧のメカニズムであり、その結果として「超自我」という、自我をコントロールする上級裁判所のようなものができるのだという。

フロイトは、それは人類普遍のことであると考えた。人間が人間になる必然的プロセスとして、——マルクスにおける「歴史の真理」と同様に——、普遍的な歴史だと考えたのである。近親相姦願望を忘れることを通じて、幼児は父親に代表される社会的行動規範としての良心を身につける。それはいつも自我を見張っていて、理性的で責任ある主体であるようにと自我に要求し続ける。その結果として、社会では、その根拠となる性について、自由に語れなくなっているというのである。良心がもとは神への応答であったことを思い出すなら、フロイトは神を父親に取り替えたということになるであろう。

ともあれ、フロイトによると、エディプス・コンプレックスが幼児期に適切に形成されなかった場合には、ひとは社会生活のいたるところでトラブルに遭遇することになる。本人がいかに注意深くしていても、おなじ失敗をくり返すといった神経症的な状態になる。フロイトはそう考えて、医師と患者のあいだでエディプス化の過程を再現してやりなおさせれば、そのようなひとを治療することができるとしたのであった。

†精神分析のその後

確かに性衝動には、社会的な次元がある。フロイトは、性欲は、動物のように子孫を残す本能的行動のためばかりではなく、社会を生きていくためのものでもあると考えた。しかし、かれの道徳は保守的なものであった。かれは「昇華」という概念によって、患者が理性的主体として行動できるようになることをもって治癒とした。なるほど性欲は、食欲や睡眠欲とは異なって、抑圧してしまうことのできる欲望である。その代償として、人生においてもっと重要なこと、すなわち社会的に評価されることをめざすことができるというのである。

サルトルをはじめ、多くの哲学者たちが精神分析に反発した。エディプス・コンプレックスが人間の意識を規定しているのだとすれば、過去によって現在の生がコントロールされていることになる。それでは人間には自由がないというわけである。フロイトは生を、ベルクソンのいうような「創造」ではなく、性衝動を典型とする流体力学的機械の「反復」にすぎないものとしたのであった。

しかし、機械的なものであるとはいえ、無意識はどこにあるのか、そもそも実在するのか。精神分析は、生物進化論や宇宙進化論と同様に、実証できないものを仮説として提示する理論、いわば「人間進化論」なのであった。それでどうして道徳について語れるというのか——とはいえ、優生学もそうしたのではあったが。

精神分析は、科学というよりは、多様な特殊事例からのみ考察されたにすぎない人間の生に関する理論であった。ある種の生の哲学であったともいえるが、生の哲学よりも臨床的で具体的な議論をすることができた。そのおかげで、その後の思想家たちが、精神分析的概念を使って、精神に深く絡み合っている性について言及することができるようになった。

確かに形而上学思考の起源には、性衝動が絡んでいるのかもしれない。それにしても、エディプス・コンプレックスが本当に普遍的かどうか、すべてのひと、すべての文化にあるかどうか、日本人にとってもあり得ることかどうかは、意見が分かれるところである。精神分析は、ユングやライヒやフロムといった共鳴者たちによる思想の展開が続き、似た理論もあるなかで、最も一般的な精神分析理論となった。だが、皮肉なことに、その弟子の三人ともが、フロイト思想の核心にあるエディプス・コンプレックスの普遍性を否定したのであった。

†ラカンの「鏡像段階」

精神分析の思想家として、もうひとり説明しておくべきなのは、ジャック・ラカン（一九〇一〜一九八一）である。五月革命では学生たちから拒否されたということだったが、かれのいう「構造」のどこに問題があったのであろうか。

ラカンは、フランスでフロイト精神分析を引き継ぎ、フロイトよりも言語を重視した議論を展開して、ラカン派といわれる集団を形成した。ラカンの理論は、鏡像段階説や対象a説や、象徴界と現実界と想像界の区別で有名である。

まず「鏡像段階」説であるが、それは幼児が、最初は「ばらばらな身体」として生きているのに対し、エディプス願望をもつとされる六歳ころに、自分の鏡像を見て、自分からは全体の見えない身体をひとつの統一性において捉えるという説であった。

メラニー・クラインが「部分対象」という概念によって指摘していたが、産まれたばかりの嬰児にとって、乳房と乳と自分の唇の関係は、それぞれ母親の身体、自分の身体の「部分」であるとは捉えられていない。対象と部分の関係、自分と対象までの距離や大きさが分かっていない。乳房や口が属している一個一個の身体の、全体と部分の関係が分かっていないのである。

他方、動物たちは、多くがすぐに歩きだしたりするように、自分の身体や仲間の身体を明確に識別しているかのようである。動物たちは、お互いがおなじ種であることを、本能や刷り込みによって知るとされるが、ローレンツの実験では、人形や人間を親と勘違いもするように、姿かたちで識別しているわけではない。たとえば動物に鏡を見せたとき、鏡に映る自分の姿は敵対的な動物とみなされるか無関心なだけで、チンパンジーを除けば、決して自己として捉えることはないそうである。それに対し、人間の幼児が鏡に反応し、自分の身体との対応関係に興味を示すのは、ラカンによると、まさにそこで人間が、人間という理性をもった種になるのであって、鏡像は理性が出現する契機なのだというのである。

とはいえ、それには疑義がある。鏡によって人間が理性的主体になるのだとすれば、歴史的にそのことのできる大きな鏡が生産されるようになるのは一九世紀であって、それまではせいぜい汲み置きの水に顔を映す程度であった。それ以前の人間は、理性的主体ではなかったということなのであろうか。しかし、ラカンのいいたかったことが、もし人間が動物とは異なって、類的存在としてみずからを捉えるときに、まなざしが決定的な役割を果たしているということなのであれば、それはそれであり得ることなのかもしれない。

†構造化された無意識

ラカンのもうひとつの概念である「対象 a」とは、見えないけれど見えるような、精神にとって気になって仕方のない対象のことであり、その代表がまなざしと声であった。

まなざしは眼球以上のものであるし、声は単なる音響ではない。だれかを見つめるとしても数秒でしかなく、敵意や好意があるかのように、互いにどぎまぎしてしまうものである。声についてもそうである。知らない外国語ならばノイズにすぎないが、母国語ならいやおうなくそこに意味が聞き取れてしまって、気になってしまうものである。好き嫌いや必要性以上に、ひとはそれらに無理やり惹きつけられたり、避けようとしたりせざるを得ない。精神分析は、自我を無意識から出現するものとして捉えるが、そのときラカンは、まなざしと声抜きには自我が成立しないと考えたのであった。

ここで、フロイトの理論をふり返ってみよう。フロイトが無意識を見いだしたのは、神経症の患者の夢と言葉からであった。夢は、デカルト以来、偶発的で支離滅裂なものとされてきたが、フロイトはそこに見いだされるのは性的象徴の数々であり、それらには患者が置かれている人間関係、とりわけ家族関係が反映されていると解釈した。また、患者が自由に語る言葉のなかには、夢と似た要素、いい間違いや話題の急激な転換があり、フロイトは、それを無意識による抑圧の働きであると考えた。かれは、ひとびとの自我がそれぞれに歴史、一人ひとりの個人史をもっており、それを正確にふまえて語ることができれば正常（健康）、そうでなければ病的（異常）として捉えた。病的なひとほど、見られる象徴と聞かれる言説のあいだに乖離が生じ、それを無意識の抑圧の効果として見いだすことができるというのである。

フロイトの理論をこのように捉え返すならば、象徴を暗黙のまま、つまり無意識に受りとって自分の言説が首尾一貫するようにしているのが精神であり、精神の病とはその一貫性が崩れることだということになる。「無意識が言語によって構造化されている」とラカンはいうのだが、精神を無意識から理解するということは、言語によって形成されている「構造」のもとで、各人の言説と行為、およびそれを支える自我が生まれると理解することなのである。

これは、正常とされる言説が、主体（自我）によって理性的なものとして発せられているのではないということである。むしろ、人間関係や社会のあり方が、自分が自我として確信するものを基点として、一貫して整合的に述べられようとしているだけで、その主体は述べられた言説のなかの主語にすぎないということになる。

ラカンは、それぞれのひとにとって自我であると確信されるものが、無意識のなかに実在しているのではなく、生そのものでしかない幼児のとき、他者がかれを見てかれについて語り、かれにとって意味不明なその「わたし」という言葉で語られるようになったものにすぎないと考える。

実体はない。ラカンは、自我とは対象a、まなざしや声を通して、複数の主体のあいだにある何か（歴史的な主体）として、自分を（死すべきものである）人間の自我として語りはじめ、そうして生じた「語る主体」のことだと考えた。そのとき、自我が獲得されたということでもなく、それはあい変わらず不明のままであり、実在せず、根拠もないままなのであるが、そのようなものとしてなにがしかを語ることができる、それがいわゆる「精神」なのだというのである。「象徴界」のなかで精神が与えられるということですらなく、ただ象徴について語ることにおいて〈わたし〉が経験されるのだという。他者から指摘された性格や気質を意識して自分が変わることもあるが、それ以前に、〈わたし〉であるというそのことすら、他者の欲望によって生じる。それが、（無意識の欲望について語る）「主体」なのだというのである。

とすれば、〈わたし〉とは、デカルトのいう、言語記号を組みたてて思想を語る理性的主体ではなく、そしてまた、ソシュールのいう、記号の差異の体系において意味とされるものを語る主体でもなく、それを超えた「シニフィエなきシニフィアン」であると、ラカンはいう。それは「ファルス（男根）」のことなのであるが、他者の意味不明な欲望を受け容れて、その絶対的な欠如を、「わたし」という意味不明のシニフィアンで述べることである。それができるようになってはじめて、ひとは象徴を介して交流する人間の世界、「現実界」で生きることができるようになるという。そのようにして、互いに互いの自我を作りだしあっているというのである。

その意味では、だれもが患者であって、相互に分析者であると考えることもできるし、もはやだれかの精神を、正常か異常かに分けることもできない。こうしてラカンは、精神分析を、より一般的に人間精神の普遍的理論として説明し、今日でも人間関係論や文芸批評においてよく引用されるようになったのであった。

†どのような意味で構造主義か

ラカン思想における構造主義とは、「根拠は不在であるが、不在であることに価値がある」という考えのことであった。ラカンのいう自我、語る主体に、普遍的な根拠はない。むしろ、なにがしか根拠があったならば、主体になることはできない。主体は他者の欲望によって成立するとされるからであるが、そこに「シニフィエなき（シニフィエ不在の）シニフィアン」、音声としてはあるが意味のない特別なシニフィアンが存在するとされるのである。

「不在であることの価値」と述べたが、ここで「価値」というのは、位置の値といった程度の意味である。温度計の目盛など、点を打って零度とし、刻み目をつけていけばそれが値である。不在の価値とは、水が凍るということと零度であることには直接の関係がないように、主体や思考を形成する象徴的なものを作りだす基点になるものが、むしろ特定されるものではない必要があるという意味になる。ラカンは、不在である空虚が、その周囲に人間社会で理解されている象徴の体系を生みだし、コミュニケーションが可能になるというのである。

それにしても、「シニフィエなきシニフィアン」という表現は、ソシュール言語学の概念としては成りたち得ない。ソシュールにおいては、シニフィアンとシニフィエは、切り離せないものとして成立する。たとえ（ラカンが個人的なものとみなしている）通時態において、それらがずれたシーニュが生まれるにしても、それは差異の体系の全体的変遷のなかでのみ可能である。ラカンがソシュール言語学の用語を使っているのは、かなり恣意的であるといわざるを得ない。

ドゥルーズが『構造主義はなぜそう呼ばれるか？』（一九六七年）という論文で「不在からの出発」という概念を取りあげているので、かれもラカンを構造主義者として念頭においていたことが窺われるが、ラカンの用語法は、ソシュール言語学とはあまり関係がなかったかもしれない。

とはいえ、そうした「不在」に関する捉え方を、ソシュール言語学のなかに見いだすことができなくもない。

たとえば、日本語では「いった」というような、小文字の「っ」で示す促音便がある。この「っ」は発音しないという記号である。「いた」と連続的に読まず、「い」と「た」のあいだにワンテンポを置くというやり方で「いった」と発音されるために、小さい「っ」が書かれるのである。「いた」と「いった」では全然違うシーニュであるから、この、発音しないという意味で空虚な要素が語を形成しているということができる。音素としては不在なのだが、それも差異の体系のひとつの項であり、やはり音素のひとつである。ラカンは、構造言語学におけるこうした不在の概念を一般化し、自然において生まれた人間が、この不在によってこそ、文化のなかに生まれなおすというように考えたのだと擁護できなくもない。

しかし、差異の体系における「差異」と、そのひとつの項として可能な「不在」とは、概念としては別物である。要素主義的に考えれば説明不可能な「不在」がひとつの項として成りたつということは、言語が差異の体系によって成立していることの有力な証拠ではあるが、差異の体系の一例にすぎない。差異の体系では、存在と無という対立をも含めて、何らかの対立がありさえすればよいのであって、存在と無によって差異の体系が成りたつということでは決してない。

むしろ、ラカンの「シニフィエなきシニフィアン」という表現における「シニフィアン」は、「シンボル」と読み替えると分かりやすくなるように思われる。シンボルとは、一般には、慣習によって割りあてられた意味をもつ対象のことであるが、旗やエンブレムのように、特別に対象を示すことなく、全体を象徴するものもある。ラカンのいう「シニフィアン連鎖」なるものも、ラカン自身が言語を「象徴界」に位置づけているくらいだから、シンボルの連鎖と解すれば筋が通る。

ラカンが無意識は構造化されているといい、「無（不在）」が人間精神を規定するというとき、かれは価値と存在を混同し、差異の体系における価値を、象徴されるものの非存在に置き換えてしまった。かれは、不在の価値という逆説的概念を活用して、それによって精神の根拠なさ、多様性を示すことができたのだが、かれにとってのその概念は、精神を成立させる何らかの実体だったのではないだろうか。それは、ちょうどサルトルが人間を「無」によって定義したようなものであって、かれの議論は、サルトル的実存の一般化として捉えられなくもない。

しかし、かれはサルトルとは異なって、アンチ・ヒューマニズムへと進んでいった。不在が根拠であれば人間に本質はない。人間主体といわれてきたものに実在的根拠はなく、それが歴史的形成物だということによって、かれは普遍主義的に「人間主体は普遍的には存在しない」と主張したことになる。その点が、のちのフーコーの思想にも見いだされるところから、構造主義的であったとはいえるかもしれない。

ラカンの「構造主義」が学生から拒否されたのは、主体の実在性が否定されることで、革命の可能性が見失われたからではないだろうか。革命には暴力が伴う。死を賭して旧い体制を破壊すること、あるいは新たな社会を建設するために死を選ぶことは、一体どのようにして可能になるのであろうか。ラカンからは、その答えは聞こえてきそうにもない。

2　フランクフルト学派

†ベンヤミンの「暴力論」

共産主義革命には暴力が伴う。とすれば、社会の普通のひとびとには恐怖感が湧いてくる。共産主義の理想を認めるひとも、みずからの生命を賭けることには躊躇する。革命することの実践について深い考察を与えたフランクフルト学派について紹介していこう。

暴力は、一般には、平穏で生真面目な生活のもとではあり得ない犯罪的なものとみなされている。警察が暴力を行使する場合があるが、それは犯罪を抑止するためである。しかし、アガンベンが、そうした暴力のしたに「剝きだしの生」への暴力があると述べていたことは、すでに紹介した。こうした暴力の捉え方は、ジョルジュ・ソレル（一八四七〜一九二二）の影響のもと、一九二一年に書かれたベンヤミンの『暴力批判論』という本のなかに、そのオリジナルがある。

その本のなかで、ベンヤミンは、「法によって行使される暴力」と「法を成立させる暴力」を、まず区別している。通常、軍隊や警察、および司法や行政によって行使される暴力があるが、それは法によって、どんな資格のひとがどのような場合にどの程度の力をふるってよいかが決められており、それが「法によって行使される暴力」である。

他方、それに対する「法を成立させる暴力」があって、ベンヤミンは、そこにさらに「法を維持する暴力」と「法を制定する暴力」とがあると述べる。

「法を維持する暴力」とは、「法によって行使される暴力」とは別に、法そのものが遵守されるようにとふるわれる暴力である。法というのは、免許や罰則を通じてひとびとの生活条件や社会的関係を変更するものであるから、あるひとには利益をもたらし、別のひとには損害をもたらす。その状態を維持するためには、「法は法だから」ということでの強制があるということである。法に従わないひとに対して、警察や司法による暴力が準備されているのである。

他方、「法を制定する暴力」とは、いまだ法的規定がない領域で、新たに法を制定する暴力である。その場合も、法を制定するひとびとの資格や権限が法によって定められているのであるから、その意味では法にのっとっているとはいえる。しかし、たとえば憲法を制定する場合のように、——自然法のような普遍的なものが存在するのではないとしたら——、「よりよい社会のため」などのどんな理由づけをしようとも、法を制定するというそのこと自体に必然性はない。ルソーのいうように、全員一致するまで議論すべきである（『社会契約論』）と主張されるかもしれないが、全員一致というルールすら、すでに（自然）法のひとつなのである。

法的規定のないところで法を制定することは、その法を受け容れる側と受け容れさせる側が生じるということである。受け容れる側は、法ができるまえとおなじ行動ができなくなることに抵抗できないのであるから、受け容れさせる側がしていることは、制定した法を認めさせるために、法を制定するという暴力をふるうということなのである。ところが、その法の制定に続けて、その法のなかに含まれる規定によって、その法が定める合法的な暴力の行使と非行使とが区別される。その結果、最初の、法が制定されたときの暴力が隠蔽され、法によって行使していい暴力とそうでない暴力しか存在しないかのように説明されることになるのである。

別のいい方をすれば、法が出現するということは、——ナチスの憲法学者カール・シュミット（一八八八～一九八五）の主張でもあったが——、まず暴力で勝利した方が相手にそれが敗北であることを認めさせ、しかもそれを敗北とする勝敗のルールを納得させ、そのことによってそのルール自体の正しさを確立するというプロセスのもとにあるということである。ルールのもとで戦う力よりも、ルールを決定する力をもつものこそが強者であり、ルールに従うものは、いずれにせよ敗者なのである。

†神的暴力

ベンヤミンは、こうした法制定の暴力が、現在の社会のなかでもなお働いていると考えた。それは、法に規定された暴力ではなく、「生命に対する血の匂いのする暴力である」という——これがアガンベンの主張していた「剝きだしの生」における暴力のことであろう。

ベンヤミンは、さらに続けて、——建国の父が理想社会の建設のために以前の暴虐の国家を滅ぼしたと語られたりするように——、歴史上、このような暴力が旧い法やそれ以前の国家を廃絶して、あたらしい法や国家を建設してきたと考えられているかもしれないが、そのような説明は、法や国家の根拠を神話化することだと述べる。というのも、法を制定する暴力とは別に、それに対立して、法の制定すらしない、もっと純粋な暴力があるのだからである。実際に法や国家を廃絶するのは、それなのである。

社会のなかでは、憲法改正など、見かけは合法的に体制を変更しようとする「法を制定する暴力」があるが、それに対し、ひとびとをぞっとさせる、極悪人の処刑や戦争のような純粋な暴力がある。そこに目撃されることは、社会では、すべてが法のとおりにふるまわれることが原理的にあり得ないということである。社会と法には、ずれがある。ベンヤミンは、本質的な無法状態が社会には内在していて、決して法によって克服されてしまうものではないと考える。

こうした暴力を、ベンヤミンは、さきの、国家を正統化する「神話的暴力」に対比して、「神的暴力」と呼んだ。この暴力は、純粋暴力である。国家の「法によって行使される暴力」の陰画にすぎない犯罪における暴力や犯罪組織の暴力より、もっと不条理でもっと動機に乏しい暴力であり、ひとびとには理解を絶した暴発のようなものとして出現する。それが、しばしばやくざ映画などにおいて描きだされる一匹狼の孤独な行動としてばかりではなく、多くのひとを共通の場に押し出すような働きをすることもある——それこそが革命なのであり、全共闘の学生たちがやくざ映画に共感した理由でもあろう。

ベンヤミンは、真の革命が起こるとすれば、それは法と暴力の結合を否定するアナーキズム、国家そのものの廃絶に向かう純粋な神的暴力として、殺人をも否定せず、弾圧されるべきとはだれも考えないものが出現すると考えた。まさに五月革命の場合のように、労働者のストライキがあって、法のもとで一定限度許容されているが、それが突如として過激になって、政治的ゼネストになる場合――もはや理性や組合のコントロールが効かなくなって、一人ひとりがどうなっても構わないような行動に走るのである。

政府はそれを「法を破って死傷者を出すような非理性的な行動であり、ひとびとの生命を脅かす暴力である」といって非難するが、それは口実なのであって、そこで真に主題になっているのは市民の生命などではなく、国家そのものなのである。新たな国家がたてられようとしているからではない。国家の存在そのものが否定されようとしているからなのであり、だからこそ政府は非難する。その意味で、政府はゼネストにならないようにと、ストライキを押さえ込もうとするのである。

理解を絶した暴力的なものがわれわれ一人ひとりのなかにあって、理性的で合法的な暴力と非暴力のあいだでの迷いなどとは関係なく、突然として「国家は単なるフィクションだ」ということを思い知らせるような出来事が起こる――ベンヤミンは、共産主義革命を夢見ながらそう述べたのであった。

†亡命ユダヤ人思想家たち

ベンヤミンは、フランクフルト学派のひとりとして知られているが、フランクフルト学派とは、一九三〇年代に、ユダヤ系のマルクス主義者たちによって、ドイツのフランクフルトに創設された「社会研究所」を発祥とした思想家たちのことである。ナチスの迫害によって諸外国に亡命を余儀なくされたが、その間、近代西欧文明を根底的に批判する思考を展開した。かれらは、つぎのように考えた。

――歴史においては、マルクスのいうように社会を変革していく実践が重要になるが、それは一人ひとりが社会に働きかけていくことを通じて、その社会の歴史のなかにある自己を確認していくということでもある。ところが、ひとは、しばしば社会から隔絶した個別的な自己、独我論的自我を想定して完結してしまい、社会的状況に盲目になってしまったり、逆に抽象的理論で武装して、現実を柔軟に捉えることができなくなってしまう。

簡潔にいえば、歴史的実践には、「フェティシズム（物神崇拝）」と「イデオロギー」という二つの障害が伴うということである。フェティシズムとは、（歴史を反映しているにすぎない）目の前の身近なものに執着して全体が見えなくなるということであり、イデオロギーとは、社会に流通している思想でかたくなになってしまうということである。フランクフルト学派の中心的思想である「批判的理論」とは、ひとびとのこうした傾向を批判する理論という意味であった。

代表的思想家として、ヴァルター・ベンヤミン（一八九二～一九四〇）のほか、マックス・ホルクハイマー（一八九五～一九七三）、ヘルベルト・マルクーゼ（一八九八～一九七九）、エーリッヒ・フロム（一九〇〇〜一九八〇）、テオドール・W・アドルノ（一九〇三〜一九六九）、ユルゲン・ハーバーマス（一九二九〜）が挙げられる。

ベンヤミンは、一九四〇年に、ドイツ軍が侵攻してきたフランスから逃走する途中、スペイン国境で四八歳の若さで死ぬが、アドルノはそのベンヤミンの遺稿を整理しながら、やがてホルクハイマーとの共著で、『啓蒙の弁証法』（一九四七年）という書物を著した。この書物によってかれらの存在と主張が明確となったのだが、しかし、この書物のタイトルは誤解させやすいものだった。

†アドルノとホルクハイマーの「啓蒙の弁証法」

『啓蒙の弁証法』のなかの「啓蒙」という語は、普通なら近代のフランスやドイツにおける啓蒙を意味するが、ホルクハイマーとアドルノは、啓蒙という語で、ホメロスにはじまった人類文明における人間の自己の自覚の歴史のことをいおうとしていた。かれらは、文明を進歩させた人間そのもの、および人類の歴史の全体を根底から問いただそうとしたのであった。かれらの捉える文明史は、つぎのようなものであった。

——人類は五〇〇〇年前に農耕のために定住しはじめたが、それ以前の時期、ひとびとは遊牧民《ノマド》として放浪していた。今日でこそ遊牧生活を送るひとびとは少なくなりつつあるが、人類の歴史では、それは二〇万年近く続いた、定住生活に対するもうひとつの本質的生活様式、西欧近代で忘れられ、あるいは蔑視されるようになった生活様式だった。ノマドたちは自然にあって経験を超えた見知らぬものに対する驚異と不安を抱き、それを「マナ」と呼んで、呪術や身代わりや変装によって対処していた。しかし、人類の歴史の初期、そのようなマナに対し、ひとびとは言語を使って神話を作りはじめる。神話は、はじめは報告し、名づけ、起源を述べるだけのものであったが、やがて叙述し、説教するものとなった。マナの諸要素に神々の名を与え、「分からないもの」を「反復するもの」として規定して、分かっているものであるかのように扱いはじめた。そのことを通じて、ひとびとは自然には怖れるべきものはないと考えるようになっていったというのである――これが最初の啓蒙である。

他方、西欧近代でいわれた「啓蒙」は、社会のすべてのひとびとが近代的な意味での「人間」になること、理性的主体となって科学的知識を身につけることであった。だが、かれらによると、近代の啓蒙は、すでに形成されていた神話を呼びだしてそれを破壊し、破壊することを通じて神話的世界のなかに入り込んでいくという弁証法のもとにあった。なぜ弁証法になるかというと、神話を破壊しても、それに代わるメタ神話というものはあり得ないので、神話破壊の言説がそのまま新たな神話になり、それが神話時代の神話と同様、神話と自覚されないままに生活を規定する、そのような自己否定を含んでいるからである。

逆にいえば、神話時代のころから、すでにあった神話のなかの聖霊やデーモンたちを自然のなかに見いだし、支配できるようにする営みとして啓蒙という活動があったということである。自然のなかから「分からないもの」を取り除こうとして、そうした聖霊やデーモンたちを自然に投影された人間とみなしてきた。ところが、近代ではそれとは反対に、自然は単なる客体とされ、人間は自分を主体としたが、それはもとより自然にあった見えない力、中世でいう「隠れた力《オカルト》」の似姿として自分を捉えるようになったということである。その結果、呪術師たちはメディアの一角に、魔術師《マジシャン》たちは単なるエンターテイナーになってしまった。

だが、今日、かれらとは別個に、いわゆる「文化産業」が誕生した。神話を破壊して啓蒙をしようとしてきた理性的な思考は、自動的プロセスとなって機械にとって代わられ、そこに組み込まれた呪術師や魔術師たちがマナを活用して、文化産業としてのメディアやネットやゲームのなかで、お金を稼ぐ手段として、ひとびとの自然に対する畏れを癒す営業を行うようになっているのだという。

いまやひとびとは、自由の幻想のもとに統計的個人の集合体、すなわち「群れ」になってしまい、技術的機械に適合させられた盲目的再生産の生活に甘んじている。近代の啓蒙は進歩思想のもとにあって、諸個人にあたらしい生活様式を導入するかけ声だったが、（弁証法によって）それがいまは、自己破壊的な退歩として姿を現わした。それがファシズムであり、全体主義であり、先進資本主義なのだと、ホルクハイマーとアドルノは主張する。すべての啓蒙にあるのは、マナに対する支配の延長という原理である。何のために支配しなければならないかという理由は、すでに消えてしまっている。そこでは、支配こそが人類の生の目的になっている。それによって、現在のひとびとの、相互に監視しあいながら、相手を神話のそとに連れ出しては、時代の支配の神話のなかに引き込みあうという虚しいプロセスが生じている。そのプロセスにおいて、ひとびとは生命としての自分以上に生き延びようとし、自己を失うことを怖れる不安、および他者や生物たちと自己の境界を失うのではないかという不安のなかで暮らす。ひとびとが求める幸福とは、単なるその裏返しの夢想でしかないのである。

そこからかれらは、たとえあるひとに革命への情熱が湧き起こったとしても、この啓蒙の弁証法によって、そのひとはみずからをユートピア主義者、すなわち「どこにもない理想の場所」を求める夢見る《ドリーマー》ひとと認めてしまい、社会から消え去っていく宿命にあると述べる——ジョン・レノンの『イマジン』の一節、「ひとはわたしをドリーマーというかもしれないが……」という次第である。

ここにあるのは悲観主義なのであろうか——近代の市民社会はよいものではないという認識をもつひとびとに対して、マルクスは革命によって一挙に清算する可能性を期待させたが、そのような革命に対する絶望的な気分、あきらめのような境地が見てとれなくもない。

†フロムの「自由からの逃走」

その後のフランクフルト学派の動向であるが、フロムが一九四一年に『自由からの逃走』という書物を著している。かれはライヒと同様、フロイトのエディプス・コンプレックスが人類にとって普遍的であるということを否定した。ライヒの方は、社会の革命と個人の性革命とを別次元の問題としたのであるが、フロムは、そのライヒの主張をも批判して、個人の精神と社会のあり方は、直接的に関係していると主張した。

かれは、——ヘッケルの「個体発生は系統発生をくり返す」という命題に似ているが——、歴史の進歩と個人の成長が並行していると考えた。人間が本能の支配から離れて意識をもち、思考することで自由になったように、個人も成長して、母親との一次的絆から離れて自由になるというのである。しかし、ひとは、動物の場合とは異なって、一次的絆から離れると、それによって孤立感を味わう、そうした社会になっている。社会がその個性を伸ばして自信を深めさせてくれる状況にないときには、その無力感によって、ひとびとは自由から逃走して二次的な絆を求めるが、それがファシズムだったとフロムはいう。かれは、「ひとびとが人間機械となってファシズムが生じた」と述べ、そうなったタイプのひとを、精神分析的には「サド・マゾヒズム的傾向」、社会的には「権威主義的性格」と呼んで、そこに問題があると考えた。

フロムは、西欧近代的な人間観にのっとって、人間はあくまでも自由な理性的主体であって、そこに何らかのバイアスがかかってファシストになると想定していたわけである。ライヒの方は、「大衆はファシズムを欲望した」と主張し、近代的な人間観を捨てたのであったが、その主張に対比すると、フロムの場合は、――愛が大事だとかれはいうのだが――、自由と孤立に耐える近代の人間像を固持したまま、ファシズムに流れそうなひとびとを（愛もなく）道徳的に批判していただけといえなくもない。

†マルクーゼの「人間の解放」

つぎにマルクーゼであるが、かれは、一九六四年に『一次元的人間』という書物を著している。かれもナチスを逃れてアメリカに亡命したのであるが、かれが目にしたアメリカ社会の現実は、マルクス主義革命やライヒの性革命といったことを論じられるような状況を超えてしまっていた。

ひとびとは「イデオロギーを捨てて連帯して革命しよう」とか、「神経症を昇華して社会的価値を見いだそう」とか、そのような個人的な自覚によって行動を起こせるような状況にはもはやないようにかれには見えた。すべての欲求が資本主義の過剰な商品生産によって、満たされる以前に与えられるようになってしまっていると、マルクーゼはいう。

今日、アメリカをはじめとする先進諸国では、科学知識というよりも、もはやひとびとのよく知らないテクノロジーによって生活環境が合理化され、その内部はブラックボックスであるようなさまざまな装置によって機械化され、いわゆる「安全で便利で豊かな社会」になっている。その結果、ライヒが主題にした性の領域も含め、何が自分の欲求で、何が押しつけられた欲求なのかすら分からなくなってしまっている。技術がすべての変革の兆しにさきまわりして、何ごとも起こらないようにされており、ひとびとはともかくも生き延びていくようにと、欲求とその充足を押しつけられた生存に自分を同一化してしまう。マルクーゼは、ひとびとが、この社会のイデオロギーを、自由な思考によって告発することすらできなくなっているというのである。

確かに、何をしても許されるような自由が認められているが、マルクーゼによると、抑圧が強化されているところでこそ、このような個々の矮小な自由が認められる。それによって、ひとは、むしろ抑圧を欲望しさえするようになる。その結果、ひとびとが歴史のなかで自己を捉え、その歴史に対して働きかけていくという実践によって歴史がひっくり返されるという弁証法が不可能になった、近代以来、人類が征服してきたと考えていた物質的自然によって、かえって人間が支配されるようになってしまったと、かれはいうのである。

マルクーゼは、こうした状況からの「人間の解放」を訴えた。そして、大多数のひとびとが個々の矮小な自由に満足し、依存してしまっているいま、期待できるのは社会的弱者たち、アウトサイダーや失業者や被差別者たちのつきつける「ノー」という声しかないと論じた。かれらこそが社会の真の現実を知っているであろうし、かれらにこそ、現在の社会状況を批判する権利があるというのである。

†資本主義からの逃走

フランクフルト学派の思想家たちは、人間経験が、人間本性も自己意識も含めて訓育され、社会的に配給されるようになっている今日の政治状況をひとびとに見させようとしていた。その状況を知らなかったという点では、マルクスもまだ「空想的」だったのだし、諸個人が自分の労働の本質を自覚するだけで予定調和的によい社会が到来するとしていた点では、「ユートピア的」だったのである。

かれらが見させようとした現代の社会は、しかしながら、もはや革命は「無理！」というほどのものなのだろうか——革命とまではいわずとも、せめていまの社会から逃げだすことはできないのか。

「逃げだす」とは、フロムがあきらかに非難の意味で使用していたように、あまりよいイメージの言葉ではない。もちろん危険や犯罪や誘惑からは逃げださなければならないが、「逃避してはいけない」などといわれるように、場合によっては、かえって自分を追い詰めてしまうことにもなりかねない。だがしかし、「逃避」といわず、「逃走」という語によって、正しい逃げ方があると考えるのはどうであろうか。

「逃走」については、ヘーゲルが、現実を度外視する悟性の自由として、否定的に述べていた。いわば白日夢のようなもの、現実を自分の都合のよいように勝手に捉えることである。他方、メルロ＝ポンティは「逃走」を意識の両義的な能力として説明しようとした。確かに白日夢のようなこともあるが、現実の状況に囚われてしまって身動きできなくなってしまったときには、自分を外部から見てその状況をはねのけ、状況をのり超えることができる場合もあると考えたのである。

もし、いまの社会体制がそれぞれのひとに意識内容をも与え、自分がどのような存在者であり、どのようなことに配慮しなければならないかをまで規定してしまうのだとするならば、そして、一人ひとりはそうした配慮ができないことばかりを心配するような状況に陥っているのだとしたならば、そう意識されている偽現実から逃走する必要も生じてくる。

ドゥルーズとガタリが、のちにこのような意味で、「逃走」を勧めることになるだろう。ファシズムは暴力を生みだし、革命は暴力を必要とする。近代の思想は、社会形成を、暴力を根底において理解していた。政治の背後に暴力を感じとることは、それに抵抗しようとすることでもある。しかし、欲望の解放とその抑圧とは裏表一体の関係にある。それを無意識のレベルから捉えなおして、暴力か平和かの二者択一ではない生を見いだすことはできないのか。

マルクス主義を信奉するひとびとが精神分析に関心をもったのは、『啓蒙の弁証法』に書かれていたように、理性的主体が連帯して革命するということが理論的に不可能であり、そうした考えがいやおうなくユートピア的になってしまうからであった。そこで、ドゥルーズとガタリが、精神分析の理論のなかに、暴力を機械仕掛に置き代えて、革命と逃走が合一するような領域を探しだそうとしはじめたのであった。

3　アンチ・オイディプス

†ドゥルーズとガタリの「欲望する機械」

『アンチ・オイディプス――資本主義と分裂症Ⅰ』という書物は、五月革命の決算書として受けとめられたということであった。それは、五月革命で支持されたライヒの議論を、より根本的にやりなおそうとした書物であった。ライヒがマルクス主義と精神分析を戦略的にしか結びつけていなかったのに対し、ドゥルーズとガタリは、それらを思想として結びつけ、世界と人間のあり方の根底から捉えなおそうとしたのであった。そこでまず、かれらが精神分析をどう受けとったか、ということから説明していこう。

かれらは、フロイトのいう無意識を、個人的意識の背後にある「心」のこととは考えず、われわれが生きている現実の世界全体のことであると考えた。生の哲学（ギュイヨーやベルクソン）以来いわれてきたように、意識はこの現実を、レンズであわせた焦点のようにして垣間見ることしかできず、そこに主体的に働きかけることもできない。かれらはこの無意識の世界を、『啓蒙の弁証法』におけるマナの世界、啓蒙に先立つ自然的世界として捉えようとしたように見える。

無意識の世界は、かれらによると、無数の「欲望する機械」から成る機械仕掛の自然である。かれらは自然と人間とを区別してはならないと述べ、人間精神において無意識と呼ばれたものは、無数の欲望する機械が接続したり分離したりしながら、すべてのものを自動生産する「欲望する生産」の世界であるとしている。欲望する生産とは、欲望が欲望することを欲望し、――広告（の生産）が消費を生む（生産の）ように――、生産が（流通や消費も含めて）つぎの生産を生産し、その結果としてすべての実在を生産することである。

「機械が欲望する」とは、奇妙な表現に思われることであろう。しかし、それは、欲望をもつとされる生物の身体や器官や細胞のようにして、――たとえば細胞は分裂しては隣りあいつつアポトーシス（プログラムされた細胞死）によって一部が切り離されることで器官を形成するが――、相互に結合したり切断したりするということである。それはかつてライプニッツやモーペルチュイも明確に主張していた一九世紀以前の「常識」なのだが、物体と身体とを区別することなく、ドゥルーズとガタリは、それらを「欲望する機械」という概念によって共通の平面で捉えようというのである。

もとより精神分析は、人間の心を流体力学的な機械として捉えていた。それと同様にして、かれらは現実世界としての無意識を、心を含む世界全体において、「欲望する機械」という無数の流動する分子が集まって組みたてられ、分子量《モル》的に、物体や生物、社会的機械（社会機構ないし社会制度）、技術的機械（科学的ないし産業的対象としての物体）を生みだし、活動させていると説明する。ここで「分子量」というのは、たとえば無数の水分子の騒擾が氷や水蒸気として知覚されるように、多数の分子が集合して成立する事態が現象として表象される水準のことである。

以上の意味で、無意識は、無数の「欲望する機械」という分子の騒擾から成る巨大な機械仕掛なのだとされる。デカルトは事物が機械であると捉え、さらにラ・メトリがその事物の世界を捉える精神も脳という機械であると捉えた。サルトルが人間精神はそのようなものではないと拒否したのであったが、ドゥルーズとガタリは、デカルトの捉えた（時計のような）機械とは異なったものとして、事物も精神も無意識の世界のなかにあって、すべては機械仕掛であるとしたのである。

この無意識それ自身は、しかし完全に表象されることはあり得ない。表象も無意識が生産するものの一部なのだからである。ラ・メトリもサルトルも、意識をもって事物と対峙する精神とみなしたが、意識は無意識の効果、無意識の生産する表象のことであり、事物や精神を、ましてや（自己意識として）無意識の全体を表象しようとするようなものではない。無意識から意識への諸段階についてライプニッツが挙げた水車小屋のたとえのように、ひとはそのなかでは水車を回す小川の流れもその地形も気象条件も見えないが、世界が巨大な機械仕掛であることは理解できる。無意識の世界は、表象することよりもまず、連結されたり組みかえられたりして多様なものを生産する機械仕掛なのである。

したがって、意識の作りだす理論は、世界の「写像」にはなり得ない――無意識は、意識には表象しがたい仕組で作動しているという、そうした事情をもって機械仕掛であるというのである。それゆえ、この機械仕掛は、デカルト的機械のように数学的に表象される必然的自然法則に従うのではなく、つねに偶発的な作動をし、（生物進化のように）たえず新たな組みあわせを実現してしまうような特異なものとしてしか捉えられないのである。

一般に機械と呼ばれるものは、分解すると無数の小さな機械の集まりで、個体と見られた機械がより大きな機械の部品だったりする。腕時計が時間システム機構や電池供給システム機構の部品であり、自動車が道路システム機構やガソリン供給システム機構の部品であるようにである。しかし、その大きな諸機械をもすべて含む全体的機械を想定してみても、たとえば原子炉と周辺の海や山の異変との関係のように、どこかで何か想定外のことが起こる。無意識は、世界が一個の動物身体であるとする「物活論」のいうような有機体（後述する「オルガン」化されたもの）ではないし、まして一個の統合した巨大機械でもない。それは、無数の分子としての「欲望する機械」が繋がったり離れたりしてできあがっている、いたるところで調子狂いをする膨大な機械仕掛の総体《アンサンブル》なのである。

人間によって組みたてられる「技術的機械」もそのひとつなのであるが、それは、反復するものが自然のなかから切りだされて結合させられたものである。ひとは逆に、それを「機械」のモデルとしてしまうのだが、しかし、その機械がプラン（設計図）どおりに機能するのは、科学が標榜《ひょうぼう》しているように、そのプランが自然を「表現（写像）」しているからではない。設計図の生産が、製作された機械と同時に、自然の欲望する諸機械とうまくかみ合うからなのであるし、その分、原理的に、しばしば調子狂いもするのである。

なぜそのようなことがいえるのかと、信じられない思いのひともいるかもしれない。無意識の世界が「欲望する機械」から成りたっているということは、全体としては表象され得ない（見てとることはできない）わけであるけれども、狂気になりかけているひとびとの言動から推察することはできると、ドゥルーズとガタリはいう。

現代においては、狂気はすっかり施設内に隠されていて、見られがたいものとなっているので、大部分のひとは、自分が狂気に陥るのではないかという恐怖を抱くことは少なくなっているようである。しかし、一九世紀には、キルケゴールを代表として、狂気において自分が失われることを多くのひとが怖れていた。同様にまた、ロンブローゾがいいだしたのだが、「天才と狂気は紙一重」というように、狂気のなかに見え隠れするひらめきが、人間にとって最も重要なものを創造させてくれるとされていた――いまもしばしば危険ドラッグを使用するアーティストたちがいるようにである。

なるほど、アーティストのなかには性格の破綻しかけているひとが多いという印象がある。性格が破綻していればアーティストになれるわけではないが、そのなかには、ある特定の領域の技能が精錬されてアーティストになるひとが生まれてくるということがあるのかもしれない。

実際、ゴッホやニーチェやアルトーの場合のように、異様な言動があったとしても、それは天才的なひらめきや根源的なものへの直観に由来すると考えられてきた。フーコーによると、現代の狂人たちは、一八世紀までのように、動物に比されるものではなく、もはや子どもではないが社会人にもなれていない「動物としての人間」とみなされているという。その意味では、理性的主体となった多くのひとの、実際には実現できない幾多の理念よりも、かれらの表現する「人間の真実」の方が重要だといえるかもしれない。

たとえば、フォアマン監督の映画『カッコーの巣の上で』（一九七六年）では、狂気における人間の解放が描きだされ、そこに観客が人生を見いだしたりすることもできた。「社会的に正しく生きる」という制度的ないし機械的なあり方の方に、かえって人間の非本来性があるのかもしれないであろう。ロナルド・D・レイン（一九二七～一九八九）とデヴィッド・クーパー（一九三一～一九八六）の「反精神医学」においては、狂気とは精神の旅路であって、治療する側がそれにつきあって人生を学ぶようなものだとされたほどであった。

狂人が「病気」かどうかは問題であるが、理性的なひとと単に相対的にしか違わないというわけでもない。一九世紀以降は、その徴候とされる異様な振舞をするひとが病院に収監されるようになったが、そこでは、治療という働きかけによって、収監されるまえの状態のひとから、いよいよありそうもない奇抜な振舞が反応として引きだされ、その反応を指して、医師たちは統合失調症（分裂症）などの精神病の症状を見いだした。だが、もし治療せず、それ以前に、社会がそのひとたちを適当に包み込んでいたら、そうした症状も生じなかったかもしれないのである。ドゥルーズとガタリは、病院に連れていかれて症状が出る以前の状態のひとは、芸術においてばかりでなく、イノベーションや社会変革においても重要な役割を果たしてきたに違いないと考えた。

治療を受けるまえのそうした状態を、ドゥルーズとガタリは「スキゾ」と名づけた。「分裂症《スキゾフレニー》」という語の前半部分である。そのスキゾの経験は、病人にかぎらず、しばしばわれわれのもとを訪れる。というのも、人間の意識も機械仕掛のひとつであって、自然とかみ合うこともあり、調子狂いすることもあるのが当然のことなのだからである。そのことをふまえて、スキゾを病とする精神分析に対抗しようとするのが、かれらのいう「スキゾ分析」であった。スキゾ分析とは、社会において主体とされること（社会的に正しく生きること）から逃走するために「逃走線」を引いてみせることである。

そもそも、われわれの不安や苦悩は、実存主義者たちの主張したように根源的なものではなく、自由な主体であることを強要されることに由来する。その不安や苦悩から逃げようとして、ひとは行動しないために訓育された習慣や、思考しないために記憶させられたステレオタイプな図式から、もがきながらもやみくもに脱けだそうとする。そうした逃走の手助けをするのが

「スキゾ分析」である。フロムはそれでひとはファシズムに走るというのだが、それとは別の道があるというのである。

スキゾとは、――間違えないようにすべきだが――、人間のことではない。特定の種類の人物や性格のことではない。「個人」は社会を分解して「主体的人格」として見いだされた分子であるが、スキゾは、それを構成する素粒子相互の差異である。スキゾは、(アイデンティティをもった理性的主体であるとする)自分の意識にあいた裂け目である。それは芸術や学問や、他のさまざまなパフォーマンスにおけるひらめきのようなものとして経験されるのだが、このスキゾ経験から垣間見えるのが機械状無意識の世界なのである。

†無意識は表象しない

社会的機械(社会機構)は、従来は個人の自由を制限したり規定したりする社会制度によって説明されてきたが、フロイトの精神分析によって、家族内における人間関係が写像されたものとして説明しなおされた。父母との人間関係がうまく演じられるなら、社会的人格として安定して生活する理性的主体になれる、社会的機械の「立派な」構成員になれるというのである。

しかし、そこが精神分析の最大の過誤であったと、ドゥルーズとガタリは批判する。『アンチ・オイディプス』というタイトルは、エディプス・コンプレックス理論の批判という意味である。ドゥルーズとガタリは、フロイトはせっかく無意識を発見したのに、それをただちに古代ギリシア悲劇『オイディプス王』の舞台とみなし、表象《リプレゼンテーション》（「上演」という意味もある）において解釈されるものにしてしまったと述べている。

フロイトは、「パパとママとぼく」という三角形の家族セットの座標系を描き、本来は社会で生じている諸問題を、その座標系において捉えさせようとした。社会でのトラブルは、諸個人にとっての家族の問題の関数であって、オイディプス神話になぞらえて自分を変えて家族の問題を解決しさえすれば、社会の問題が自動的に解決するとしたのである。

しかし、ドゥルーズとガタリは、そのことはむしろ、患者にオイディプス王物語を押しつけ、その文脈で自分を理解させ、それによって神経症という病状を作りだすことなのだと批判する。フロイトの前提する社会的に立派な人間像は、過剰に家族を意識した神経症患者の症状のことにほかならないのである。

スキゾ経験において主題になることとは、革命であれ差別であれ、あるいは暴力であれセクシャリティであれ、社会で生じている問題とそのまま直結したものばかりである。精神分析は、そのようなものを感じたひとびとに、本当は存在しなかったエディプス願望、父を殺して母と寝たいという欲望を認めさせ、社会で生じている問題を家族の問題にすりかえる。スキゾ経験の欲望を、ファルスなど、欠如していると表象されたものを埋めあわせるようなものとして説明して、単なる反復的なものへと萎縮させてしまう。本当は、欲望は何を産みだすか知れぬ衝動的なものであり、破天荒であったとしても、無際限に実在を生産しようとするものなのである。それが、われわれの生なのである。

無意識は、フロイトによって機械であるとされたのに、それがオイディプスのような物語によって意識に表象するだけで設計変更できるものとされている。そのようなものだったら、そもそも無意識は、意識を抑圧するほどの力もメカニズムももち得なかったはずではないだろうか。たとえば、自動車の構造をディスプレイに表示させ、いくらその表示を変更してみても、それだけで自動車の改造をすることなどできないであろう。

精神分析が擬似科学（トンデモ科学）であるとすれば、それは表象作用が因果性に対して効果をもつ（オイディプス物語で説明することで無意識を変えることができる）としているのに、因果性とその表象の関係がどうなっているか、表象作用自体は因果的かどうか、因果的であるとしても他の因果的メカニズムにそれがどのように効果を及ぼすのかという、ヒューム以来の認識論的観点について、まったく考察していない点に存する。

だからこそ、ドゥルーズとガタリは、「無意識しか存在しない」、「無意識は何も表象しない」、「われわれが意識だと思い、さらに主体だと思う経験は、その無意識の単なる効果（生産物）にすぎない」と主張するのである。とすれば、ラカンの述べていたような、主体として筋の通った話をする方が、むしろ「異常」なことだということにはならないであろうか。

思いつきの行動と狂気じみた言説こそが、われわれの具体的な社会生活である。そのスキゾ経験を押さえ込み、アルチュセールが「イデオロギー」という概念を使って述べていたように、社会にとって都合のよいものとしての「主体」なるものにしようとするのが精神分析なのである。そこで語られるオイディプス王の物語は、人類にとっての「心」の普遍的な真理であるどころか、西欧近代のブルジョワ・イデオロギーの最たるものであり、ひとびとを、革命などすることのないタイプの人間主体にする道具だったと、ドゥルーズとガタリは考える。

実は欲望を、フロイトのいうように完全に「昇華」してしまった人物が「パラノイア(偏執狂)」なのである。極端に理性的な主体であろうとするがゆえに、首尾一貫した妄想をもって、ある種の社会的機械を組みたてようとする。その団子状になること(団結)の欲望が、ファシズムを招いたのでなくて何であろう。欲望する無意識の生産のメカニズムのなかに、結晶作用のようなものが生じてきて、欲望が凝固する——たとえ革命運動のさなかにも、あの「連合赤軍」の悪夢が出現してくるようにである。

ひとびとには、国家が崩壊するときの悲惨なイメージが浮かんだり、その後どのような社会になるかとの不安もよぎるであろうし、団結して「ひとつになる」ことの感動もあるだろう。しかし、ひとつになって、それが「体制」になったとき、重苦しく、息苦しいものが生まれてくる。そもそも、その不安や感動は、何によって吹き込まれたものなのであろうか。国民国家は、近代という特殊な時代のひとつの社会体制にすぎない。なぜ国民的統合のようなものを重要と感じるようになったのか、国民的統合の呼び声よりももっと重要なものがあるのではないか、とは考えられないであろうか。

†国家

ところで、ファシズムは到来したのに、なぜ共産主義社会は到来しないのであろうか。共産主義社会は、いわゆる「原始共産制」に由来する、人類が定住する以前のノマド（遊牧民）たちの生活である。マルクスは、資本主義のおかげによる巨大な生産力のもとで、革命によってその野生社会のルネサンスが行われると考えていた――その意味では近代的発想を超えて、ポストモダンに向かっていた。

マルクスは、共産主義社会の到来とともに、――それはノマドたちの社会なのであるから――、国家が廃絶されると論じていた。だが、実際の歴史では、かれの思想以降、共産主義と修正資本主義とファシズムの奇妙な混淆が生じるばかりで、国家の廃絶はその兆しすらない。

そもそも国家とは何なのか。十数万年の放浪のすえに、耕作のために定住して都市を作ったひとびとが、所有を知らずいまだ放浪して略奪するノマドたちに対抗するために国家を作った、という起源が想定されてきた。こうした分かりやすい「おはなし」は、野生社会は、タイラーやフレイザーがいうような、アニミズム的宗教によって支えられていたという「おはなし」と同様に、ノマドたちの「野生の思考」（レヴィ＝ストロース）を打ち消すための「おはなし」であった。

ドゥルーズとガタリは、こうした国家観を否定する。国家は統治の象徴ではあるが、完全に統治された社会は存在せず、実際の社会は、規範や制度に従っているひとびとと、統治に反することから利益を引きだすひとびとから成る。統治は都市周辺の農村においては成立しているが、都市の境界には軍人の群れが、都市の内部には犯罪者や浮浪者の群れが生活している。国家は、ベンヤミンが述べていたように、暴力を抱え込んで成立しているのである。

国家は、社会の内外に潜む暴力に対して、別の種類の暴力、軍隊や警察や企業や組織を養うことを通じて、規範と制度とを維持している。正義とは、国家が自然法を根拠にして規定したようなものではなく、これらの戦争機械と、耕作の余剰生産物によって生じる都市生活者の群れとの関係のことにすぎない。

暴力装置という呼び方をすれば、「暴力に抵抗する主体の自由」にとっての文脈で理解されてしまうので、これを「戦争機械」と呼ぶのであるが、そもそも「機械」という語のもとの意味は、アレクサンダー大王の遠征における、象と投石器と兵士の隊列のような戦争機械のことであった。国家とは、他国との戦争から国民を守るためにあるのではない。こうした戦争機械を養って正義を説き、戦争被害の恐怖や他国に対抗する愛国心を吹き込みながら国民に従属を強いるものなのである。

†野生と野蛮

ドゥルーズとガタリは、国家は「野生時代」には存在せず、「野蛮時代」において出現し、資本主義の「文明時代」においては、影のようにつき纏うようになったと述べている。かれらは歴史に、マルクスの五つの段階に対して、野生と野蛮と文明という三つの段階を設けているが、そのそれぞれを説明すれば、資本主義がどのようなもので、革命および国家の廃絶が可能かどうかが理解できよう。

まず「野生時代」であるが、それを特徴づけているのは土地である。土地とは、地形と諸生物が織りなす環境としての大地の広がりであり、テリトリーであり、人間が住まう場所である。そこでは、自然の諸対象と人間身体の諸器官が、相互照応系になるように「コード化（対応関係づけ）」されている。コード化は「記憶」の原型である。刺青などの苦痛によって、自然的諸対象と身体の表面とが関係づけられ、歌のような意味不明の声のくり返し《リトルネッロ》と身体のやみくもな行為とが、身体表面を介して反響しあうようになることである。その結果、身体の表面にある感覚器官を通じて自然の諸対象が知覚されるようになるが、対象がどのようなものであるかということと、感覚がどのようなものであるかが区別されてはいない。それらが同時に対応づけられて、人間経験が生起しているのである。

ところが、その社会に、外部からパラノイアの野蛮人が侵入してきて、専制君主になるという出来事が起こる。それが「野蛮時代」のはじまりである。「脱土地化」というが、専制君主は、ひとびとを土地から切り離し、土地をただの区画(属領)へと「再土地化」し、ひとびとはその区画に住まわされるようになる。

そして、専制君主の身体は、「特別な身体」とされて最上位に置かれ、そこから派生するものとして土地と人間の位置が登記され、人間関係のピラミッド状の階層秩序が形成される。これが「超コード化」である。野生時代の土地のコードのうえに、専制君主によるコードが二重化される。そこでは、王の声は、王の声の写しとしてのエクリチュールによって布告されて「法」となる。それを読みとる野生時代のひとびとの声が「意味」とされて、いわゆる言語、すなわち意味を指し示す音声言語の体系が成立するという。

このようにして国家が形成されるわけであるが、しかし、しばしばそれは崩壊し、野生時代が再生する。国家はたえず忘却され、しかし、またいつかやってくる専制君主の幻である「原国家」のイメージとして、社会につき纏うようになる。ひとびとは、しばらくは野生の社会で生きていくが、やはりそこにまた専制君主がやってきて……というように、（シュペングラーが述べていた）帝国の栄枯盛衰が果てしなく続いてきたのである。

†資本主義社会

「文明時代」の資本主義社会はどのようにして成立するのか。それは、野生と野蛮のゆったりとした交替の歴史の終焉であるとされている。あるとき、たまたま労働者の流れとお金の流れが合流し、資本という抽象的な量を介して、野生と野蛮の二つの時代が高速で連続的に交替するような社会が生まれたのだという。

ドゥルーズとガタリは、資本主義を、西欧文明が発明した特別な経済体制と見るのではなく、野蛮による脱土地化に対しては野生への再土地化、野蛮による超コード化に対しては野生への脱コード化、そしてまた脱土地化と超コード化というように、野生時代化と野蛮時代化がつぎつぎにくり返される体制と見ている。そのようなくり返しの現象をもって、「経済成長」というのである。

近代の文明進歩の思想においては、資本主義体制にとってのいくつもの「フロンティア（辺境）」があった。英仏の幾多の植民地、ロシアにとってのシベリア、アメリカ合衆国の大西部、さらには北極と南極、宇宙と深海のようにである。資本主義はむしろ、フロンティアを作りだしながら発展してきた。

資本主義は、そこを脱土地化し、超コード化したかと思うと、もとの場所が再土地化され、脱コード化されるというようにして、活動場所を移動させながら経済成長を継続してきた。インターネット空間はその最たるものであって、本当に必要かどうかは分からないこの新たなフロンティアが作りだされると、アメリカ西部の金鉱や石油や、最近ではシェールガスのように、資金が流入し、ひとびとは殺到し、産業がとめどなく発展していく。

フロンティアがあるかぎり、革命の起こる余地はない。そのかぎりにおいて、資本主義は、資本主義社会が成熟したときに起こるはずの共産主義革命を、未来に押しやり続けることができるのである——革命を祓うためだけに、いつかは火星に旗がたてられるときすら来るかもしれない。

共産主義社会も、実はフロンティアのひとつだったともいえるのだが、革命が一党独裁によって横領されてしまうように、社会にはつねに「原国家」がつき纏っている。共産主義革命は、それによって国家が廃絶されるようなものではなく、むしろ、アナーキスト（無政府主義者）たちが見抜いていたように、逆に国家が廃絶されなければ共産主義社会は到来しないのかもしれない。それでいま、ひとびとは、革命よりも、戦争や環境の激変や小惑星の衝突といったカタストロフによる生産力の消滅に脅えている、ないし（密かに）それを待ち焦がれているのである。

†メルロ＝ポンティの「現象的身体」

資本主義社会における脱土地化や脱コード化は、ドゥルーズとガタリによれば、スキゾによって起こるということであった。核爆発をゆっくり起こす原子力発電所に喩えられているが、分裂症患者にいたらない範囲で、あるいはファシズムが到来しない範囲で、スキゾは資本主義を継続させるのに働く。スキゾは科学や芸術や技術の創造の活動によって、あるいはギャンブルや依存症や投機の経済の活動によって、あるいは戦争や犯罪やテロの暴力の活動によって、脱土地化ないし脱コード化を行っているのである。

スキゾとは、主体的意識の分裂ということだった。そしてさらに、社会には「原国家」がつき纏うように、スキゾには「器官なき身体」がつき纏うとされている。それはどういう意味であろうか。『アンチ・オイディプス』には、アントナン・アルトー由来の「器官なき身体」という特異な概念が、「欲望する機械」と並んで頻出していた。この器官なき身体が、主体を分裂させもすれば、社会にファシズムをもたらしたりもするというのである。

このことを理解するために、無意識における国家と主体の関係を、身体という観点から捉えなおしてみよう。

身体とは、まずは「器官の詰まった闇」である。六〇兆個の細胞から成る有機体。いくつかの系統の諸器官が調和して機能し、生命活動と新陳代謝と生殖活動と精神活動を維持している。とはいえ、ひとは、自分の身体のなかの器官をほとんど見たことがない。皮膚のしたに、おそらくは他人たちと同様に器官が詰まっているのだろうと推定する。そこからひとびとは、内部で蠢《うごめ》くさまざまな器官、腸や心臓や筋肉が、自分の身体の調子をいいよう悪いようにしているという素朴な科学を組みたてて、食べ物に注意したり、運動に精を出したり、多様な薬品を器官に吸収させたりしながら暮らしているのである。

しかし、これは、メルロ＝ポンティのいう「対象的身体」にほかならない。近代科学は、身体を器官や細胞に分解し、その諸部分の機能が合成されて知覚や行動が可能になるとしてきた。欧米語で、身体《ボディ》は、「物体」とおなじ語である。この意味での身体は、デカルトが述べたように、死体となっても変わりない物質から成る機械である。あるいは、病気になったときに、医師の視線のもとでその姿を現わす対象としての身体である。わたしの身体の見かけや働きや振舞が異常であると医師がいうとき、その異常さは、わたしの生き方に由来するのではなく、器官の不調という意味である――これが生命政治というものであった。

人間は「精神」として、あたかもそうした機械としての身体を操っているように理解されてきたわけだが、たとえばさか上がりの練習や、舞台上の演技など、操ろうとすればするほど現実にはかえってうまくできないことが多い。むしろ、自分の意図を身体に委ね、動作をくり返していると、身体が自動的に処理してくれて、精神にはその結果が受動的に与えられるといったような経験が多い。

そこからメルロ＝ポンティは、われわれが経験しているのは「現象的身体」であると述べ、精神が機械としての身体を操るのではなく、身体において意味が見いだされ、その意味に反応している身体があると主張する。

たとえばドアを開けるときに、ノブを手でまわす操作をいちいち意識しなくても、光景のなかのドアノブを見るやいなや、身体の手のひらがまわすものとしてのノブに向かい、それがみずから摑んで手首を捻る。対象が身体に差し向けた意味へと身体の動作が返す「志向弓」の働きがあって、それで世界の経験が作られているというのである。

この身体は、性的にも社会的にも、見て見られる身体である。精神が意識する手前で、それが人間の表現や仕草や振舞を形成する。物質でもなければ精神でもない、「身体」なるものが人間経験の基底にある。こういってよければ、メルロ＝ポンティによると、身体とは、「自然のなかの精神」なのである。

†マルクスの「非有機的肉体」

ところで、この身体は、手によって道具を製作する。マンフォードによると、道具とは身体の延長にほかならない。人間は、自然のなかで長い時間をかけて火を操り、道具を作り、環境を整えて、穀物や家畜を育てるようになってきたが、道具とは、身体諸器官を模倣して、その機能を拡張したものである。鋭い爪として石器を作り、熱に強い手のひらとして土器を焼き、強力な拳として棍棒を手元に置いておく。そのようにして、結局、畑や時計や蒸気機関やコンピュータまでもが作りだされてきたのである。

マルクスが、『経済学哲学草稿』（一八四四年）において「非有機的肉体」と述べているのもこのことである。人間の本質は労働であり、労働とは自然に働きかけて果実（生産物）を得ることであり、その意味で、自然を人間労働に適した生産用具に作り変えていくことである。そうなった自然とは、生物である有機的な人間身体の、非有機的な（物質的な）延長だというのである。

とはいえ、『資本論』でのマルクスは、そうして作り変えられた自然の一部として、人間身体も機械の部品に組み込まれてしまうという事態を批判している。人間は工場において、金属でできた機械と同様に扱われ、あるいは機械にかしずきながら、命令に忠実に反復作業をすることに専念させられ、それで最低限の賃金をしか受けとれない。それが資本主義だというのである。

しかしながら、ここには奇妙に感じるべき問題がある。というのも、いかにして精神であるはずの人間が機械になるなどということができるのか。精神の定義からしてあり得ないことなのに、どうしてひとは、それを当然のことのように語りあっているのだろうか。

それに対してメルロ＝ポンティは、すでに述べたように、鐘を鳴らされるとよだれを垂らすパブロフの（条件反射の）イヌよりもずっと、人間こそが機械になることができると指摘する。機械とは、逆に、機械となった人間を模したものにほかならない。マルクスのいうように、人間が機械のようであるのではない、機械の方こそ人間に似ているのである。人間の尊厳を説いたカントのいうように、人間が道徳法則に従うことができるとすれば、それは人間が機械になってそのコマンドを実行することができるからでなくて、ほかにどんな理由があるであろうか。いまは、軍隊や企業のように命令に従って指示どおりに動く人間とその組織、あるいは命令する側と命令される側が合体して立派な自動機械となって目的を実現するのが普通の社会である。フーコーが述べていたサブジェクト（主体＝従属）として、その社会の人間的持分が、機械のように作動する理性的主体のことではなくて何なのであろうか――人工知能（ＡＩ）とヒト型ロボットの普及をまえにして、われわれの準備はすっかり整っているともいえる。

†フロイトの「死の衝動」

人間が機械のように反復し、それが立派なこととされるわれわれの社会がある。それにしても、なぜ人間には、「機械になりたい」という欲望があるのだろうか。「機械になる」とは、反復強迫の欲望である。フロイトは、母の不在に苦しむ幼児の糸巻き遊び（いないいないばあ）における反復強迫の観察から、人間には「死の衝動」があると考えた。

「死の衝動」とは奇妙な説であると思われるであろうか。フロイトは、『自我とエス』において、人間は、性欲《エロス》とは別のものとして、死んで物質になろうとするような「死の衝動《タナトス》」をもっていると述べている。フロイトにマニ教的な善悪二元論があるのではないとしたら、人間が生物であるということは、無意識に性衝動で行動するように、無意識に死の衝動（「本能」ないし「欲動」とも訳される）によって行動するということである。それは、——死もプログラムされているという説もあるが——、物質へ還ろうとする生物の本能だというのである。

精神医学は、さしあたり病的なものを対象にするがゆえに、他人への攻撃性や自己への懲罰や物体への破壊衝動といった「症例」を、社会的に問題である「暴力的なもの」として見いだす。しかし、暴力となる以前に、反復強迫のように、ひとはしばしば、あえて苦しみをくり返すようなことを欲望しているようにも見える。ラカンの解釈によれば、それは主体獲得のための「不在」への欲望にすぎないが、フロイトはそこに、決してリビドーに還元できない「死の衝動」を見いだしたのであった。

人間のこうした行動は、それとは別の文脈で、ギュイヨーなどの「生の哲学」が注意を喚起していたことでもある。ひとは、死を賭して生きようとする。生きるということは、ホッブズのいうような自己保存、すなわち単に生存することではない。死ぬかもしれない冒険や、死にもの狂いの闘争や、身の危険を冒す競技や狩猟も、ホッブズのいうような名誉心や安全保障の範囲にとどまるものではなく、ひとの欲望する生の一部なのである――犯罪映画や戦争映画がいつもヒットするではないか。

もっと積極的、極端に、ジョルジュ・バタイユ（一八九七～一九六二）がいうには、人間社会で規定された欲望を超えて、禁止されたものを侵犯するところにこそ、人間の究極のエロティシズムがあるのだし、そこでは死とは最上の消尽なのである。

だが、そこまでもいうことはない。古来「メメント・モリ（死を忘れるな）」といわれてきたが、狩猟や冒険や戦闘、ないし建設と生産と破壊、それらの意義を考えると、「死」とは単なる終結なのではなく、ましてハイデガーのいう宿命の先駆的覚悟でもなく、むしろ未来の秩序の先取りのことなのではないだろうか。

というのも、死についての意識がないならば、ひとは日々の快楽と苦痛の享受のままに、漠然とした生を生きるのみであろう。死についての意識があるからこそ、――秦の始皇帝の墳墓のように――、未来を確保しようとして計画をたて、巨大な構築物を構想するのであろうし、現在を生きる意味を求めて、死を賭した行動や、ギャンブルのような行動にも出るのであろう。

まさに「一所懸命」になるのである。それで一人ひとりが機械となり、集合して組織を作り、社会秩序を形成し、国家が生まれることにもなるのではないだろうか。

†アルトーの「器官なき身体」

死の衝動、あるいはベンヤミンのいう神的暴力——ゴジラのようにただ破壊しつくすだけのように見えるものは、フランケンシュタインの怪物か、ゴヤの弟子の描いた『巨人』か、ニーチェのいう「ディオニュソス的なもの」か、『新世紀エヴァンゲリオン』の巨大ヒト型兵器か、それは過剰に機械となって荒れ狂う人間の姿なのではあるまいか。戦争も含め、そういうこともあるのではないか。

そこには、アントナン・アルトー(一八九六〜一九四八)のいう「残酷」がある。分裂症と診断されたアルトーが、大腸ガンに苦しみながら朗読したラジオドラマのなかの詩、『神の裁きと訣別するため』(一九四八年作で一九七三年公開)を、以下に要約してみることにしよう。

——身体に器官があるということは、胃痛であれ頭痛であれ、その器官に対応した病気があるということである。病気とは、(キリスト教では人間を神が創造したとされているのだから)それをもたらす神が存在するということである。神は身体に偽りの外観を与え、一個の生理学的なもの、器官で充たされた有機体にして、わたしを「自我」という存在者にしようとする。

事物や身体が存在すると人間が思い込むのは、獣に成って鼠のような肉を食べ、糞便をするという汚穢《おわい》なことをするからである。糞便を出さざるを得ないから、事物や身体が存在するとみなさざるを得ない。糞便をしないことは存在しないことに、すなわち生きたまま死んでいることに同意することになる。糞便をすることは、口や胃腸や肛門を絞ることを受け容れるということである。それをする「自我」とは、諸器官の調整者にして良心と呼ばれる神の声を聞き、応答する（責任をもつ）主体であるが、そのときひとは、脳という器官において考える、すなわち思考させられるものを反復する。

もとより、生とは魔術である。すべての事物を動揺させ、爆発させ、事物を作りだすものだからである。身体はスピリット（精神や精霊ないし微細物質）によって占有されているが、そこに神という魔術師の作った諸器官が充塡される。神は呪いによって身体の諸器官に苦痛を設け、それで意識が諸器官を絞りあげるのだが、諸器官と有機体（身体）とは、自由を求めると痛めつけられるべく作りだされたものとしての「残酷」なのである。

しかし、わたしの生は、わたしの身体を作りだすこともできる。すべての細胞がたえず作りなおされているのだから、それを諸器官のようにではなく、器官がないようにも作りなおせるはずである。食欲なしにもひとは飢えるのだとしたら、「無の身体」があるはずであり、それが「器官のある身体」に置き換えられていくにちがいない。苦痛があることによって、「無の身体」を感じることができる。

　夢と夢のあいだにあった意識を思い出そう。意識は生きる欲望でなければならない。わたしは、父と母と子（聖家族）のいかがわしい関係、性器という器官の交接から生まれてきた「自我」となるべき存在者なのではなく、生において、幼生としてわたしから生まれてきた不死の魂なのである。ダンスと演劇がその運動によって身体を作るように、ひとは、裏返しになって真の姿で踊れるように、「器官なき身体」に作りなおされなければならない——と、このようにアルトーは朗読した。

　アルトーが告発していたのは、今日われわれが受け容れてしまっている有機的な身体観である。ひとはしばしば身体の諸器官の機能や制限を超えて、健康を損なってもいい、死んでも構わないかのようにして行動する。それが「死の衝動」と呼ばれたが、死を欲望するというよりはむしろ、諸器官の機能や制限を越えようとすることなのだから、そのことを「器官なき身体を求めている」といい替えてもいいであろう。身体ではあるが、思いのままに動いても、器官がないのだから限界も苦痛もない、死もない身体なのである。

　器官なき身体が実現するとすれば、それは有機的身体の死なのであるが、それは科学が認識しようとしている、すべてが物質からなる世界のなかの身体のことでもある。ヒューマノイド型ロボットの開発のように、実際に人間の活動の未来に想定されていて、松本零士の『銀河鉄道999』(一九七七〜一九八一年)の主人公につき纏う、人間も含め、すべてが機械となることが夢見られた世界における身体なのである。

ひとびとは、この「器官なき身体」を求めて、どの時代にも、社会的機械を破壊したり構成したりしつつ、それぞれの活動を生みだしてきたと、ドゥルーズとガタリはいう。その意味で、器官なき身体とは、社会の破壊と構成を牽引する、決して到来しない未来のことでもある。マルクスは、来たるべき共産主義社会として「永遠の野生時代」を夢見たわけであるが、それは未来の器官なき身体の位置に投影された人類の「回想」にすぎなかったということなのである。

ドゥルーズとガタリは、スキゾ経験は「革命的」であると述べていたが、それは器官なき身体を作ろうとする活動だからである。とはいえ、それ自体は、社会が野蛮から野生へ(解放)、ないし野生から野蛮へと進む契機として働くにすぎない。革命やテロや犯罪といった「暴力」にも、学問や芸術やイノベーションといった「創造」にも見いだされるスキゾ経験によって、資本主義社会は、野生と野蛮を交替させ続けているのである。

†ドゥルーズとガタリの「千のプラトー」

ドゥルーズとガタリの分析は、近代市民社会における「進歩」か、それともマルクスの共産主義「革命」かという政治思想の対立を超えて、資本主義を無意識の機械仕掛が全面的に働いている究極的な社会と捉え、そのなかに生きるひとびとの生を見いだそうとするものであった。

そこでは人間は「主体」ではなく、その意味では連帯もできないのだから革命は不可能であり、他方で、過剰に主体になろうとするならば、それは専制君主と同様のパラノイアであって、その「連帯」は、国家主義者の「団結」と似たようなものになってしまう。もはや右翼も左翼もない。もし、たとえ共産主義社会であれ、器官なき身体が社会に実際に出現したなら、それはファシズムのような社会の死のことであると、ドゥルーズとガタリはいうのである。

かくして、五月革命の決算書として、『アンチ・オイディプス』は、共産主義革命の断念を意味することになったのであった。あるいは、近代的発想の「歴史の真理」を捨てさえすれば、マルクス主義がポストモダンにもなることを示したのであった。

それが正しいとすれば、いまのわれわれがすべきことは、社会の改革を求め、連帯する革命的主体になってかえってファシズムを招聘《しょうへい》するくらいなら、一人ひとりがスキゾ経験を追求して、みずからに器官なき身体を作ることなのではないか。そう、一九八〇年の『千のプラトー——資本主義と分裂症Ⅱ』において、ドゥルーズとガタリは述べている。

かれらは、その書物のなかで、千の（たくさんの）器官なき身体の作製法を挙げ、理論の登記簿としての「超越プラン」に対して、われわれの生の「内在プラン」、多数のものが共存して多様に結束《ブロック》しあっている「濃度のプラン」のなかで、それぞれが「逃走線」を見いだすことを勧めている。

「プラン」という語は、サルトルが「人間たちだけが存在するプラン」という表現を使っているが、設計図や見取り図や平面や計画などとされる訳しにくい語である。ハイデガーは、プランは「存在」とおなじ意味だと述べているが、むしろ「存在」は超越プランのうえにしかない概念であろう。

超越プランとは、普遍的登記簿のことになると思うが、理論が表象される平面であろ。理論は意識に対して現われるものであって、背後には無意識が控えている。

ひとが理論を通じて実践するとき、その理論の表象は、そのまま世界や対象の写しなのではないということだった。無意識を含めなければそうした表象にはなり得ないのであって、理論は、その表象を通じて行動が成就する諸点を繋いだ仮想システムのようなものである。たとえば、バッターがヒットを打つために、コーチがバットの握りと腰の運動の支点の関係を図解してみせるとしても、それは打たれて飛んでいくボールとは何の関係もなく、それでいてバッターには（コツのようにして）ヒットを打たせてくれる理論である。

他方、内在プランにおいて逃走線を見いだすということは、主体であること、個人であること、国民であること、あるいは組織のなかで考えること、理論を作ることの否定であり、そうした近代的発想から逃走するきっかけを摑むことである。

それは、「生き方」というよりは、「感じ方（カン）」といった方がいいかもしれない。バッターがボールを打つ瞬間のように、どんな仕事をしていようと、どんな境遇にあろうと、生の哲学のいうように、捉えがたい自然を感じ、その発見を通じて自分の生き方を相対化し、常識や通念では見えなかったものを見ることである。

それは、（ビジネス書のように）人間関係が円滑に行くようにと、仕事が効率的に行くようにとひとびとが望んでいるような答えを与えるのではなく、自分は何でも知っていると思っている世間のひとたちに対して、「異例なもの」を作りだすことである。

それは、音楽家や作家や画家が従来やってきたことだが、近代的価値のもとにある「芸術」のことではなく、アップルを作ったジョブズのような企業家にも、グラミン銀行を作ったユヌスのような銀行家にも、そしてごく普通のひとたちにも、ある瞬間には起こり得ることなのである。

逃走線を見いだすことは、また、人間対動物、男性対女性、大人対子どもといった理論的な対立関係に対して、「斜行線」を引くことでもあるという。点と点とを結んだ線に対して、たとえば日本刀を振りおろせば一閃に生じる筋のように、あるいは稲光のように天地を斜めに切り裂く裂け目のように、交わらず通過する両端なき線である。同一性なき、差異が先立つ知覚である。

それは、同一性《アイデンティティ》をもった主体であることを捨てて、動物に成ったり、女性に成ったり、子どもに成ったり、眼に見えない分子に成ったりと、もはやそれ以前のものではないものに「成ること」である。理論的に設計された人生のレールのうえで、幼児が人間、男性、大人というマジョリティの一員になっていくこととは大変な違いなのであるが、これ以上の説明は別の機会に譲りたい。

†自由から逃走へ

フーコーは、かれらの『アンチ・オイディプス』を好意的に評して、フランスではじめての倫理学の書であると、英訳版の序文に書いた。フーコーのいう生命政治は、反歴史的な機械の世界の政治原理でもあるが、そのような世界では、道徳的に何がよいものであり何が悪いものかということよりも、『アンチ・オイディプス』の勧めるように、ひとは何を望むべきかといった生活の指針を問うべきだということであろう。

フーコーの諸著作以来、われわれが知っておくべきことは、自由や主体という概念には原理的な問題があるということである。自由な主体としてすべてのひとを捉えるときは、たとえば共産主義社会のような、すべてのひとが自由になる方向が見えてくるのではなく、ファシストたちの社会が出現してしまう。革命とファシズムは、おなじ「自由からの逃走」の、方向の異なった結末なのである。

自由でありながら、みずから進んで受け容れるような隷属は、ファシズムにおいてはっきりとした姿をとっていた。これを、フロムは権威主義と呼び、特定のひとびとの性格の問題にしてしまったが、しかしこうしたことは、すべてのひとにとって、状況次第なのである。サルトルも、原罪のようにして、「人間は自由の刑に処せられている」と述べていたが、むしろ、いかにしてフロムのいう「自由からの逃走」をあえて果たし、しかも「主体」という名のパラノイアになって、社会をファシズムに導くことなしに生を享受するかが、哲学の問うべきことなのではないだろうか。

われわれは思い出すべきなのであるが、「自由」とは、ローマ帝国の奴隷にとっての「解放」のことだった。もしあなたがいま奴隷であって、そうした自分の状態を耐えがたいと感じていたなら、あなたはどうすべきだろうか。いよいよ生真面目に主人に仕え、解放してもらう日をあてどなく待ち望むべきだろうか。それとも、即「逃走」して、逃亡奴隷になるべきだろうか。「逃走」は逃避ではない、自分のために生きることなのである。

その逃走しようとする、そうした〈われわれ〉を何と呼ぶべきであろうか。あい変わらず「人間」と呼び続けるべきであろうか。

われわれは、「わたしは人間である」と考えることにすっかり囚われてしまっているのだが、近代の哲学者たちが述べていたような人間経験を、いまのひとは実態としてはしていない。それなのに、それを「人間《ヒューマン》」と呼ぶところに、大きな軋轢が生じている。人間を傷つける一切のものは、傷つけられるひとが自分を人間であると考えることに由来する。

「ヒューマン・ドラマ」と呼ばれる感動的な出来事の、そのすべてがヒューマニズムであるというわけではない。それらを盲目的に「ヒューマン」という語に回収してすませてはならないであろう。ヒトラーの演説をもち出すまでもなく、感動それ自身がよいものなのではなく、そのなかによいものも悪いものもあり、真によい意味で感動させているもののなかには、アンチ・ヒューマンなものもある。

今日、人間《ヒューマン》という名のもとでひとびとに呼びかけられているものの内容は空疎であり、「ヒューマニズム」という名目で、自由で平等な理性的主体を要請するのは反動的である。いまなお「主体として社会を変革すべきだ」とか、「人生の意味を探究すべきだ」と考えているのなら、そうした発想は、思考を袋小路へと進み入らせてしまうことだろう。

もはや人間という名で呼びかけて、語られるべきことは存在しない。哲学は、サルトルの述べたように「ひとつのヒューマニズム」であってはならないであろう。今日の思考は、ハイデガーも述べたように、少なくとも「アンチ・ヒューマニズム」でなければならないであろう。ヒューマニズムという概念で、ルネサンスの人文学も、二〇世紀の人類愛のことも指しているが、それはいずれにせよ人間に価値を置き、人間を主題としてすべてを捉える思考であった。ヒューマニズムは、一般に人間であるとはどういうことかと考えて、どんな人間もおなじ人間的なものを共有しているはずだと前提していた。

しかし、世界中のひとびとが「人間」にならなければならないという西欧近代の普遍主義は、すでに終わったことである。それによって、女性や子どもや障害者や精神病者が独特の扱いを受けるようになっていたわけだが、そのような思想は、——フッサールのいう同朋性どころか——、世界の一地方としての西欧の、ひとつの文化における倫理にすぎないことがはっきりしてきた。それぞれの文化で、それぞれがそれぞれにみずからを捉えてよいのである。国際社会の共通した関わり方や問題意識や話題の作り方は学ばなければならないであろうが、そのことは、各文化においてみずからをどう捉えるかということとは、まったく別のことなのである。

4 ポスト・ヒューマニズム

以上からすると、ドゥルーズとガタリの「器官なき身体」の思想は、生命政治に対抗するための思想であったともいえる。その意味で、かれらの仕事は、フーコーの仕事に呼応するものであった。そしてこれが、現代フランス思想の行き着いたさきであった。すなわち、現代フランス思想は、社会や人間を、近代哲学の自由・平等・理性・主体ではなく、欲望・排除・監視・逃走といった概念によって捉えなおそうとしてきたのである。いま、ものを考えるのに重要なことは、これらの二つの主題を混ぜあわせないようにすることである。

それにしても、である。一九八〇年の『千のプラトー』から三〇年以上経って、それ以降、世間を震撼させるような思想が現われていないように見えるのはなぜであろうか。現在は、現代フランス思想という流行現象の、いわば「宴のあと」の状態である。思想のすべてが行き詰まってしまっているようにも見受けられる。

近代においては、各時代にそれぞれふさわしい思想が出現すると理解されていた。わが国でも、西欧から到来するあたらしい思想を待ちわびるという発想を続けていた。そして、確かにさまざまな思想が到来したが、それらはことごとく座礁して、すぐに廃れていってしまった。

つぎつぎに現われる思想は何の対立もなく、あるいはプロレスのような対立をしてみせるだけで、本来は相互に水と油であるような過去の諸哲学も含めて、何もかもが利用可能なレトリックとして混淆され、流通するようになった。その結果として、哲学的思考の中心にあるソクラテス的な弁証法、すなわち対立する思想のそれぞれがみずからをのり超えつつ、新たな現実を見させるというプロセスが不可能になってしまっているように見える。

用語の新奇さからデリダやフーコーや、ドゥルーズとガタリの著作は読まれても、それは概念としてよりも、スキゾやノマドといったいいまわしが「使える」という点で面白がられて、流行していたのかもしれない。ホワイトヘッドの著作に出てくるような、哲学史上の大問題を一挙に解きあかすための新奇な概念としては捉えられていないのかもしれない。

思想は本来、自分の時代や社会や文化のそとに立って、自分の生活の現実性を見させてくれるはずのものである。だが、思想が流行現象になったとき、現代思想は、むしろ非思考へのイノセンティヴとなって、ひとびとを近代的な政治意識からそらせるものとして働いてきたようにも見える。さらには、現代思想に隠されていた中世のスピリチュアルなものへの憧憬が、非思考的な「精神世界」への志向として、現代のひとびとの感性を培ってきたのかもしれない。精神の元来の意味は、自然のなかに蠢くスピリットのことであった。

それであるにしても、である。現代思想と呼ばれた数多くの思考のなかに見いだされる問いが、当時の現実とそこに生きる人間とを、どんな方向からどんな方向へと貫いていたのかと、いま一度、考えなおしてみてはどうであろうか。重要なことは、かれらの思想がどのようなものだったかということよりも、二〇世紀を貫いて思考されようとしていたことは何だったかということである。それぞれの思想の内容よりも、かれらが課題としたことが何だったかである。思想のそうした取りあげなおしによって、はじめて現代思想について語ることに、意味がある。取りあげなおすとは、単に紹介することではなく、また、それを延長したりのり超えたりすることでもなく、現在の状況に参照しながら、それに適合するような表現を選んで要約するということである。それをヒントにして、いま考えるべきことを発見するということである。

ひとびとが何を考え、何をいおうと、思考は文化と時代に規定され、権力と流行に左右される。思考する（哲学する）ということは、それらに抵抗しながら、ただ一筋の思考の途を歩んでみせることでしかない。その思考が何を意味し、ひとをどこへと連れていくかは、それを聞く方の側で受けとめるべきことがらなのである。

†ニーチェの「神の影」

とすれば、そもそも現代フランス思想とは何だったのであろうか。それは二〇世紀なかば、近代科学とは異なったあたらしい人間諸科学の基礎として、ソシュール言語学にヒントを得た「構造主義」が出現したことからはじまる。フランスでは、その影響のもとに、多様な主題にわたって華々しい議論が展開され、それが世界中に発信された。ニーチェの影響を受けたフーコーの生命政治論は、そのひとつの到達点であった。

しかしまた、構造主義の隆盛の陰で、マルクスとフロイトの思想の再解釈が、別種の新たな哲学を準備しつつあった。二〇世紀前半にはフランクフルト学派が現われて、マルクスとフロイトの思想を統合的に捉えなおそうとしていたが、二〇世紀後半になって、ドゥルーズとガタリが、ニーチェ思想の影響のもと、マルクスとフロイトを結びつけて、現代の社会と人間とをこれまでになく包括的に論じてみせた。

ニーチェは、近代哲学とそれを基盤にしてできあがっている西欧近代文明そのものを批判していたが、そのニーチェ思想は、今日、いよいよ現実的で決定的な影響力をもっているように見受けられる。

ニーチェ思想は生の哲学と呼ばれており、現代哲学は生の哲学から出発したのだったが、生の哲学というのは、進化論の衝撃、および自然科学的な知識が社会状況へ広範に介入するようになったことに対して、哲学の側から積極的に受けとめた思想であった。進化の事実を否定せず、それも可能であるようなものとして、生を捉えようとしたのであった。ギュイヨーのような、楽観的に生に信任を置く思考があったし、ディルタイのようにどこまでも生の真理を解釈していくほかはないとする思考があった。

生を最大限に受容しようとする立場のなかから、逆に、生に関する科学的な見解の一切を廃して、意識を中心にして捉えなおそうとする「実存主義」も生まれてきた。

自然科学を批判していたハイデガーやサルトルは、科学的対象とされたものを、プラグマティズムのいう「有用性」として理解していたが、それはベーコン以来の、人間生活を便利で豊かにするという旧い科学観によるものであった。

一九世紀以降の科学には、そうした意味でのヒューマニズムすらもはやなかった。科学は政治や産業と結びついて、毒ガスを発明したハーバーや原爆製造を提言したアインシュタインの例のように、戦争技術を高度化してジェノサイドを推進するとともに、人間性を支配されやすいものへと変容させていく業務をも請け負っていて、実存主義は、それを覆すまでの意義を果たすことはできなかった。

だが、生の哲学の方はいま、ニーチェ思想として、近代の一切の思考の価値を疑うニヒリズム思考として力をふるっている。近代の真善美の絶対的価値を否定するばかりでなく、それが、ポストモダンの流行現象の相対的価値をも批判するまでになっている。

ニーチェの語った「神の影」、白昼にランプをかざした狂人が探していたそれは、さきに述べたように(第2章)、「大いなる正午」、科学がすべてをあきらかにするほど世界が明るくなったそのときに、あたかも自分の生みだした理論の合理性が、そのまま神の眼であるかのように、価値中立性を装いながらひとびとに偽りの価値を押しつける科学のことであったと思われる。

科学が前提する法則の必然性は、神を前提しなければいえないことなのであるが、もし神を否定するならば、シェーラーが『宇宙における人間の地位』で述べていたように、人間はみずからの存在の偶然性や無意味さに耐えなければならないはずなのである。だがそれに、一体どうやったら耐えることができるのか。

「神は死んだ」とした人間の理性は、神と呼ばれたものほど完全ではない。ソクラテスが説いていたように、いたるところに無知があり、単にまだ知らないだけでなく、知りようもないと分かることが多々ある。人類は、『啓蒙の弁証法』でいわれていたように、それらを全部集めて「神」という名を与え、名づけることによって、あたかも分かっているものかのように扱ってきた。神を否定することは、しかし、それらすべてが人間理性によって分かるようになるということではない──「存在」など、神の名を形而上学的な用語で呼びかえてもおなじことである。

†機械と人間

わたしには、ハイデガーのいう存在忘却の歴史も、起源の捏造だったように思う。かれは、ニーチェの古代回帰にならいながらも、ニーチェを最後の形而上学者と呼び、「死を宿命とする自覚」からひとびとの思考をそらせたとみなして非難した。犠牲は、キリスト教徒にとっての重大な踏み絵である。第二次大戦下、国家のために死ぬことのできないひとは、キリスト者ではないということであったろうか。権力を集中し、科学を動員したファシズムは、ヒトラーという専制君主のピラミッドであったばかりでなく、すべてのわれわれの心に棲みついている「わが内なるヒトラー」の投影であった。

しかし、後期のハイデガーは、ひるがえって、存在のうえに家を建てて住まうことを勧めていた。人間が、言葉によって機械を作り、作った機械のなかに住まい、機械の部品となっていく「存在」の歴史があるというのである。

この機械のなかにファシズムという機械も含まれていたとの、かれの反省があるのだろう。近代の延長で機械を製作し、それらを操ることをもって人間理性と呼ぶかぎり、機械群は途方もない巨大さとなって、どの人間も感知し得ないほどのものとなってしまう。原子力発電所の安全が科学の進歩によって保証されるというのは近代の理念によるわけだが、それは人間が機械を支配することのできる「主体」であるという前提のもとでしかいえないことなのである。

二〇世紀なかばまでに発見されたさまざまな自然法則の果実として生まれた今日の諸機械は、コンピュータの発展に伴って、相互に何をやっているか知らない無数の人間たちの手もとで、ネットワークのうちへと編成されつつある。ひとびとがその理念や前提を捨てはじめ、だれもシステムとして全体を設計したわけではない諸機械のとめどない連鎖のノードに繋がって生きるようになってきた現在では、科学もまた社会的実践から独立した学問としてではなく、産業と政治の諸動機に結びつけられてのみ成りたつようになっており、シミュレーション科学として、「想定できるかできないか」という程度の確率論的真理をしか提示できなくなりつつある。福島原発の事故についても、「想定内だったかどうか」が問題にされる。事前にシミュレーションが可能だったはずと前提され、対応策をとっていたかどうかが問題だとされる。何であれ、予想されていなかったとしても、あとから「予想されてしかるべきだったもの」と捉えなおされる。といって、原発の再開に、それ以上に不測の事態をふまえた慎重な予想がなされるわけでもない——それが普遍的登記簿における反歴史的状況なのである。

いまや、気づいたときにはいつも想定外というようなシミュレーション科学がはばをきかせている。近代的な主体と科学的な真理があてにできない今日、原発を廃止することにしたとしてもそれだけですむわけがなく、そのとき起こる別のもろもろの想定外を引き受ける覚悟のようなものが、同時に必要になることであろう。機械に覆われた今日の大地は、かつての自然と同様に、豊穣であると同時に、得体も知れず危険な要素に満ち満ちているともいえるのである。

科学の安全神話の崩壊は、たとえば温暖化への恐怖、コンピュータ取引が関与した金融危機、ネットに依存している人間性の変化にも見いだされる。生命政治もまた、人間身体を健康生活全体を世話する検査機械と医療機械のネットワークに結合させるような理念のもとにある。

したがって、機械との調和をめざすというより、近代的価値としての「人間主体が機械を支配して利用する」という考えを、もうやめてはどうであろうか。機械と人間の関係の現状を率直に、根本的に捉えなおしてみてはどうであろうか。機械についての近代の考え方、つまり主体的な人間が科学を推進し、民主主義的に政策を決定してこれを安全に支配していくという、原発推進にも共通していた考え方は捨てた方がいいのではないか。

もしいまがまだ近代の延長なら、近代的歴史観が復活し、ふたたび人間が歴史の主体になるときがくることであろう。(最近の徳倫理学のいうように)責任ある頼もしいひとびとが、どんな異常事態にも対応できる機械や社会の設計と管理と監督を行うだろう。だが、もしすでにポストモダンなのであって、しかもそんな風には機械を捉えることができないということであれば、すべてのあたらしい出来事は、主体なきシミュレーションのなかで「粛々と」受容されていくようになるしかないであろう。

今日では、人間が作りだした機械やシステムばかりでなく、さまざまな生物や微生物とが、だれも全体像を知らない巨大なネットワークを形成しており、そのなかで、個々の生物と機械とは、ハイブリッド化されている。そこでは「人間」は、機械を作る道具、機械の世話をする部品にすぎない存在である。生きるとは、機械のセンサーによる作動に守られながら、機械の与えてくれる多様な快楽を享受することであり、ひとは機械の設定においてしか、あるいは機械の設定する選択肢についてしか、思考することができなくなっている。人間経験そのものが、生命と自然に接合された機械のネットワークによって規定されているのである。

科学的世界像から人間の尊厳をただ防衛しようとして科学的見方を遮断した実存主義とは別様の取りくみはないのだろうか。実存主義およびニーチェにもあったヒロイズム、「人間でありながら人間を超えること」をあきらめて、機械とともに生きる生を知ろうとする思考はないのであろうか。哲学には、そのことを明確にする仕事が残されているように思われる。

ここで確認しておくべきなのは、「力」の概念である。国家を形成するものとしての権力、国家を破壊するものとしての暴力、戦争を惹き起こす力、あるいは自然現象において運動や変化を可能にする力も、個人の行動や振舞の原因となる自由意志（の力）もある。ひとびとは、社会的なものであれ自然的なものであれ、現象の背後に、力という概念で想定される何ものかを認識し、それを配慮しながら行動しようとしてきた。中世においては、——たとえばルーカス監督の映画『スター・ウォーズ』（一九七七年）で主題とされた「フォース」のように——、「隠れた力《オカルト》」として魔術師たちだけが操ることのできるものであったが、近代のデカルトがそれを神にのみ帰して、宇宙創造のひと突き以降は、すべてが運動量の保存によって変化しているだけだと主張し、その思想がライプニッツの活力概念を経て、今日のエネルギー保存説へと繋がっている。他方、ニュートンの「万有引力」に発する物理学的な力の概念は、今日四種類の力が理論的前提とされ、その統一理論の確立がめざされている。しかし、それでもなお、力は、実証的というよりは、仮説的なものである。自分の筋肉の経験や事故の経験に由来するにしても、だれも直接的に経験するものではないという点では、フィクションといっていいかもしれない──「存在」が神の全智の表象であるとすれば、「力」は神の全能の表象なのである。

機械はすでにその原動力や破壊力によってではなく、ネットワークによって理解されるようになってきている。ベンタムが述べていたように（第1章）、権力と監視（見ること）とは切り離し得ない。ドゥルーズとガタリが述べるように、ネットワークに接続したり切断したりするのは「力」ではなく、「欲望」である。神の創造に匹敵する「力意志」（ニーチェ）や「神的暴力」（ベンヤミン）や「死の衝動」（フロイト）や「重力」（ヴェイユ）や「剝きだしの生」（アガンベン）といった概念につき纏うユダヤ・キリスト教的ドグマへの執着を捨てることも必要ではないだろうか。

現代思想の最近の主題は、暴力へと出現する根源的な力に「主体」としてどう対応するかということから、機械と生物のネットワークのなかで、生をどう再発見するかということへと移行してきた。くり返すが、もはや右翼か左翼かではない。政治はそうした力の闘争や拮抗ではない。共産主義者たちにとっても、歴史の真理とその革命のための暴力を断念して、その理想を定義しなおす時期がきているのではないだろうか。

†カフカの「エクリチュール機械」

自然を構成している機械（有機体）のなかから人間の製作する機械が生まれてきたのは、いつごろからだったのであろうか。人間が主体ではなく、また進化論のように生物種が主体なのでもない機械の歴史があるとすれば、それはどのようなものになるのであろうか。とはいえ、それをいうのは少し複雑なことになるのだが、そこには歴史を書く主体も、歴史を生きる人間もいないのだから、歴史も機械の産物であり、それは無数の機械のあいだにあって、歴史のなかに出現したエクリチュール機械、歴史であるような機械について語ることになる。

その「エクリチュール機械」がどのようなものかを見事に描写した、カフカの『流刑地にて』（一九一九年）という作品がある。それは、罪人の処刑の場を描いたもので、処刑の方法が、全裸にされた罪人の身体のいたるところに針で罪状を刻み込むというものなのであるが、それを遂行するのは、権力者が誇りをもって解説するひとつの巨大機械なのである。想像してもらいたい。機械に嵌め込まれ、苦痛にあえぐ罪人の身体から、非常に長い時間かかって罪状が刻み込まれるあいだに血が滲み出し、したたり流れ、罪状がすべて書き終えられるのと罪人が死んでしまうのとどちらが早いかというくらいなのである。

そこにおいて重要なのは、罪人自身は、（自分の身体表面に書かれるのだから）刻み込まれた罪状を読むことすらできないままに死んでいくということである。ならば、なぜ文字でなければならないかと思われることであろう。これは、デリダのいう「グラマトロジー（刻むことのロゴス）」か、あるいはドゥルーズとガタリのいう自然と身体のコード化（土地化）のための「残酷」のことであろうか。それはむしろ、（法律用語や経済用語や医学用語やIT用語のような）意味を知らない無数の文字の列によって埋めつくされ、衰弱させられていく現代のわれわれの生であり、生きるとは、まさにそのようなことなのである。

文字は思考に与えられる表象とその意味ではなく、身体に刻み込まれた生の歴史の産物である。カフカの隠喩が覆う領域は、罪人とエクリチュール（聖書）の関係におけるユダヤ・キリスト教的背景があってもっと広いが、少なくともこのようなものとして、人間と生物と宇宙の出来事が記述される普遍的登記簿としての歴史は生みだされた。それは、身体の表面が、『耳なし芳一』（ラフカディオ・ハーン）のように文字だらけになって血を流す、『世界残酷物語』（ヤコペッティ）のひとつである——それはわれわれの、パロールを聞きとる耳が奪われるということなのである。

機械の歴史をただ刻んでいくエクリチュール機械があり、みずからの行為の結果が、意味も知らずに表面に刻まれて、苦痛によって生を知り、その享楽に酔いしれる身体機械がある。だからこそ、そこに書かれた歴史が、それでもすべての出来事を超えているわけはなく、それもまた人間生物の製作した機械の歴史的産物のひとつにほかならず、一巻の宇宙絵巻物が制作されて、すべての歴史の外に立って人類がそれを眺めているというわけでもないのである。このような歴史機械をこそ念頭に置いて、人間も生物もいない西欧機械の歴史について振り返ってみることにしよう。

†自然と文化の二元論

近代国家の形成は、自然法という観念からはじまった。それは、自然と文化を分離して、そのうえで重ねあわせるような観念であった。すなわち、みずからが生みだした人工的文化的秩序を自然条件に混淆し、自然法と呼んで庶民からは自然の秩序のように見させることによって、統治に有利な庶民の生活条件を作りだしたのであった。

ホッブズやロックは、自然状態と社会状態とを区別して、前者のうえに後者が存立するとした。社会状態は、ローマ帝国にならって「文明」と呼ばれるようになったが、文明とはシヴィリゼーション、すなわち帝国の属領《キヴィタス》化であり、それは暴力で境界づけされた地理空間のことであった。それまでは、神の創った自然のなかで、妖しい森に取り巻かれた村に住まい、その中央にある教会を頼りに素朴な信仰生活を過ごしてきたゲルマン人たちが、「すべての道はローマに通じる」とあるように、それらすべての村を連結し、すべての自然を文明で覆い尽くそうとしはじめたのであった。

西欧は、自然と文化の二元論であるとよくいわれる。それは、古代ギリシアの「ピュシス」と「ノモス」の区別に由来すると説明される。プロタゴラスの人間中心主義やヒポクラテスの病因説のことである。

しかしながら、ハイニマンの『ノモスとピュシス』（一九四五年）という書物をひもとけば、西欧近代の自然と文化が、ピュシスとノモスに対応していないことが分かる。ピュシスとは、生物が生長していく本源的な一切のものを指しており、ノモスとは、放牧に由来する言葉で、そうした生物たちを柵で囲って、その柵を越えないかぎりにおいて自由にさせようとする神のはからいである。

わが国の神話でも、原初の生成を「萌えいづるもの」としているから、ピュシスには近い発想があったかもしれない。しかし、古代ギリシア人たちは、自分たちを「神の操り人形」と考えていたので、――フロイトの好みであったソフォクレスの「オイディプス王悲劇」が典型だが――、ノモスという柵を越えていこうとするような傲慢《ヒュブリス》さを戒めることが主要な思想的課題であった。哲学はまさにそれをひとびとに教えようとする営みでもあった。ソクラテスの「無知の知」、すなわち「わたしは自分が知らないということを知っている分だけ知恵がある」という言葉にも、そうした背景があったといえよう。

近代のはじめ、ダ・ヴィンチもパスカルも、「習慣は第二の自然である」と述べているが、それは人間の生活を古代ギリシア風に捉えていたことに由来する。それに対し、ベーコンが「知は力に合一する」、つまり自然にはルールがあって、そのルールを知ることによって人間の力にすることができると述べたときには、古代ギリシアと本質的に異なった自然の概念をもち出してきていた。機械仕掛の自然である。

もともと日本には自然という意味の語はなかった。それは、「じねん」と呼ばれて、自然薯などに見られるように、「おのずから生じた」という意味の形容動詞であった。現在の「自然」にあたるものは、「森羅万象」とか、「山川草木」とか、「造化《ぞうか》」と呼ばれ、自然と文化は区別されてはいなかった。

それに対し、西欧近代における自然と文化の対立は、世界を、物質と精神という本性の異なったものの合成物とみなすことを意味していた。しかし、それはむしろ、自然と文化の連続性が失われた結果として生じた思想であった。ベーコンやデカルトにはじまる近代哲学は、人間精神は神に繋がっているのだから、自然に対する文化（文明）の圧倒的勝利で終わる予定の歴史を想定していた。

この思想に対抗しようとした「高貴な野蛮人」という思想もあった。モンテーニュ、トマス・モア、パスカル、ディドロ、ルソー、レヴィ＝ストロースへと続く反文明主義の系譜である。しかしながら、それらもまた、近代哲学のメインストリートの、ちょっとした枝道でしかなかった。かれらの「高貴な野蛮人」という観念は、——のちにサイードが「オリエンタリズム」と批判的に規定したもののさきがけにすぎず——、当時の社会状況を批判することに主眼が置かれていた。本当に自分たち以外の文化に関心があった西欧人なら、ラフカディオ・ハーン（小泉八雲）のように、その土地に行って住み着いてしまったことであろう。

†機械としての人間

それゆえ、西欧近代哲学の主題は、つぎのようなものであった。まずは自然から文化が生じてくるというように捉え、世界を自然と文化とに分け、それぞれの文化のしたに、人類にとって共通したものとしての物質的自然が透けて見えると想定した。そして、自然は神が創ったのだから必然的法則のもとにあるはずであり、数学を使った自然の理解を通じて人間は神に近づくことができるとしたのである。

聖書では、神は人間に自然を征服せよ、支配せよと命じていた。そのことが、世界のどの地域でも成りたつはずであるとすれば、いわゆる土地と生物の自然ばかりでなく、その自然のひとつとして「野蛮人」とされたひとも含まれる——というわけで西欧諸国は、国家領域の拡張のため、植民地建設、フロンティア開拓を進めていったのだった。そのような成り行きのことを、ひとびとは文明と呼んでいたのであった。

政治に関する大多数の議論は、思想家や政治家たちが自然を征服するために作った法則と制度を、あたかもそれが従来からあった自然の条件のようにして、そのように啓蒙された庶民たち、征服された植民地人たちに、受け容れさせていくというものであった。支配され、隷属しているひとびとですら、ときにそういう立場に身を置いて思考し、それによって自分たちが搾取されてしまうような政策を選ばされたが、それがまさに「文明」というイデオロギーの威力であった。

しかしながら、現代において、自然の秩序に混淆され、庶民から見て生活の自然的条件のように見えるものは、政治的条件だけではない。資本主義経済も、ネットの情報空間もそうである。植物が繁茂し、動物たちが徘徊し、昆虫たちが飛翔していた自然の土地が、人間の構築物、建物や道路や機械類によって次第に覆われてきたが、その構築物に加えて、そこに溶け込んだ情報機械のネットワークが、近代国家に固有な土地の連続性と領域性を超えて、いまや人類にとっての「自然」となりつつある。

これが何を意味しているのか。ジャック・モノーという生物学者の『偶然と必然』(一九七〇年)によると、四〇億年まえに、信じられないほどの偶然性において物質の化学的変化として

DNA、およびそれを取り囲む細胞が生じ、それが分裂して自己複製するという性質をもったという。その無数回の分裂が四〇億年という信じられないほど長いあいだ反復され続けた結果として、その少しずつの変異と自然淘汰から、人類を含む現在のすべての生物が存在するようになったという。その理由は、起源としては偶然で、その後は機械論的に必然的なプロセスだったというのである。人間精神も、そのプロセスの結果でしかないというのである。

この思考には、すでに述べた(第4章)近代西欧の出発点におけるパラドックスが再燃しているように見える。自然と文化を分けて考える場合、機械はまさに人間の作るものだから文化であるが、ガリレイやデカルトによって、科学が研究すべき自然もまた機械であるとみなされた。「宇宙は巨大な時計のようなものだ」というのであるが、人間が作ったものをモデルにして自然を考えはじめたのに、その自然のなかの機械が人間をも作りだしたと考えることになるのである。

当初は、人間精神は、機械ではないと考えられていた。自然法則を数学を使って見いだして、それを応用して機械を作るくらいであるから、機械とおなじ本性のものであるはずはない。何かを創造したり、発見したりすることのできる機械はあり得ないとされていた。それに対し、一八世紀に、ラ・メトリの『人間機械論』という書物が現われた。「人間機械論」とは、宇宙や自然は機械だとする勢いで、人間身体をも機械とみなし、そのように認識する精神の働きも、脳という機械の働きにすぎないと主張する思想である。

ラ・メトリ以降も、その復刻版にすぎないような思想がつぎからつぎに出てきて、現在では脳科学と呼ばれている。さきに紹介したように（第2章）、現代の生物学者ドーキンスも、進化の過程で意識が自然発生したと述べていたが、進化を認識するほどの精神が進化によって発生する理由は、進化論のなかには見あたらない。現代の宇宙物理学者ホーキングも、宇宙とはみずからを認識する知性を宇宙のなかに作りだすと述べていたが、つじつまあわせ以上の何があるのか。

もし、人間精神をそのまま脳という機械であるとみなすなら、機械とみなすというその認識の働きを、表象の生産という機械の効果にしてしまう。すると、機械として表象されたものは、脳という機械が作りだした効果にすぎないのだから、機械として理解された脳自体が何のことか分からなくなってしまう。それでは脳の説明にはなっていない。それは、何かが分かったかのようなイメージだけを与えてくれる混乱思考なのである。

†カンギレムの「生命と人間の連続史観」

近代に生まれた機械論的自然観は、人間が作りだした機械をモデルとして見いだされたものにすぎず、西欧近代の文化によって構築された自然にすぎなかった。自然のありのままの姿などではなかった。とはいえ、だからといって、ピーター・L・バーガー（一九二九〜）やトーマス・ルックマン（一九二七〜）のいう「社会構築主義」のように、何でも文化であるといっては何も解明することはできないであろう。

進化論を正しくふまえるなら、生物としての人間の文化が、その環境としての自然を改造したのではなく、現代フランスの認識論《エピステモロジー》のジョルジュ・カンギレム（一九〇四〜一九九五）が『生命の認識』（一九五二年）で述べたように、――それがベルクソンの『創造的進化』の動機でもあったが――、人間が自然に働きかけたそのような環境のもとでしか、人間がみずからを見いだせないような生物として、すべての生物のなかで人類という生物を捉えなおさなければならないのである。

カンギレムのいわんとしたことは、ヘッケルのように四〇億年の生命の進化の歴史を、いわば「万世一系」の系統樹に書きあらわしたなかに人類文明を位置づけるということではないし、二〇万年かまえのアフリカに出現した人類の歴史のなかで、その知性が本来の目的を超えて宇宙と地球と生物たちの真の姿を見いだしながら、自分を知性として捉えるにいたった、その全史を描きだすということでもない。

そうではなく、どの生物も他の生物や物体の存在をあてにしながら生きているのであるから、人間の知性といえども、ビーバーなど、ある種の他の生物たちがやっているように、周囲の物体を自分たちに都合のよいように分解して組みたてなおしているにすぎないということである。その活動のなかで、やがて植物を栽培するようになり、動物を家畜化し、人間を奴隷化し、機械を製作するようになってきた、そうした歴史が書かれなければならないというのである。

生命の作ってきた歴史（自然）と人間の書かれた歴史（文化）を連続的なものとして捉えなおすこと、その歴史のなかで、対象として扱ってきたそれら自然の諸機械のなかで、人類は、それらに似せて機械を作りながら、自分もまた機械であると捉えるにいたり、文明も社会も歴史も、それぞれに人間が作ったものであるかぎりでの機械であるという認識の、歴史には書けない歴史状況となっているといったいきさつについて書かれなければならないのである。

その意味で、いまひとびとは「アンチ歴史」のなかで生きている。人間を捉えるとは、反歴史的なものへと入っていく歴史を書くということなのである。

†機械一元論哲学

かくして、物質は機械、生命も機械、身体も機械、精神も機械であるとすれば、ドゥルーズとガタリが述べていたように、すべては機械仕掛だということになる。とはいえ、近代哲学史のなかに、このような機械一元論の系譜がないこともない。

その劈頭《へきとう》を飾るのはホッブズである。ホッブズのいう国家、「リヴァイアサン」とは、巨大機械のことであった。かれは、『リヴァイアサン』の冒頭で、物質は機械であり、人間は機械であるのだから、社会もそれを組みあわせた巨大な機械として作りあげることができると断言した。そのとき、かれにとっての人間理性は、結果に対して原因を推定し、目的への手段を計算するものでしかなかった。今日、精神も機械論的なものだということになると、ホッブズは、AＩ（人工知能）の先駆者として再評価されることになる。

はじめて計算機械を製作したひとりであるライプニッツは、鉱物であれ植物であれ、動物であれ人間であれ、みなそれぞれに意識をもつモナド（一なる分子）であると述べた。ひとは、自分のモナドに与えられる表象のなかに閉じ込められているが、ただし他の諸機械の一部としてなのだという。ひとは、あたかも水車小屋に入り込んでいて、その内部しか見えないが、内部にいながらその仕組全体を推理するようにして、数学によって宇宙という機械の全体の動きを捉えることができるのである。ただし、それらが「予定調和」する、すなわち調子狂いなく調和させてくれる神が存在するからこそ、その解答が真理として与えられるというのである。

つぎに挙げておくべきは、一八世紀のモーペルチュイである。モーペルチュイは、ニュートンの万有引力の説をフランスに最初に紹介した哲学者として有名だが、かれは、物体に引力なる属性があるなら、すべての分子には知覚も欲望もあっていいと述べ、遺伝子学と機械論的進化論のさきがけとなった。

さらにベンタムは、モーペルチュイの「幸福計算」の考えを取り入れて、功利主義をはじめて定式化し、法制度改革によって社会を「幸福機械」へと作り上げようと考えた哲学者であった。古来、魂のためと考えられてきた呼吸の理由として酸素が発見されたのを知って、かれは人間精神の原子として「快苦」を捉え、すべての思考や言語や行動はそのオペレーション（演算）によって決まると考えた。

一九世紀に入ると、ショーペンハウアーが道具とは人間身体の延長であると論じ、マルクスが自然を「非有機的肉体」とすることで人類の身体が自然に調和することを考えた。さらに、批判的な意味を含めながらも、マックス・ウェーバーが『支配の社会学』（一九二二年）において官僚制を機械と捉え、マンフォードが、『技術と文明』（一九三四年）においてたとえば古代エジプトのピラミッドのような、機械と人間が組みあわされた「メガマシーン」の分析をした。

マンフォードも引用していたが、一八七二年に、サミュエル・バトラー（一八三五〜一九〇二）が『エレホン』という不思議な小説を書いている。「エレホン」とは、トマス・モアの「ユートピア（どこにもない場所の理想郷）」に対して、「ノーホエア」の逆で「どこにでもある」という意味である。そのなかでバトラーは、メンドリが卵を産むのは、有機体の「生殖」をしているとひとは考えるが、メンドリは卵の殻という無機物を「生産」する機械だと考えてはなぜいけないのかと述べている。生産という語は、生殖とおなじプロダクションなのである。

確かにそのような発想は、どこにでもあった。二〇世紀の戦争の時代になると、「人間工学」ないし「エルゴノミクス」という科学が出現する。これは、一方ではテイラー・システム（フォード社のオートメーションの方法論）など、工場などにおいて人間を機械に関連してうまく管理するために、他方では戦争をするための機械、戦車や戦闘機の搭乗員たちを、なるべく容易に相手を殺せるように、そして自分が殺されないようにと、機械の構造と人間の動作を一体化させるために生まれてきたものであった。人間の快適さを追求していたわけではないのは、人間を機械装置に接続するやり方として、加速度によって意識が失われることも前提していたことや、人間の疲労の限界に挑戦していたことからも分かる。

人間工学は、戦場や工場のような場において、間違いやすく、疲れがちな人間に対して、機械をそれにうまく対応させる技術を開発しようとしていた。そのことは、同時に、人間に行動を機械にあわせるように要求することをも含んでいた。人間がうまく機械に組み込まれるように機械を作ることと、人間に、そのなかで機械と一体化するような訓練を行うことの両面をもっていたのであった。

それゆえ、人間工学は、ヒューマニズムとは関係がなかった。人間もある種の機械とみなして、調子狂いする機械と疲れやすい人間をすりあわせようとした技術であった。人間と機械の違いは、機械は長期にわたって反復することができるが、人間は疲労しては回復するというリズムがあるという点にしかない。人間工学者は、それに対応して、その差を控除するようにして、機械と人間の双方を相互に調整するための技術を開発しようとしたのであった。

そうした発想のもとで、ノーバート・ウィーナー（一八九四〜一九六四）の『サイバネティックス』（一九四八年）という書物が現われる。「サイボーグ」の語源であるが、動物と機械とのコミュニケーションの方法についての理論であった。かれは、その書物のなかで、人間と機械を要素として含む系の独立した研究が必要であると説いている。

最近は「マンマシンインターフェイス」といういい方をされるようになったが、技術的発展によって、生活で使用する機械類にも、つぎつぎと「インテリジェンス（知性）」という名の制御装置が付け加えられるようになっている。たとえば、「インテリジェンスをもつエレベーター」は、集まってくる人間の群れを効率よく運搬する機能をもっている。パスカルやライプニッツの発明した計算機械が発展してできたコンピュータを伴って、全自動化され、ときにおしゃべりすらする機械類、ネットやスマホは使い慣れたら手離せないし、使えないひとは人間のネットワークからもはずされていく、そうした機械群がさらにIoT（事物のインターネット）によって相互に結びつけられつつある。

これらはいわゆる「機械」として人間が使いこなすようなものではなく、「自然」のようにして、（全体について完全に知っているひとはだれもいない）人間の生活する新たな環境なのである。

†ドゥルーズとガタリの「普遍的機械主義」

機械とは、はたして何のことだったのか。その旧《ふる》い用法は「奴隷」である。近代において、古代ギリシア・ローマで一般的であった奴隷制が否定されるが、奴隷は「メカネー」、ラテン語で「マキーナ」であって、投石器や戦闘集団や使役用家畜などと並んで、いまでいう機械とおなじようにみなされていた。

君主制の意義をそうした人間のあり方に基づけようとした思想家たちを批判して、ロックやルソーは、人間が理性的人格的主体であることを主張した。とはいえ、「主体《サブジェクト》」には「従属するもの」という意味もある。理性的で責任感のある人間は、よい労働者としての機械の部品になることが受け容れられるようになる人間ということでもあった。

人間にそれぞれ時計をもたせて、精密な歯車として組み込もうとする組織（有機体）や機構（機械）は、それも巨大な機械のひとつである。そもそも時計という機械は、すべてがおなじ時刻を指すことに意味があるのだから、個々の時計は時間システムという巨大機械の部品にすぎず、一人ひとりが理性的行動をとるためというよりは、一人ひとりに組織に調和した行動をとらせる装置なのである。そのようなことをふまえて、すべてを機械として、機械と自然とを分離し得ないものとして見いだすほかはない。

一九七二年の、ドゥルーズとガタリの「欲望する機械」という概念は、意味不明瞭な表現ながら、はじめて機械一元論哲学を意識させた概念であった。「機械」という語からは、一般に、人間が作った技術的機械がイメージされるが、それは自然的機械としての物質の構成した諸現象ばかりでなく、生理学が説明する生物身体の諸器官の関係をもモデルにしていた。近代初頭に製作された機械は、その名の楽器もあるように「オルガン（器官）」と呼ばれていたのであるが、そこには有機的統合や目的論的全体が想定されていたので、機械論的自然観が広まるにつれて「マシン」と呼ばれるようになったのである――いまでは「オーガニック（有機的）」というと正反対の意味になってしまった。

物質は「力」という、いまだ物理学が説明できていないものによって運動するとされるが、むしろ身体の諸器官を連動させるものとしては、「欲望」という生の強度が見いだされる。それによって物質と生命の双方を理解して、世界と人間とを「欲望する機械」という構成要素から成るものとして捉えれば、そこに機械一元論が成立する。ドゥルーズとガタリはそうした機械一元論哲学を、「普遍的機械主義《マシニスム》」（『千のプラトー』）と呼んだのであった。

それは、すべてを神なき物質が機械論的に運動した結果として捉える「唯物論」ではないし、結果を前提せずに原因が結果をひき起こすという「機械論」でもない。人間も機械の一種だとする「人間機械論」でもなくて、物質にも精神や生物の要素があって、精神や生物は機械であり、すべては機械仕掛であるとするのが「機械一元論」である。モーペルチュイの先例もあるように（『自然の体系』）、機械でありながら欲望するということは、機械という概念の歴史を辿るならば、決して奇異なことではないのである。

われわれはこの意味においてこそ機械なのであり、生物としてさまざまに欲望しながらも、以前から家畜であり、奴隷であり、マルクスのいうように、労働者となって機械に組み込まれてきたのであった。これが今日になると、いまや近代的な意味での「個人」は消滅してサイボーグとなり、ネットに繋げられた集合的知性のノード（結節点）のようなものになりつつある。「サイボーグ」とはサイバネティック・オーガニズムの略で、機械と生物のハイブリッド（混成物）のことである。ドゥルーズとガタリは、普遍的機械主義を唱えながら、そこで「逃亡奴隷」となることを勧める哲学を論じたわけだが、以上に述べてきたことをふまえると、今日では、近代の人文学《ヒューマニズム》に代わって、「サイボーグの哲学《サイボーギズム》」が必要とされるようになっているのではないだろうか。

5　機械と人間のハイブリッド

†ハラウェイの「サイボーグ宣言」

サイボーグたちの哲学とは、一体どのような思考なのであろうか。一九八五年、ダナ・ハラウェイ（一九四四～）が「サイボーグ宣言」という論文を発表して、話題となった。

彼女は、その論文のなかで、いまの社会状況は、サイバネティックスとバイオテクノロジーという二つの技術によって決定的にされたと述べている（『猿と女とサイボーグ』）。「サイバネティックス」は動物と機械のコミュニケーション技術のことであり、「バイオテクノロジー」とは生物工学のことである。それらによって身体を機械と同等にする装置や薬品が生産され、分配され、身体は社会に組み込まれて、人間生活はすっかり変質してしまった。もしこれらの技術によって形成されたいまの状況がひとびとにとって拒否しがたいものであるならば、われわれはすでにサイボーグなのであり、もはや人間ではないと彼女は主張する。

ただし、彼女がここでいう人間《マン》は「男性」のことでもあるので、話は少し込み入ってくる。

というのも、彼女によると、近代における理性的主体としての人間は、まずは男性のことであって、これまで女性はそのあとに「解放」されて（自由が与えられて）それに追いついてくるという経過を辿ると、無批判的に考えられてきた。ジョン・S・ミルをはじめ、多くのひとびとがそのように考え、かつてシモーヌ・ド・ボーヴォアール（一九〇八〜一九八六）は、女性は「第二の性」とされていると述べて、女性たちに自立を呼びかけた（『第二の性』）。ボーヴォアールは、人間を解放しようとしていた精神分析とマルクス主義をふまえて、女性に対して、男性と同等なものになることを勧めていたのであった。

ところが、精神分析やマルクス主義は、必ずしも女性を解放しようとはしていなかったと、ハラウェイは述べる。フロイトは、人間の本質をエディプス・コンプレックスにおいて捉え、女性をすでに去勢された人間とみなしていた。かれは人間としては男性のことしか考えていなかったし、昇華して健康で正常な人間になることは「男性になる」ことをしか意味していなかった。フロイトは、女性を家父長制的なブルジョワ家族のなかにとじ籠めようとしていたにすぎなかったというのである。

マルクスの方は、人間の本質を労働として捉えたが、むしろ労働によって人間が主体になると考えていたのであって、労働する人間としての「男性」を生みだそうとしていたのであった。しかし、文明の歴史においては、労働は機械を作りだし、機械を人間に結合する方へと向かってきた。そして、今日のように、労働が機械やネットワークに接合されたとき、労働はもはや男性よりも、機械と動物の混成物としてのサイボーグを生みだすようになったのである。ところがマルクスは、そうした傾向を、人間が機械の奴隷になると捉え、よくないこととして述べたのであった。サイボーグ化によって男性か女性かという区別が無効になってきているのに対し、かれは、「労働が疎外される」と称して、男性に機械と合体することをやめさせようとし、それによって、機械や女性に対する男性の優位性を確保しようとしたのであった。

その発想の延長にあたると思われるが、サルトルが、女性の機械工たちがオートメーションの作業中に性的夢想をすると指摘し、それは機械と人間の有機体において、機械が夢想しているのだと述べたことがあった（『弁証法的理性批判』第一部C４）。それを受けてマルクーゼは、機械に接続された人間に起こる陶酔的リズムが、労働を性に結びつけると補っている（『一次元的人間』）。かれらはサイボーグの現象に気づきながらも、女性を揶揄することによって、近代の男性優位の人間像を取り戻そうとしていたのであろう。機械が夢想すると、女性において性的妄想になるということは、裏を返せば、男性ならば機械に操られるようなことはないという意味なのだからである。

結局、旧来のフェミニストたちがあてにしていた精神分析もマルクス主義も、――これにエヴリン・F・ケラー（一九三六〜）のいうように自然科学も加えていいと思うが――、男性が労働を独占し、女性を家族のなかにとじ籠めて、男性と子どもの世話をさせる方向での議論をしかさせようとはしなかった。近代の人間観をのり超えるどころか、女性に対しては、反動的にふるまっていたのである。

こうした人間観を覆したのが、フーコーであった。フーコーによると、一九世紀以降、統治の基盤には性欲があるということが捜し求められ、その解放こそが真の近代だとされたときに、近代が崩壊しはじめたのであった。というのも、隠されていた男性優位主義が暴露され、性が平等とは共存し得ないという葛藤となってひとびとを襲うようになったからである。理性的主体としての近代の人間像は、男性による女性差別によって成立していたということがあきらかになった。もし「人権（人間の権利）」という概念が、女性差別によって基礎づけられているのだとしたら、どんな差別も許さないと奮闘してきたひとたちの傲慢さというものも見えてくる。奴隷として指示されるとおりに行動していることよりも、「人間主体」として理不尽な責任をとらされることの方が、ずっと過酷なこともあるのだからである。

したがって、フーコーが「人間は消滅した」と述べたとき、それは、ハラウェイにとっては、「男性」という種類の人間が消滅したという意味であった。「人間」は、男性と女性を区別して、男性の諸特性によって規定されてきた概念であった。フーコーのいっていることは、人間、すなわち男性であってジェンダーを区別し、女性を搾取していたものが消滅したということなのである。和辻は「個人」を批判して「間柄」をもって人間を論じようとしたのだが、そしてまた、それ以前に、夏目漱石が悩んでいたのだが（『私の個人主義』）、女性たちを考慮に入れるかぎり、そもそも「個人」という概念自体がひとつのパラドックスなのであった。

とすれば、ボーヴォアールのように「女性の解放」などと唱えて近代の人間像を追認したりすることがあってはならず、男性であれ女性であれ、「われわれは人間ではなく、サイボーグである」と宣言すべきだと、ハラウェイは述べる。男性は死んだ、男性であってジェンダーを区別していた人間たちは消滅し、そのあとに現われるのはサイボーグだというのである。

実質的に女性差別を解消したのは、人権主義者たちでもなければ、フェミニストたちでもなかった。マルクスのいうとおり、機械化が進んで労働から人間性（男性性）が奪われることによってであり、逆説的ながら、もとより人間性からは疎外されていた女性たちが、機械と親和性のある存在となって、おのずから男性たちから解放されたのであった。

このことは、女性にかぎらず、機械と親和性のある男性たちにも通じることであろう。こうやって人間の理念、および男性と女性の区別が消え、女性も男性もサイボーグとなってポストモダン状況が到来したというわけである。

†女性

今日、周知のごとく、女性が社会進出するようになっている。それは女性が解放され、人格として認められるようになったからというより、――そのような平等主義的な理由は欺瞞であって――、職場の仕事がオートメーション化されて事務職が増え、機械のネットワークに繋がれて、中性的な作業になったからである。だから、職場での性と労働が分離され、一方では職場でのセクシャルハラスメントが指摘されるようになったのだし、他方では性が商品化されるようになったのである。

性的魅力が、もはや女性にとってかけがえのないものではなくなったので、自分の性を強調することにためらいのない女性も増えてきた。自分の性的魅力を活用しようと無視しようと、場合によっては商品として売ろうと、それは各女性の自由である。というのも、もはや女性は、男性のお気に入りにならなければ生きていけないわけではない。性は、近代におけるように、家族を形成させるものとして、社会的人間関係を根底で支えているようなものではないからである。

いまや、かつては男性に優先権のあったポストが女性にも開放され、その結果として、ある種の男性たちは職を失い、あるいは多重債務者やうつ病やドラッグ常習者となり、労働する女性の結婚相手が減ってしまうという傾向が生じている。それは社会問題であるとはいえ、しかし、男性と女性を区別しておきたいとするひとびとは、ジェンダーのそれぞれの固有性をむなしく訴えるか、家族制度の存続を訴えるほかはないという状況になっている。

長いあいだ、国家において、家族が社会の基本的単位であると考えられてきたので、統治権力がいかにして家族的諸形態を構成し、その性と生殖とを活用してきたかが忘れられてきた。家族は、野生社会以来の人類の統治の技法であり、人類は、姻族と血族との関係を通じて敵味方を区別し、それぞれのひとの行動を拘束してきた。

ホッブズ以降の近代市民社会の理論は、そのことを暗黙の前提にして、男性だけで成りたつ抽象的な国家を構想したのであるが、それを通じて、男性は個人であって能動的な性であり、女性は受動的な性であるというジェンダーの固有性が、生まれてきた幼児に刷り込まれる社会となっていった。「女性的」とされる数々の性質、「やさしい」や「おとなしい」や「よく気がつく」などは、性を問わず、マジョリティに迎合せざるを得ないマイナーなひとびとに共通した性質であることを思い起こすべきであろう。

西欧近代文明においては、ひとびとは、野生のひとを「未開人」と見くだして呼ぶように、狂人、女性、幼児、老人たちの思考を、不十分な思考、曖昧な思考として、一段と低く見て差別し、人間、すなわち男性の思考、すなわち形式と数式を重視するエクリチュールの思考を、それらのひとびとを差別する社会的実践によって価値づけてきた。

デカルトが「ひとはみなボンサンスを平等にもっている」と述べたとき、科学的方法を教育しさえすれば、だれもみな（男性的）思考をすることができるという意味だったのだが、むしろ、どんな思考をするひとも、その思考に自信がないにしてもすら、自分の思考を優先し、決して「他人の思考に従ったとみなすことはない」ということをも示唆していた。だからこそ、狂人はもちろん、野生人も女性も幼児も老人も、男性的な思考をしようとはしないのだし、それで、男性からは「人間」とみなされないできたのである。しかし、こうは考えられないか――狂人や女性や野生人や子どもや動物は、男性的思考ができないのではなく、男性とは違うものを捉えていると。

男性がそれらのひとびとと関わるとき、自分が理性によって捉えている対象として、思考によって捉えられた「事物」のしたに、自分も含めて、狂人や野生人や女性や幼児や老人たちが捉えているものがあるかもしれない、自分もしばしばそれを捉えていて、それで生きてきたのだったと気づくのに、遅すぎるということはないであろう。

女性についてもあえていうなら、女性は長いあいだ草花のように手折られるもの、家畜のように扱われるもの、作物の種を植える土地のようなものとみなされてきた。近代の男性たちは、女性に「人格」であれといいながら、他方では、人格でないと前提しているから、恋愛や妄想の対象にすることができたのである。それだからこそ、「強さ」の価値を至上のものとする男性たちが、女性の「か弱さ」を愛することができたのだし、その結果として、女性は人格と女性の「ダブルバインド」のなかに、――グレゴリー・ベイトソン(一九〇四〜一九八〇)の概念であるが――、肯定と否定がくり返される出口のない回転扉のようなもののなかにとじ籠められてしまっていたのである。

†人間はみな畸形である

ハラウェイは、もはや女性は「産む性」ではない、女性は生殖しないと述べ、ポストモダンのジェンダーなき世界において、すべてが畸形的なものとして、トカゲの尻尾のように再生すると述べた。

「畸形《モンスター》」という語を思い出そう、シェリー夫人のフランケンシュタインの場合は「怪物」という意味であった。生物を、単なる同一物の再生産(複製)としての生殖ではなく、進化の過程とみなすなら、バトラーがいっていたように、メンドリの卵よりも卵の殻に注目し、異形《いぎょう》のものの産出にこそ注目すべきであろう。

生殖のための行為は副次的なものにすぎず、あたらしい機械に結合した人間も、試験管ベイビーやクローンも、性交渉によって生まれてくる赤ん坊と同等の、ひとつの誕生なのである。ニーチェが「種の進化よりも個体の進化を」と述べていたが、進化論の真の倫理は、優生学でもなければ超人思想でもなく、――カンギレムもそうした意味のことを述べていたが――、こうした畸形的産出にあるということにはならないだろうか。

いいすぎであろうか——しかしハラウェイは、そのように考えることで、人間存在が断片化しようと、その立脚点が矛盾しようと構わないという。全体性や組織という、一切の「有機的身体のアナロジー」から逃走し、「われわれはサイボーグである」と宣言することに意味がある、その多産性を採るべきだというのである。ハラウェイは、二〇〇〇年の歳月を越えて、シェリー夫人の描きだした、われわれ自身がモンスターであることへの恐怖を、開きなおって受け容れるほかはないと主張しているようにも見える。

もしひとびとが、すでにサイボーグとして生きるようになっているのだとすれば、ひとびとが従来どおりの意味で、人間として生きていこうとしても無駄である。ではなぜ、さらに自分を「サイボーグ」であると意識した方がいいのだろうか。

これまでわれわれは「人間」として生きてきた。人間であるということは、「ホモ・サピエンス」として二つの性しかない。それが社会的人間としての「人格」に投影されれば、性交渉と出産と育児という出来事を核として、女性と男性の役割や性格や振舞が、社会生活全般にわたって「ジェンダー」として配分され、強制されることになる。

それに対して、サイボーグであるということは、ハンドルを握ってペダルを踏むタクシードライバーであり、画面を見つめながらマウスとキーボードを操作するウェブデザイナーであるように、性的な関わりが伴う作動も含め、多様な機械にあわせて多種のサイボーグがいるということである。男性性も女性性も、――ドゥルーズとガタリは「n個の性」と述べていたが――、その機械仕掛の一種、ないしその一部にすぎないし、機械と一体になって作動することに情動が伴うのは、(欲望する機械としては)普通のことであって、サルトルが揶揄していた性的な夢想といわれたものも、すべての機械とともにあるからである。

こうしたこと、「われわれはサイボーグである」とは、現実的なのであろうか、それとも男性への隷属を拒否する女性たちの夢なのであろうか――それはどちらでもいい。状況がその思考によって打開されるなら、ひとびとはそうした意識をもつことが必要だと、ハラウェイは主張する。なるほど、アニメの世界では、以前からロボットスーツを着た少女たちが主役になってきたが、現実としても、ひとびとがそうした新たな人間像、サイボーグ像に憧れはじめているということだったのであろう。

†ハラウェイの「有機的身体のアナロジー」

ハラウェイは、それぞれがサイボーグであることを理解するために、「有機的身体のアナロジー」から逃走することを勧めている。「有機的身体」とは、医師が健康に保とうとする身体であり、「器官なき身体」の反対の、器官が詰まっていて統合された身体である。一なる全体としての身体である。

それは、無数の細胞と、それが組みたてられた諸器官からなる身体のことであるが、全体的で目的論的なひとつの統合をもつと前提されている。なるほど、個々の細胞からすると、全体がどうなっているか知らないのに、どうやって全体がコントロールされ、生きている状態が継続されるのか、眼もくらむほど精緻《せいち》な仕組である。だが、間違えてはならないのは、事実としては、それが決して、完全には統合されていないということである。「有機的身体」は事実ではなくて、理念なのである。

事故や病気で死に瀕するとき、ひとはそれまでの身体の統合を意識するが、しかし、そうした「統合」は、無数の失敗や事故や欠陥が自動的に修復されつつ、一定の幅をもって他の諸器官の働きを可能にしてきただけのものである。すべての細胞がひとつの全体的目的の手段として、完全にそのためだけに働くようになっているわけではない。ところが、ひとはそこに完全な統合があってしかるべきと考え、しかもそれが身体だけでなく、そのアナロジー（類比）として、精神や、他の複雑なもろもろのものにあってしかるべきと考えるようになる。「システム論」がその典型であるが、とりわけ企業や団体や国家などを、有機的身体（組織）をモデルにして議論をはじめてしまう。

実際は、それぞれの器官や細胞は、いつも調子狂いを起こしている。だれしもご存じであろう、排泄でも睡眠でも、その他の身体諸器官は生き延びるという目的をもっているはずなのに、その合理的手段となる行動を、（残念なことながら）われわれは思うままに実行することができないではないか。

医師たちは、そこにあたかも生命のように誕生して成長していく病を想定する。医師たちは、身体を機械の集合とみなしてそのメンテナンスをしているはずなのに、そこに出現する故障の系列を、ある種の悪魔的生物のように見いだし、猛獣に対するように戦い、死滅させようとしはじめる。

そして医師たちは、身体諸器官に異常が見つけられなければ、「心」という仮想器官を想定して、それを遠隔操作する脳という機械装置のなかに、薬品としての多様な微粒子を投与してまで、有機的身体のかりそめの統合を作りだそうとするのである。

われわれは、生命政治が教える、多様なリズムで循環して代謝する健康な有機的身体よりも、無理がきいてすぐに復活し、ときには超能力を発揮するような身体を望んでいる。この身体は、みずから統合しようとする健康な有機的身体の概念を否定する「器官なき身体」である。それは一個の身体においてではなく、サイボーグとして、他のひとびとの身体や他の諸機械や諸生物とのネットワーク、その組みたてにおける連結や切断において出現する身体である。このように、ハラウェイは、フーコーの生命政治論とドゥルーズとガタリの器官なき身体論とを結びつけながら論じたのであった。

†機械と生物のネットワーク

では、われわれのサイボーグとしての生活はどのようなものか、少し素描してみよう。

すでに述べたように、どんな機械も生物も、単独で存在することはできない。たとえば自動車が、部品やガソリンの供給網や平らにならされた道路網を前提するように、より大きな機械や機構、ネットワークに組み込まれてはじめて機能する。そして、昨今は、スマホ電波網やインターネット網の普及によって、情報が実体のないままに、ヴァーチャルリアリティとシームレスに、いたるところに膨大なオンとオフの信号を出現させ、映像になったり文字になったり音響になったりして、われわれの身体の知覚や行動に働きかけてくる。

そこでは、動物としての身体の反応と、機械とわたしの意識は混淆し、このわたしの、有機的統合をもっているとされる身体のなかに、個別に存在する魂のような〈わたし〉を思考することの方が抽象的に感じられる。わたしの意識に目的や企画や手段や権利を思いつかせるものが、多数のネットワークのなかから波のように出現しては、代わるがわるにわたしの意識を占拠する。ひとどうし、機械どうし、生物微生物どうし、ライフライン、食品流通のどのネットワークも、時間帯や人口や流行や、季節や温度や生活スタイルの多様な要素から、どのくらいの出力をどの方向に出現させるかが総体的に定まってしまう。

わたしの意図や思考が、それらに対してはほとんど無に等しいと理解するとき、一番身近なわたしの身体や、ドライヤーなどわたしの機械すら、わたしの思いどおりなのかどうか分からなくなってしまうだろう。ヤコブ・フォン・ユクスキュル（一八六四〜一九四四）のいう「環世界」のダニのように、樹の枝に昇り、したを通る温血動物の体温と炭酸ガスに反応して落下して、その動物の毛をしっかりと摑んで産卵しようとしているかのようである。

それでは、とひとは問うだろう。機械のなかの〈わたし〉には、心というものがないのであろうか。機械には心がないということが、近代の人間像の定説になっていたではないか。

だが、識別できないならあるとみなしてよいとするチューリング・テストは別として、ハラウェイのいうサイボーグの「機械の心」は、医師たちによって見いだされてきた病のようにして、身体を破壊し、死にいたらしめるようなものとして、ネットワークが出現するずっと以前から、有機的身体のなかに出現してきていたものであった。実際、そのような「死の衝動」、すなわち有機的身体の統合を破壊しながら生きようとするものが、いたるところで見いだされる。それがかつては「人間」とも呼ばれていたこともある〈わたし〉であり、健康を求めるひとびとによって、今日では一種の病、ないし精神病の先駆症状のようなものとみなされるようになっているとしてもである。

今日のわれわれは、身体の統合と精神の統合をめざしてきた近代の理性的主体という目標を捨て、他の諸機械や諸生物とのネットワークにおいて、みずからの身体や精神が分裂してそこへと飲み込まれるような経験を求めている。そこでいう〈わたし〉とは、器官なき身体を獲得しようとすることなのである。

†死の衝動と生の強度

たとえば「荒行《あらぎょう》」のような過酷な修行は、はたしてみずからの身体を有機的に統合しようとしているのであろうか、あるいは徹底的にそれを痛めつけ、疲れ果てさせて、死との隣りあわせへと向かって生を超越しようとしているのであろうか。

わたしがそれに答えることはできないが、平凡なわれわれも、身体の有機的統合を断念して、無理して行動することはあるのだし、はたから見れば破滅的といわれようとも、そこに自由や幸福を見いだすこともある。それがフロイトのいっていた「死の衝動」のことなのか、あるいはギュイヨーのいっていた「生の強度」のことなのか、それはいずれもおなじことのように思われる。

フロイトの述べた「死の衝動」は、みずからを破壊して、死に向かいたがっているかのような、理解しがたい衝動のことであった。だが、それが「みずからを破壊する」といわれるのは、有機的身体なるものがあると前提し、それを破壊するとみなされるからである。有機的身体があるという前提を捨て去れば、生に対し、何かを破壊しているわけではない。とすれば「死の衝動」とは、有機的身体の統合を前提せずに生きようとする衝動のことなのではないだろうか。行動の媒体としての身体はあるが、ひとや機械や生物たちと、ただひとつとなって行動し、その諸要素がそれに伴うかどうかは気にしないといった行動のことではないだろうか。

死は、前期ハイデガーが述べていたような「思考すべきもの」ではなく、「生きるもの」である。われわれは、意欲的であればあるほど、病気になったり事故にあいやすくなったりするという点で、死に近づき、死と隣りあわせになる。逆に、「うつ病」という名でいわれるが、意欲を失うほど疲れたら自殺することすらできなくなるという——そうした逆説的な生を生きている。このような、死への向かい方と正反対の死への衝動。むしろ「死の衝動」とは、生きようとする意志であり、生の強度のことなのである。

†生の受動性

そもそもひとの思考というものは、どんなに意志の強いひと、理性的なひとであっても、その日そのときの気分や周囲のひとびとの空気で、思考するかしないかも、どんな思考をするかの内容も変化してしまう。不安や恐怖によってそれを克服しようとして生まれてくる思考もある。思考は、生を支配するのではなく、生から生じてくるのである。

生を支配するものを知ったからといって、自分の行動が思うがままになるわけでもないし、知ることによって神経症になったりすることもあるのだから、ニーチェのいう幼児のように「知らないこと」、老人のように「忘れること」にも意義がある。生は、性衝動のように、忘却する力によって推進力を得て、いつもおなじものを新鮮に感じさせてくれるのである。

受動性《パッション》という概念についても、考えをあらためる必要があるだろう。経験には、本質的に受動的なものがあって、転ぶことや笑うことがそのひとつだが、もしそれを意志によってしたら「ふり」と呼ばれる。本当に転んだり笑ったりしたのではない、というわけである。笑いは、ベルクソンによると生の弛緩から生じてくるというが（『笑い』）、それは受動的というよりも、生のリズムの一端である。笑うからおかしい、泣くから悲しいという状況による心理（ジェイムズとランゲ）もあるように、それは能動性と対立しているわけではない。

眠ろうと決意しても眠れないように、抽象的な決意は何ももたらさないし、場合によっては、決意が破滅的な状況にひとを陥らせる。言葉のうえでは何とでも決意できるが、それが実行されるためには、その言葉が具体的に生きられなければならないであろう。

睡眠や性欲や食欲や排泄は、みなおなじ生のもとにあって、生を信任することによって可能になる。それが受動性ということであるが、原語としては、「パッション」である。その意味は、「情念」でもあれば「受難」でもあるのだが、生きるのに重要なことは、いわばみずからの心が本気になること、本当に眠りたい態勢になることである。われわれには、意志と理性によって行動することよりも、むしろみずからが本気で望むようになるパッションが必要なのである。

非理性的なもの、非論理的なものは、肯定される場合にしても、近代的な発想の単なる否定として扱われてきた。そのようなものを大切にしようという具合にである。しかしそれは（パスカルの「繊細の精神」のようにして）もっとつぶさに捉えられ、そのなかに悪いものとよいものとが、しっかりと識別されなければならないものである。

たとえば、それは砂糖水を煮詰めていると、突然茶色くなってカラメルが出現してきたりするようなものである。経験をじっと見つめていると、そこに取り替えようもないような個体的なもの、自然であれ、芸術であれ、恋人であれ、そうした個体的な「このもの」（スコトゥス）が出現してくる。ひとは、受動的というよりは、こうしたものをこそ求め、死んでもいいくらいに積極的に生きているのであり、はっとさせるそのものを、自分の感性だけをあてにして待ち望み、そのようにして、漠然としたものの微細な差異を精製し続けているのである。

理性的に判断し、意志して自分の行動に責任をもつことの、人間のその能動性の何がよくないのかと思われるひともいるかもしれない。しかし、問題はそこにあるのではない。そう思うひとたちが、そのようにしないひとびとを劣ったひと、迷惑なひと、困ったひととするところにある。能動的ではないタイプのすべてのひとが、そのようなひとたちなのではない。近代的発想のひとよりも、もっとよい生き方をするひともいる。そのことが、とても重要なのである。

そしてまた、近代的発想の強いひとのなかには、そうした生き方のひとびとを非難し、攻撃し、排除しようとするひとがいる。しかも、そのようなひとのなかには、だれかの希望や善意を（あるいは事なかれ主義や横並び意識を）利用していながら、「あなたの意志でやったことだから」といって手のひらを返すようなことをするひとがいる。とすれば、それは何と卑劣な行為であろうか──こうした結論が、直近の、そして一五〇年前からいわれはじめていた、現代思想のひとつの具体例であると、わたしは思う。

おわりに

†今日の思考

　今日では、資本主義が高度に発展して、分業は細部にまで及び、生産と結果重視の効率ばかりが優先されるようになっている。企業や行政の組織が、複雑に高度にシステム化されて、ひとびとはマニュアル化された仕事に忙殺されている。他方で、情報ネットワークが世界中に張り巡らされ、多様な知が情報として容易に得られるようになっている。大衆消費社会といわれるなか、思考までもが商品化され、消費されるものになった。

　知を生産し、それを共有することが産業や政策に組み込まれた結果、確かに哲学は社会的に必要とされなくなっているのかもしれない。科学の専門分化が進んで、学問の基礎として参照されなくなったし、哲学自身も、科学と袂を分かって歴史哲学となり、大学でもっぱら哲学史をばかり講義するようになっている。今日、思考しようとすることは、過去の哲学書を引用して意見を付け加えるか、それらをパッチワークにして文化批評をすることのようになっている。それは、哲学史の断片を自在に組みあわせて「使えるエクリチュール」を生産する仕事である。いまなお哲学が宗教に代わって超越的なものについて語ることを期待する向きもあるが、哲学はすでに科学の進歩によって無用とされ、哲学的問題も科学によって解けると考えるひとも多い。哲学が真理を語り得るかどうか、疑いの目で見られているようにも感じられる。

そのような状況のもとで、宗教も衰退して、哲学にも期待されていた超越的なものの価値は消えてしまったかのようである。ひとびとは、生き方として、個人の利益や変化の享楽を求め、あるいは、どこにもないセイフティネットをあてにして、現状維持を望みながら、目立たず楽に生きようとしているように見える。ニーチェのいうように神が死に、また、共産主義革命の可能性もなくなってしまって、ひとはめざすべきものを見失ってしまったのであろうか。

しかしながら、「だれかは思考する」ということが、消えてしまうことはないであろう。逆に、こうした状況だからこそ、あたらしい思考が求められているともいえる。現代を読み解くことが、哲学の使命である。われわれは全体が捉えられない自然と社会と歴史の茫漠とした連続体のなかに生きているが、それをさまざまな向きで切断し、その断面を比較し、そのことによって、いま生きているひとびとがあえて何ごとかをなそうとしていることの意味をあきらかにするような思索の方向はないであろうか——そうした趣旨で本書を綴ってきた。

本書を終えるにあたり、これからの思考の来し方が見えるよう、そしてまた、読者のなかには、「思想史」というタイトルなのに、時系列的記述ではなかったことに面食らった方もいるであろうから、せめて大雑把に、現代思想の流れを述べておくことにしよう。

†哲学の栄枯盛衰

かつて哲学は、その時代の最も明晰な頭脳をもったひとだけに可能なエリート知識人の学問であった。かれらどうしが手紙のやりとりをしながら思索を深めていった。自然科学は、そのころは、まだ哲学者たちのそれぞれの「体系」でしかなかった。当時のフランス『百科全書』の解説によると、「体系」という語は、自然の理論と哲学者の思考の双方を意味していた。

しかし、一九世紀のなかば、大衆を巻き込んで資本主義的生活様式が確立されつつあったころ、自然科学も、いま理解されているような姿を現わしはじめた。科学は、従来は、哲学も研究するエリート知識人たちが高度な数学と論理を操って、常人には想像もできない自然の神秘を解きあかすといったイメージのものであったが、そこから離れて、実験を中心とした実証主義的方法によって、職人のようにして教師から学生へと引き継がれる知識を革新、拡張していくようになった。

科学の政治的産業的な地位が確立されると、それによってあたらしい機械や産業が作りだされてひとびとの生活が変わりはじめ、他方で、ひとびとに学校教育やジャーナリズムを通じて科学的知識が普及していった。大衆にとっての知識の源泉として科学がメジャーになるにつれ、ひとびとは、哲学よりも科学を支持するようになっていった。科学も専門分化して、それぞれの伝統を培うようになり、哲学に対して独立しはじめた。

その結果、ホルクハイマーが『哲学の社会的機能』（一九三四年）で指摘したように、哲学の置かれた政治的状況、社会的状況は困難なものになっていった。哲学は戦線を縮小し、大学における一学科として、いわゆる「講壇哲学」として、壇上にあがって黒板のまえで学生に講義をするような学問となった。哲学の歴史を講義して、それにひとこと付け加えるような学問になった。

†非哲学の出現

そのころ、自分なりに思考しようとするひとたちが、講壇哲学に対抗するようにして、哲学の分野以外に出現しはじめた。哲学の伝統を重視せず、科学的知見にヒントを得たような新たなタイプの思想である。それが、メルロ＝ポンティのいう「非哲学」であった。哲学というには歴史を根底から捉えていないし、実証性という点で必ずしも自然科学にも含まれない。哲学的ではあるし、政治的、産業的、商業的には、大いに影響力をもってはいたのだが、しかし哲学とは呼びにくい思想である。

ダーウィンの進化論もそのひとつに数えることができるが、マルクスの経済学、フロイトの精神分析、ニーチェのニヒリズムがその代表である。とりわけ、マルクスは社会が何で、フロイトは人間が何かを、独自の概念を多用して説明し、それをふまえる新たな実践を生みだした。

二〇世紀後半まで、多様な思想家たちが、社会や人間を論じるためにかれらの概念を参照した。しかし、非哲学の「非」なるゆえんは、マルクス主義の場合には、それは科学にはならなかった政治・経済・社会についての哲学であったし、精神分析の場合には、心理学・認知科学・生物学・脳科学にはならなかった「心」についての哲学であった。ニーチェ思想の場合には、哲学にも詩にもならなかったアフォリズムの哲学であった。

†現代哲学から現代思想へ

哲学の方では、二〇世紀に入るころ、ベルクソンやフッサールといった哲学者たちによる「現代哲学」が興隆し、科学の諸成果を根本的に批判しながら、それらをも基礎づけることのできる壮大な体系を構築しようとしていた。デカルトが行ったのと同様にして、いま一度科学と人間を論じようとしたのであった。そのなかからは、実存主義という、人間精神を再確立しようとする思潮が生まれ、一時的ではあったが、大きな高まりを見せた。

しかしながら、現代哲学は、もはやエリート知識人のものではなくなっていた。流行に左右されながら、大衆の選好する学説について探究するという傾向をもちはじめていた。一方では、事大主義的な難解な用語によって哲学的権威を維持しつつ、他方では、大衆に迎合しつつ、大学から離れて大衆に直接浸透していった。それは、哲学書がベストセラーになるという、驚くべき時代でもあった。その行きついたさきが現代思想だったのである。

一般に、学問にはその学問を成立させる基準としての真理が必要である。なかんずく、哲学の場合は、単に学説をたてるだけでなく、その学説がどのような真理のもとで成りたつのか、そうした真理がどのような意味で正しいかをも同時に論証しなければならない。とはいえ、絶対的な論理がまず存在するわけではないので、現実には、真理を論証するその合理性を承認する政治的な制度や組織、それに応じるエリート知識人たちを必要としている。

その意味では、どんな哲学であれ、時代の文化と社会によって規定されてきたのである。それが受容されるのは、「今度こそ」として真理が見いだされたからではなく、それを示すエクリチュールが、その社会の諸言説の真理に関する言説を支えるものとして使えたからである。そう考えると、そもそも哲学の歴史は、何が真理とされるべきかについての政治の歴史だったといえるかもしれない。

二〇世紀なかばには、現代哲学の政治的限界が次第にはっきりとしてきて、そのまま哲学の伝統が途絶えてしまっているようにも見える。そしてその後、それ以外、それ以降のものが「現代思想」と呼ばれるようになったのであった。哲学が衰退しつつあるなかで、二〇世紀の「現代思想」は、デカルト哲学の派生形態として樹立されてきた諸科学それぞれの真理の争奪戦といった趣を呈していた。

当初は、歴史において真理の正統性を確証する「真の起源」を巡って争われていた。しかし、やがて「すべての起源は捏造である」という言説が勝利を収めた。その結果、科学者たちばかりでなく、大衆が歴史を自在に引用し、好き勝手に起源を設定できるような状況が生まれてきた。それがポストモダンである。ところが、モダンの前衛としての現代思想(ポストモダン思想)は、それに対し、歴史についての言説は無効だと宣言して、大衆に対立するようになったのであった。

†現代思想の諸断層

われわれは、以上のような現代思想の流れを、五つの層に分けて振り返ってきた。

第一の層(進化論から生命政治まで)では、進化論にはじまって大衆に広まった優生思想、政治に受け容れられた優生学が、第二次大戦後にタブーとなって、しかし、それとは本質的には異ならない生命政治が、あたりまえのように受け容れられ、統計によってひとびとの生活を制御することが中心の社会になりつつあることを見た。

第二の層（宇宙における人間）では、進化論を受容して文明の進歩を論じた進化論哲学が、いつのまにか尻すぼみとなり、それをふまえた生の哲学、それに抵抗して精神の意味を追究した実存主義がいっときは盛りあがってやがて廃れ、生物進化論とそのおなじ発想の宇宙進化論が現代の常識となっていることを見た。

第三の層（構造主義史観へ）では、科学を基礎づけなおそうとした現代哲学が廃れて、科学と調和しようとした文化人類学や論理実証主義や構造主義が注目を集めたことを見た。ここでは、構造主義的な歴史観とそれに基づく学問（フーコー学）が、いつか現代文化論の中心になってきていることが見えてきた。

第四の層（ポストモダンと人間のゆくえ）では、建築や文学芸術において先取りされていたポストモダンの運動を受けて、ポストモダン思想が二〇世紀後半にいっときのブームになるが、その背後では未来学や情報化社会論やメディア論が推進され、価値の相対化とともに普遍的登記簿としての歴史が一般化していたことを見た。

第五の層（マルクス主義から普遍的機械主義へ）では、アメリカとソヴィエト連邦とのあいだでくり広げられていた東西冷戦のイデオロギー対立の陰で、マルクス主義とフロイト精神分析の融合がさまざまに試みられ、そこに、やがて生物と機械と情報ネットワークが一体化したサイボーグの哲学が素描されていたことを見た。

以上が本書、「現代思想史」の概要である。いずれも単線的な発展や交替ではすまない複雑な様相を呈してはいたが、ここで決してしてはならないことは、このなかほどに垂直な境界線を書いて、その左右に、たとえば「近代vs.ポストモダン」、「民主主義vs.管理社会」、「近代科学vs.シミュレーション科学」といった、「時代」や「制度」や「知」の同一性に基づく対立を見いだすことである。それは「知識vs.情報」や「主体vs.機械」や「権力vs.訓育」や「自由vs.逃走」についても同様である。

というのも、同一性によって対立を見いだすことそれ自身が近代的発想なのであって、そのことが近代への先祖がえりのバイアスとなるであろうからである。むしろ、これらの層のなかで、ひとびとの思考する主題をずらしていったいくつかの斜行線（断層線）を引いてみることをお勧めしたい。ともかくも斜めの線を引いてみて、その斜めうえか、斜めしたに見いだされるものを、一人ひとりが思考してみてほしい。そうすれば、わたしが本書で見いだした「サイボーグ哲学」ばかりでなく、いま注目して、徹底的に考えてみるべきことが見えてくるし、そうすることをこそ、思考と呼ぶのだと思うのである。

あとがき

本書では、現代哲学も含めてすべては現代思想であるとみなし、初学者ばかりでなく、ものを考えたいとするすべての読者に向けて、一九世紀末から今日にまでいたるこの一五〇年の思想と哲学の諸層を描きだしてきた。それによって、このあいだに個々の現代思想を貫いて問われてきて、そしていまだ答えられていないものがどのようなものであるかをあきらかにしたいと考えたからである。

しかしながら、現代思想には定説がないし、現代思想に挙げてよいとされる人名は数かぎりなく、キーワードは無際限である。玉石混淆、たいした意義もない凡庸な思考、あとでは消えてしまいそうな言説が多量に入り混じっている。それゆえ、筆者の視線によって取りあげ方の軽重に偏りのあることをお許しいただきたい。

それで「思想史」と称するのかと追及されそうであるが、その趣旨は、取りあげるそれらをみな、あえて「歴史」にしてしまおうという目論見なのである。よい意味でも悪い意味でも歴史である。取捨選択を加え、対象化して、それらが進行中のあいだにもっていた熱を冷まし、距離をとって眺められるようにすること。

いいかえると、思想における肝心なものとして、ひとを集中させ、徹底させ、駆りたてるものがあるが、それを中和しようとしたわけであり、そうしないと見えてこないものがある。すべて過去の思想として見ること、そうすることで二一世紀の思想的課題、思考の堂々巡りから脱出し、今日の状況に適切な、真にあたらしい思想を探りだすことができるかもしれない。すべて歴史にすることで、それが新たな思考への入口になるかもしれない。

だが、そのことは、歴史学的方法にのっとるということではない。一九世紀末に、社会科学として客観的歴史事象の実証的記述をめざす歴史学が成立した。事実を確証するために、証拠のないものや不合理なものが排除される歴史である。そうした歴史学的歴史のなかでは、思想は、その時代や文化の表現として理解される。すなわち、時代背景や思潮や他の思想との連関から、また、その思想家の生いたちや人間関係や遭遇した事件から説明される。

思想史は、それとは少し違うスタンスのもとにある。歴史よりも思想家のテキストを重視する。テキストは思想そのものではなくて文章であるから、その思想内容をあきらかにするにはどうしても解釈が入る。その際、それぞれの思想家が前提していた伝統的諸概念の知識を援用しながら、そこに論理的に整合した思考の一体系を見いだす。そこでは、思想家名は、その時代に生きた人物というよりも、思想のインデックスにすぎない。つまり、思想につけられた名まえである。だから、時代背景や思潮や生いたちや人間関係や事件は、論証の根拠としては重視されないのである。

他方、思想史に似て異なるものに文芸批評がある。文芸批評家のひとたちは、思想史家同様にテキストを材料にするが、テキストをそれぞれの人物の「作品」として解釈する。かれらが参照するのは、作家たちの文体であり、用語の相互依存関係や個性的表現である。そこでは、思想の人名やキーワードは、それらの相互参照において響きあう「時代の声」のようなものとして理解される。

それにしても、思想のそれぞれのキーワードは、世界と人間を理解するための、ロボットアームの先端に取り付ける交換可能なアタッチメントのようなものではない。そのようなものとして組み込まれた思想のキーワードが、自分の思考の漠然としていることを正当化するレトリックになってしまうのだが、このようなやり方は、文化批評という名まえのひとつの「現代思想」にすぎないと、ローティが指摘していた。

そしてまた、とりわけわが国では、思想についての言説は、所詮は外来思想の紹介であるとされてきた。そこでは思想は、少し勉強したら自分の思考に組み込めるというように想定されている。だが、自分が思考したことのないことを聞き知っても、それで思想になることはない。

思想はすぐには分からない、それが何を意味しているか、理解しにくくてあたりまえである。思想は読者が思考することで、はじめて思想といえるものになる。思考するとは、吟味すること、掘り下げること、つじつまがあうようになるまで言葉を作りなおすことである。思想のキーワードはジャルゴン（仲間であることを知らせあうサイン）にすぎず、だれとでも語りあえる言葉を探究してこそ思考である。観客席で翻訳語を叫びあうのではなく、フィールドに出て現代日本文で語るようにしてもらいたい。

他方、どんな思想であれ、それは丸ごとで思想である。思想のそれぞれは、ひとりの人間が、一生をかけて真理とならんと極めた思考の表現である。どんな思想でも、自分が思考したこととの差異が見いだされるようにならなければ、そしてそこまで自分が深く思考することができていなければ、「分かった」といってはならないのである。

そしてまた、思想として書かれていることは、なるほどある種の知識ではあるが、もしその背後に思想家の人格のようなものが現われてくるならば、自分の愚かで甘い思考を押しとどめてくれるばかりでなく、かれ自身の問いへと読者を差し向け、むしろ読者を振りまわし、読者の思考にあたらしい展開を与えてくれる。こうした場合には、思想家は、生けるどんな人物よりも確かなパートナーとなって、読者自身の問いについても、ともに考えてくれたりする。たまにはそうした出来事も起こるのであって、古来、そうした対話を「哲学」と呼んできたりもしたのである。
思考するにはまず眼のまえの、少しでも気になった思想に潜り込んでみるほかはない。どれが関心を惹きよせる思想かは、ひとによってまちまちである。本書では、それらをなるべく取りこぼすことなく挙げようと試みた。批判している思想もあるが、取りあげる価値があるからこそ、そうしたのである。もろもろの現代思想を、それが出発したときの切実な動機を感じとって、みずからが生きる出来事に立ち会うに際しての、深い思索の言葉を見つける宝庫として捉えていただければ幸いである。

二〇一五年一一月

船木　亨

人名・書名索引

（団体名、神話上の人名、映画名を一部含む）

あ行

か行

さ行

た行

な行

は行

ま行

や行

ら行

わ行

事項索引

あ行

か行

た行

な行

は行

ま行

や行

ら行

わ行

ちくま新書
1183

現代思想史入門《げんだいしそうしにゅうもん》

二〇一六年四月一〇日　第一刷発行
二〇一六年四月二〇日　第二刷発行

著者　船木　亨（ふなき・とおる）
発行者　山野浩一
発行所　株式会社 筑摩書房
東京都台東区蔵前二‐五‐三　郵便番号一一一‐八七五五
振替〇〇一六〇‐八‐四一二三
装幀者　間村俊一
印刷・製本　株式会社 精興社

本書をコピー、スキャニング等の方法により無許諾で複製することは、法令に規定された場合を除いて禁止されています。請負業者等の第三者によるデジタル化は一切認められていませんので、ご注意ください。

乱丁・落丁本の場合は、左記宛にご送付ください。
送料小社負担でお取り替えいたします。
ご注文・お問い合わせも左記へお願いいたします。
〒三三一‐八五〇七　さいたま市北区櫛引町二‐六〇四
筑摩書房サービスセンター　電話〇四八‐六五一‐〇〇五三

© FUNAKI Toru 2016　Printed in Japan

ISBN978-4-480-06882-8 C0210

ちくま新書

1060
哲学入門
戸田山和久
言葉の意味とは何か。私たちは自由意志をもつのか。人生に意味はあるか……こうした哲学の中心問題を科学が明らかにした世界像の中で考え抜く、常識破りの入門書。

482
哲学マップ
貫成人
難解かつ広大な「哲学」の世界に踏み込むにはどうしても地図が必要だ。各思想のエッセンスと思想間のつながりを押さえて古今東西の思索を鮮やかに一望する。

545
哲学思考トレーニング
伊勢田哲治
哲学って素人には役立たず？　否、そこは使える知のツールの宝庫。屁理屈や権威にだまされず、筋の通った思考を自分の頭で一段ずつ積み上げてゆく技法を完全伝授！

922
ミシェル・フーコー
――近代を裏から読む
重田園江
社会の隅々にまで浸透した「権力」の成り立ちを問い、常識的なものの見方に根底から揺さぶりをかけるフーコー。その思想の魅力と強靭さをとらえる革命的入門書！

1099
日本思想全史
清水正之
外来の宗教や哲学を受け入れ続けてきた日本人。その根底に流れる思想とは何か。古代から現代まで、この国のものの考え方のすべてがわかる、初めての本格的通史。

948
日本近代史
坂野潤治
この国が革命に成功し、わずか数十年でめざましい近代化を実現しながら、やがて崩壊へと突き進まざるをえなかったのはなぜか。激動の八〇年を通観し、捉えなおす。

1146
戦後入門
加藤典洋
日本はなぜ「戦後」を終わらせられないのか。その核心にある「対米従属」「ねじれ」の問題の起源を世界戦争に探り、憲法九条の平和原則の強化による打開案を示す。